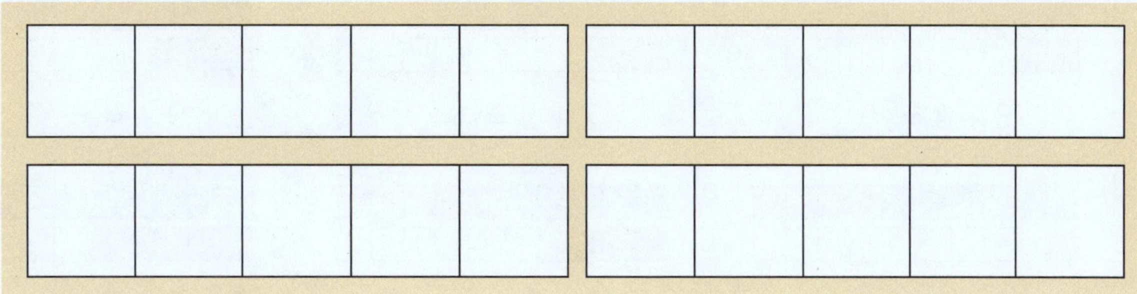

1 a) 2 + 3 = ____
4 + 4 = ____
2 + 5 = ____
1 + 7 = ____
3 + 7 = ____

b) 3 + 4 = ____
4 + 5 = ____
6 + 3 = ____
3 + 3 = ____
4 + 6 = ____

c) 4 + 2 = ____
5 + 0 = ____
1 + 8 = ____
2 + 6 = ____
5 + 5 = ____

d) 5 + 1 = ____
2 + 7 = ____
2 + 2 = ____
3 + 6 = ____
1 + 9 = ____

2 a)

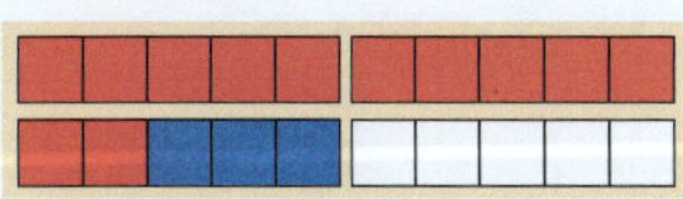

2 + 3 = ____
12 + 3 = ____

b)

1 + 4 = ____
11 + 4 = ____

c)

3 + 5 = ____
13 + 5 = ____

d)

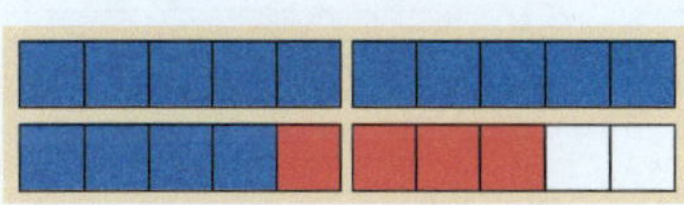

4 + 4 = ____
14 + 4 = ____

e)

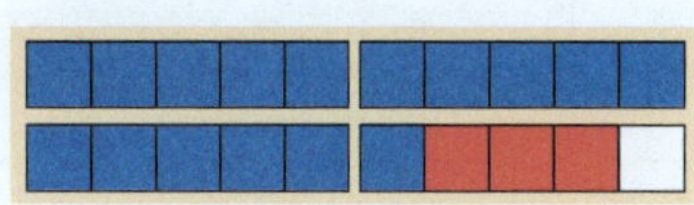

6 + 3 = ____
16 + 3 = ____

f)

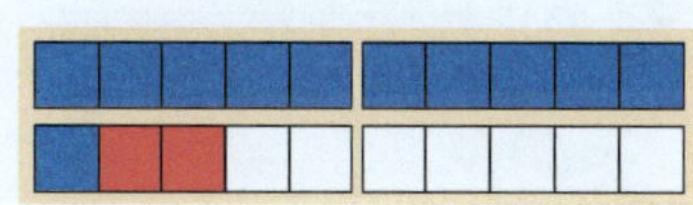

1 + 2 = ____
11 + 2 = ____

g)

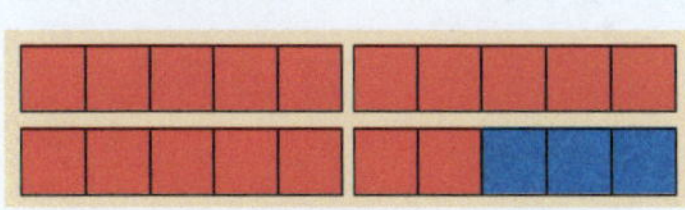

7 + 3 = ____
17 + 3 = ____

h)

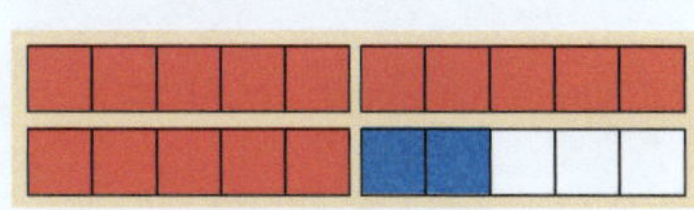

5 + 2 = ____
15 + 2 = ____

i)

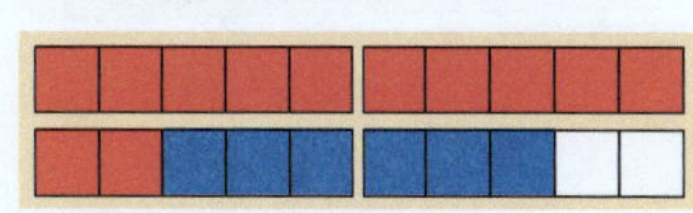

2 + 6 = ____
12 + 6 = ____

j)

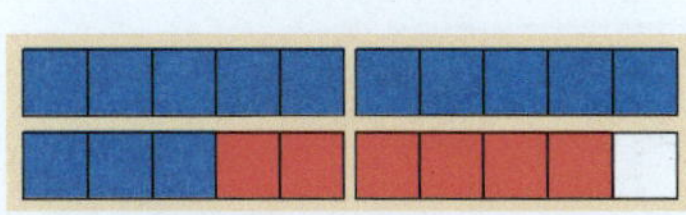

3 + 6 = ____
13 + 6 = ____

k)

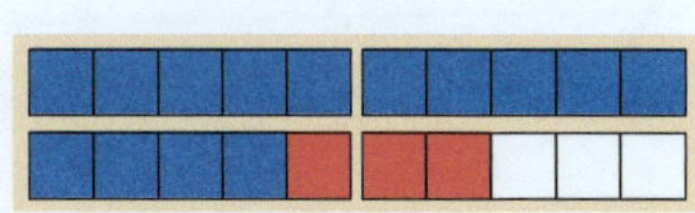

4 + 3 = ____
14 + 3 = ____

l)

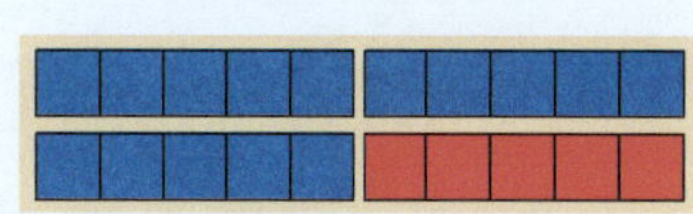

5 + 5 = ____
15 + 5 = ____

nalogien entdecken. Rechnen im ersten und zweiten Zehner.

1

a) 8 + 4 = ____

b) 7 + 5 = ____

c) 9 + 4 = ____

d) 6 + 5 = ____

e) 5 + 8 = ____

f) 8 + 7 = ____

g) 7 + 9 = ____

h) 6 + 6 = ____

i) 9 + 6 = ____

j) 4 + 8 = ____

k) 8 + 8 = ____

l) 7 + 8 = ____

m) 5 + 7 = ____

n) 6 + 9 = ____

o) 9 + 3 = ____

2

a) 8 + 3 = ____

b) 9 + 5 = ____

c) 6 + 7 = ____

d) 8 + 6 = ____

e) 7 + 4 = ____

f) 9 + 6 = ____

g) 9 + 7 = ____

h) 8 + 5 = ____

i) 6 + 9 = ____

j) 7 + 5 = ____

k) 9 + 2 = ____

l) 4 + 8 = ____

1 a)

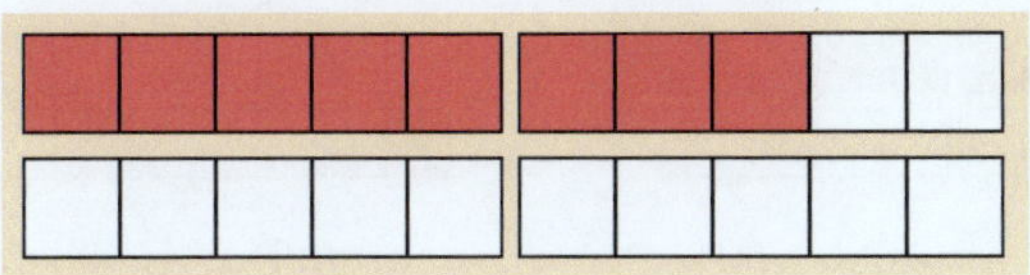

8 – 0 = ____ 8 – 4 = ____
8 – 1 = ____ 8 – 6 = ____
8 – 2 = ____ 8 – 3 = ____

b)

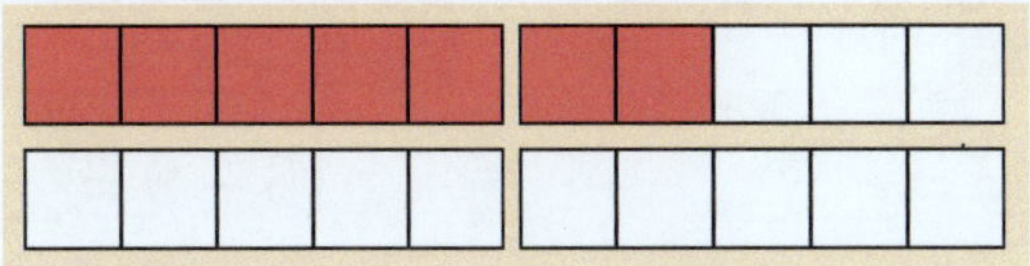

7 – 1 = ____ 7 – 7 = ____
7 – 3 = ____ 7 – 6 = ____
7 – 4 = ____ 7 – 5 = ____

c)

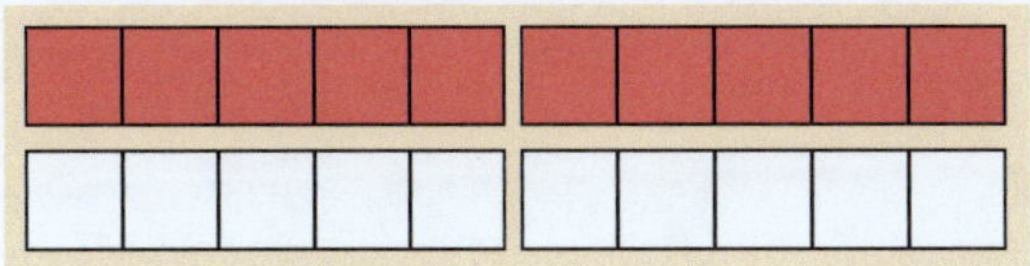

10 – 2 = ____ 10 – 4 = ____
10 – 0 = ____ 10 – 3 = ____
10 – 5 = ____ 10 – 6 = ____

2 a)

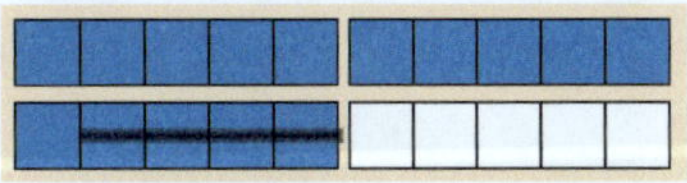

5 – 4 = ____
15 – 4 = ____

b)

6 – 3 = ____
16 – 3 = ____

c)

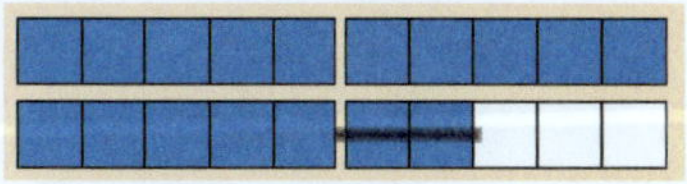

7 – 2 = ____
17 – 2 = ____

d)

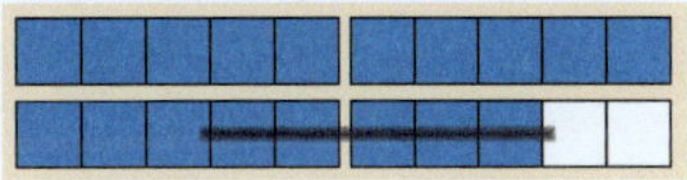

8 – 5 = ____
18 – 5 = ____

e)

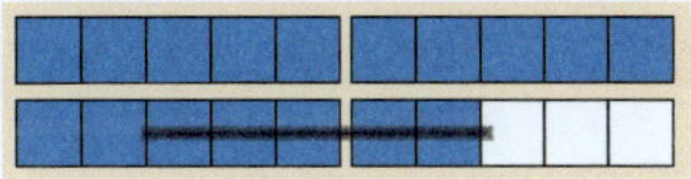

7 – 5 = ____
17 – 5 = ____

f)

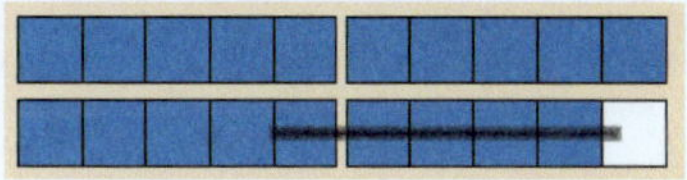

9 – 5 = ____
19 – 5 = ____

g)

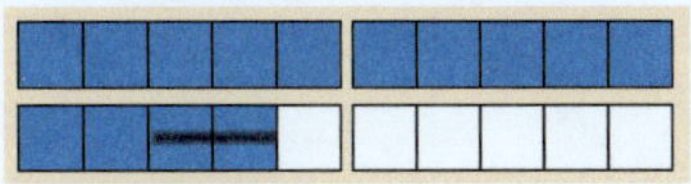

4 – 2 = ____
14 – 2 = ____

h)

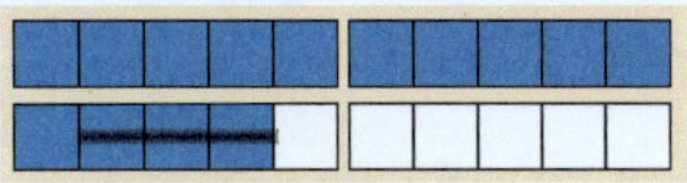

4 – 3 = ____
14 – 3 = ____

i)

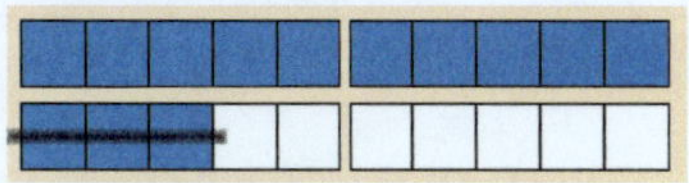

3 – 3 = ____
13 – 3 = ____

j)

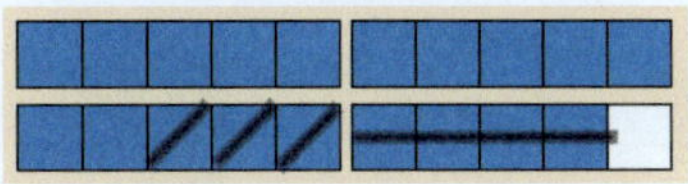

9 – 7 = ____
19 – 7 = ____

k)

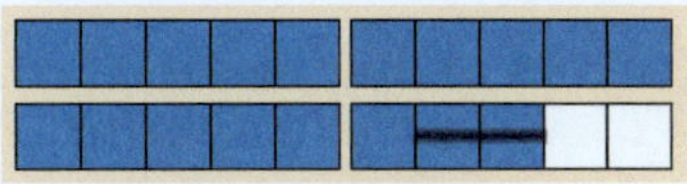

8 – 2 = ____
18 – 2 = ____

l)

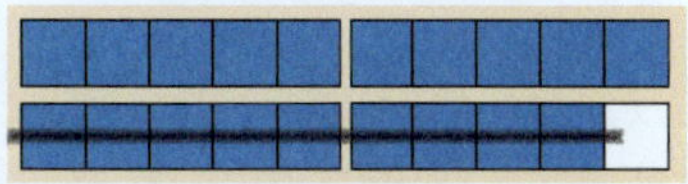

9 – 9 = ____
19 – 9 = ____

nalogien entdecken: Rechnen im ersten und zweiten Zehner.

1

a) 11 – 1 = ____

b) 11 – 4 = ____

c) 11 – 5 = ____

d) 15 – 5 = ____

e) 15 – 7 = ____

f) 15 – 9 = ____

g) 14 – 6 = ____

h) 14 – 8 = ____

i) 14 – 7 = ____

j) 13 – 6 = ____

k) 13 – 8 = ____

l) 13 – 5 = ____

2

a) 12 – 4 = ____

b) 12 – 6 = ____

c) 12 – 3 = ____

d) 16 – 7 = ____

e) 16 – 8 = ____

f) 16 – 9 = ____

g) 17 – 4 = ____

h) 17 – 7 = ____

i) 17 – 9 = ____

j) 19 – 6 = ____

k) 19 – 7 = ____

1

5 + 2 = ___
5 + 3 = ___
5 + 4 = ___
5 + ___ = ___

4 + 1 = ___
4 + 2 = ___
4 + 3 = ___
___ + ___ = ___

7 + 0 = ___
7 + 1 = ___
7 + 2 = ___
___ + ___ = ___

3 + 1 = ___
3 + 3 = ___
3 + 5 = ___
___ + ___ = ___

4 + 2 = ___
5 + 2 = ___
6 + 2 = ___
___ + ___ = ___

10 + 3 = ___
11 + 3 = ___
12 + 3 = ___
___ + ___ = ___

12 + 5 = ___
13 + 5 = ___
14 + 5 = ___
___ + ___ = ___

10 + 1 = ___
11 + 2 = ___
12 + 3 = ___
___ + ___ = ___

2

8 + 1 = ___
8 + 2 = ___
8 + 3 = ___
___ + ___ = ___

9 + 0 = ___
9 + 1 = ___
9 + 2 = ___
___ + ___ = ___

6 + 4 = ___
7 + 4 = ___
8 + 4 = ___
___ + ___ = ___

7 + 3 = ___
8 + 3 = ___
9 + 3 = ___
___ + ___ = ___

9 + 1 = ___
8 + 2 = ___
7 + 3 = ___
___ + ___ = ___

3 + 8 = ___
4 + 9 = ___
5 + 10 = ___
___ + ___ = ___

6 + 10 = ___
5 + 10 = ___
4 + 10 = ___
___ + ___ = ___

1 + 9 = ___
2 + 9 = ___
3 + 9 = ___
___ + ___ = ___

3

a) 3 + 4 = ___
13 + 4 = ___

6 + 3 = ___
16 + 3 = ___

b) 4 + 5 = ___
14 + 5 = ___

1 + 7 = ___
11 + 7 = ___

c) 2 + 8 = ___
12 + 8 = ___

4 + 4 = ___
14 + 4 = ___

d) 7 + 2 = ___
17 + 2 = ___

1 + 8 = ___
11 + 8 = ___

sammenhänge erkennen. Fortsetzen.

1

6 – 4 = ___	8 – 5 = ___	10 – 2 = ___	5 – 5 = ___
6 – 3 = ___	8 – 4 = ___	9 – 2 = ___	6 – 5 = ___
6 – 2 = ___	8 – 3 = ___	8 – 2 = ___	7 – 5 = ___
___ – ___ = ___	___ – ___ = ___	___ – ___ = ___	___ – ___ = ___

17 – 4 = ___	18 – 2 = ___	16 – 5 = ___	20 – 2 = ___
17 – 3 = ___	18 – 4 = ___	17 – 5 = ___	18 – 2 = ___
17 – 2 = ___	18 – 6 = ___	18 – 5 = ___	16 – 2 = ___
___ – ___ = ___	___ – ___ = ___	___ – ___ = ___	___ – ___ = ___

2

11 – 0 = ___	12 – 1 = ___	15 – 5 = ___	16 – 6 = ___
11 – 1 = ___	12 – 2 = ___	14 – 5 = ___	15 – 6 = ___
11 – 2 = ___	12 – 3 = ___	13 – 5 = ___	14 – 6 = ___
___ – ___ = ___	___ – ___ = ___	___ – ___ = ___	___ – ___ = ___

13 – 1 = ___	17 – 7 = ___	18 – 3 = ___	20 – 10 = ___
13 – 2 = ___	17 – 8 = ___	18 – 5 = ___	20 – 8 = ___
13 – 3 = ___	17 – 9 = ___	18 – 7 = ___	20 – 6 = ___
___ – ___ = ___	___ – ___ = ___	___ – ___ = ___	___ – ___ = ___

3

a)	b)	c)	d)
7 – 5 = ___	9 – 6 = ___	6 – 1 = ___	9 – 2 = ___
17 – 5 = ___	19 – 6 = ___	16 – 1 = ___	19 – 2 = ___
4 – 3 = ___	8 – 6 = ___	5 – 5 = ___	7 – 3 = ___
14 – 3 = ___	18 – 6 = ___	15 – 5 = ___	17 – 3 = ___

3 + 4 = 7

1

- oben 4, unten 3 und 5; Seite links: 7
- oben 6, unten 2 und 1
- oben 5, unten 5 und 5
- oben 4, unten 6 und 3

- oben 2, unten 8 und 4
- oben 3, unten 3 und 8
- oben 5, unten 6 und 4
- oben 8, unten 3 und 2

- oben 5, unten 5 und 7
- oben 6, unten 3 und 6
- oben 3, unten 5 und 9
- oben 5, unten 2 und 6

2

- Seite links 10; oben 4, unten rechts 3
- Seite links 10; oben 5, unten rechts 6
- Seite links 10; oben 8, unten rechts 8
- Seite links 10; oben 7, unten rechts 7

- oben 5, unten links 8; Seite unten 16
- oben 8, unten links 7; Seite unten 14
- oben 5, unten links 6; Seite unten 12

- Seite links 8, Seite rechts 9; unten links 3
- Seite links 7, Seite rechts 5; unten links 5
- Seite links 10, Seite rechts 8; unten rechts 4
- Seite links 6, Seite rechts 11; unten rechts 5

ufgaben ohne und mit Zehnerüberschreitung.
Entweder ergänzen oder subtrahieren.

1

5 + 2 = 7

7	
5	2

5	3

5	4

5	5

4	3

4	4

4	6

4	7

3	4

3	5

3	7

3	8

2

9	1	2

8	2	4

7	3	2

6	4	5

5	5	3

4	6	4

3

1	2	6

2	4	3

3	4	2

2	3	3

4	2	4

6	1	6

3 Aufgaben mit Zehnerüberschreitur

1

9	7	6	8
6 | _	5 | _	2 | _	7 | _

10	10	10	10
3 | _	2 | _	1 | _	4 | _

15	16	18	19
13 | _	10 | _	14 | _	14 | _

2

11	11	12	13
7 | _	2 | _	3 | _	5 | _

12	13	14	15
4 | _	5 | _	7 | _	8 | _

3

_	_	_
10 | 5	10 | 6	10 | 7
9 | _ | _	8 | _ | _	7 | _ | _

_	_	_
10 | 8	10 | 9	10 | 10
6 | _ | _	5 | _ | _	4 | _ | _

1 a)

Immer 10.

2 Zehner 4 Einer 24

b)

____ Zehner ____ Einer

c)

____ Zehner ____ Einer

d)

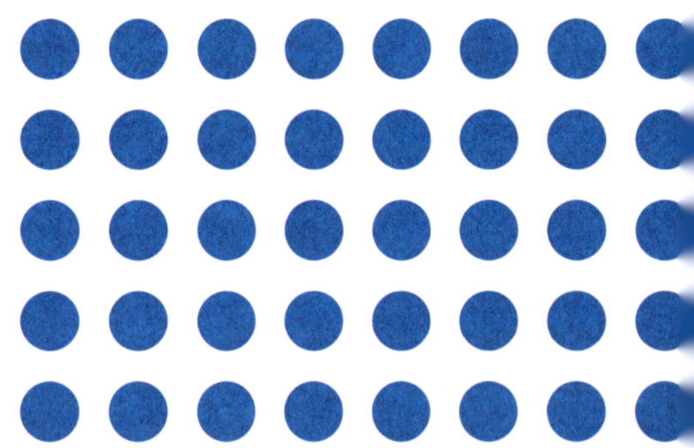

____ Zehner ____ Einer

2 a)

Immer 10.

____ Zehner ____ Einer

b)

____ Zehner ____ Einer

Immer 10 einkreisen. Zehner und Einer eintragen.

1 a)

6 Zehner 0 Einer 60

b)

_____ Zehner _____ Einer

c)

_____ Zehner _____ Einer

d)

_____ Zehner _____ Einer

2 a)

_____ Zehner _____ Einer

b)

_____ Zehner _____ Einer

c)

_____ Zehner _____ Einer

ehner und Einer eintragen.

1 a)

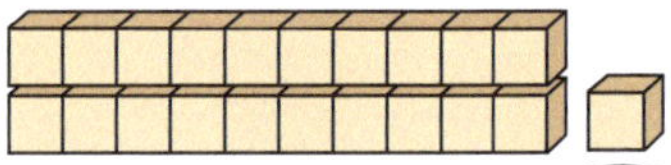

Zehner ∘∘ | ∘∘ Einer

Z	E
2	1

21

b)

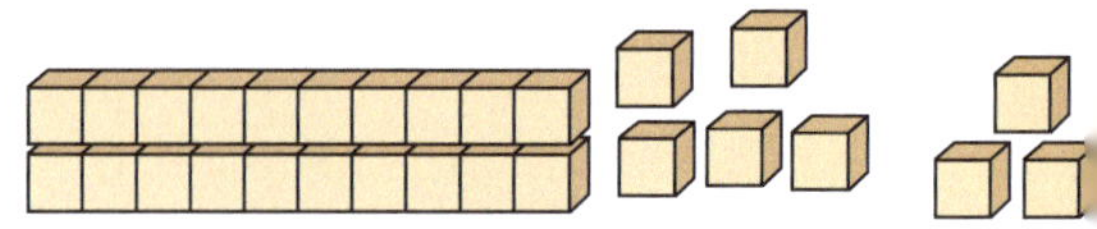

Z	E

___

c)

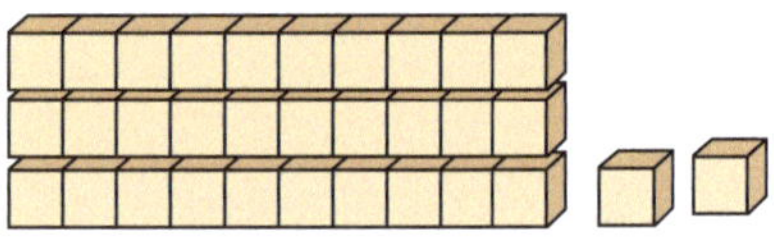

Z	E

___

d)

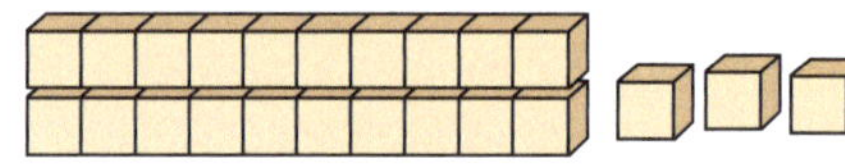

Z	E

___

e)

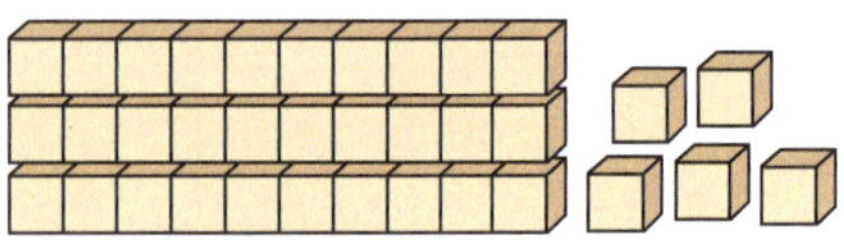

Z	E

___

f)

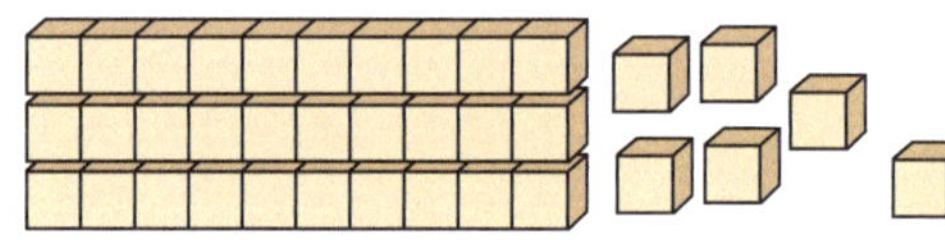

Z	E

___

2 a)

Z	E

___

b)

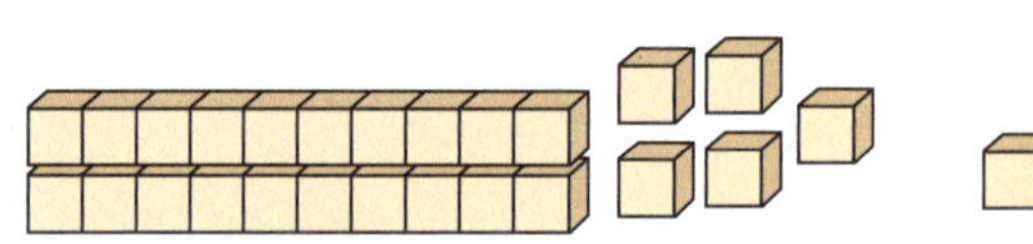

Z	E

___

c)

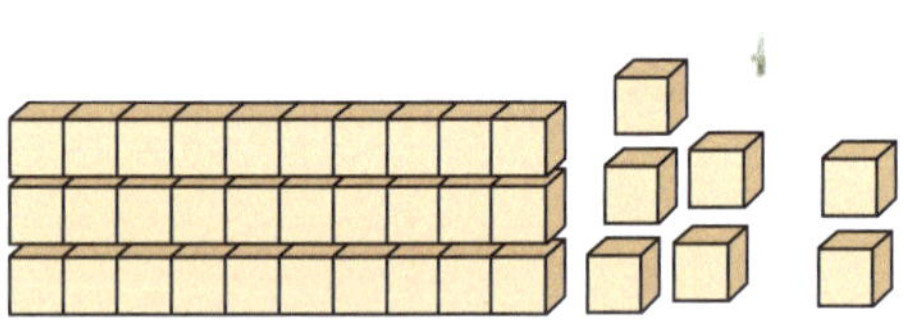

Z	E

___

d)

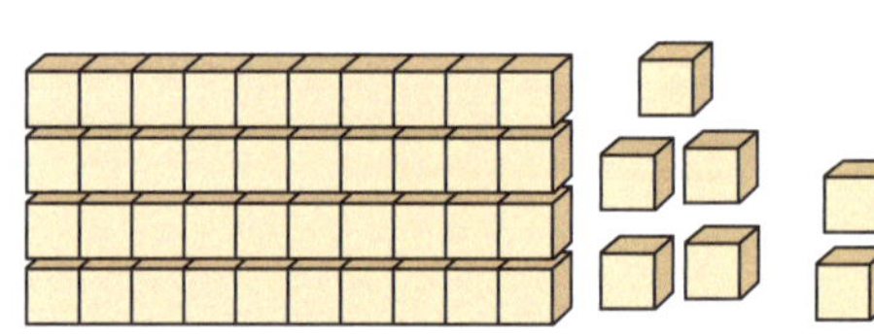

Z	E

___

e)

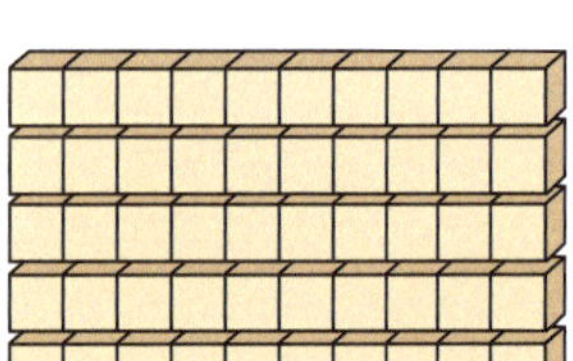

Z	E

___

f)

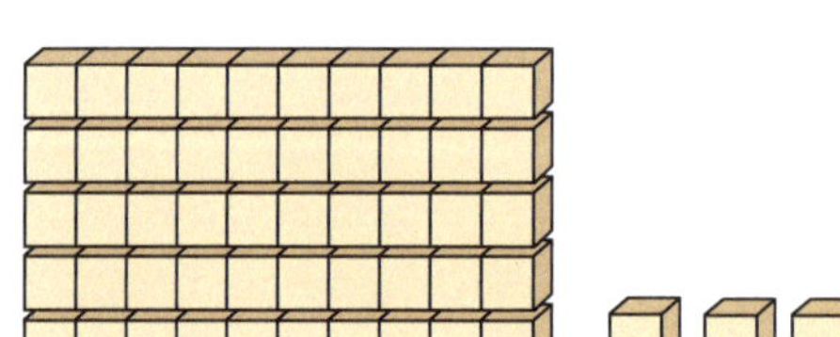

Z	E

___

1 a)  

Z	E
3	4

34

b) 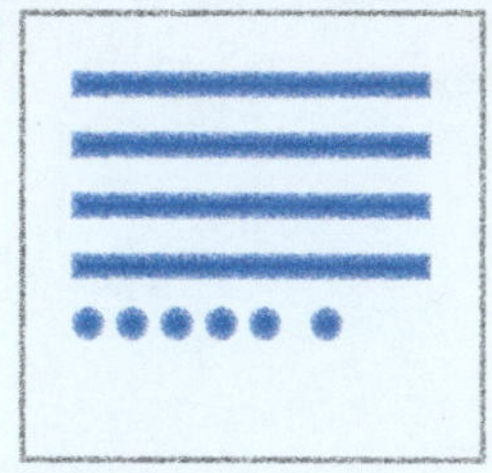

Z	E

____

c) 

Z	E

____

d) 

Z	E

____

e) 

Z	E

____

f) 

Z	E

____

g) 

Z	E

____

2 a) 

Z	E

____

Z	E

____

b) 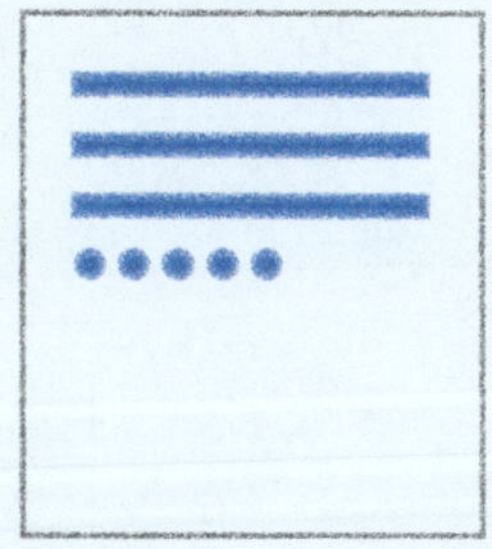

Z	E

____

Z	E

____

c) 

Z	E

____

Z	E

____

d) 

Z	E

____

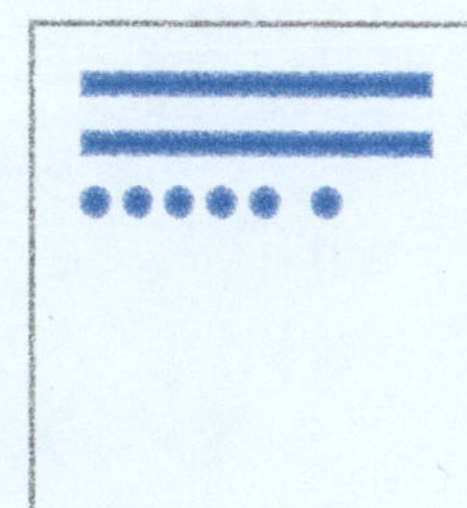

Z	E

____

1 a)

22

Zeichne Zehner und Einer.

b) 33

c) 44

d) 25

e) 11

f) 24

g) 34

h) 38

i) 40

2 a) 14

b) 23

c) 45

d) 41

e) 32

f) 54

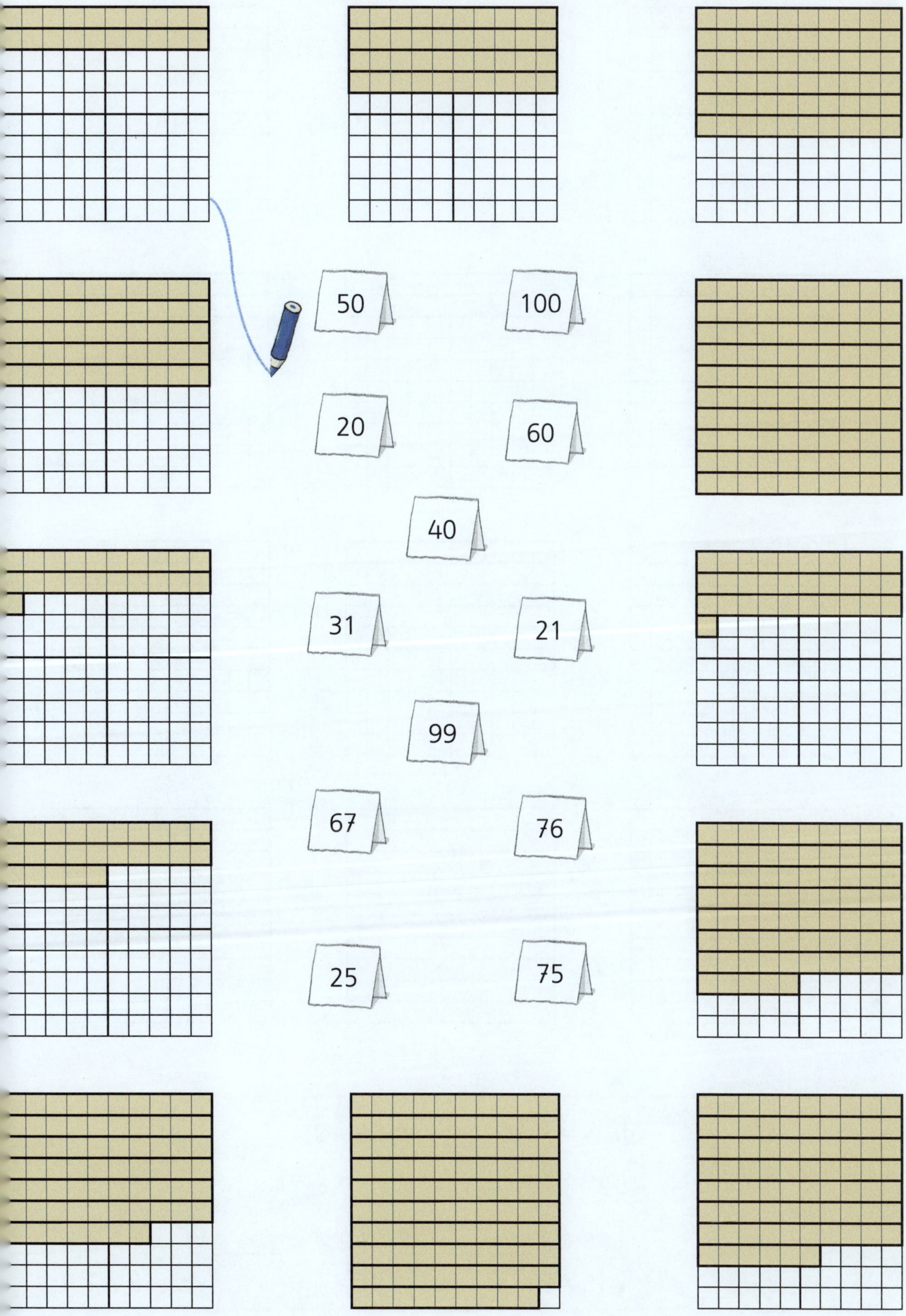

Passende Zahlen zuordnen.

1 a) 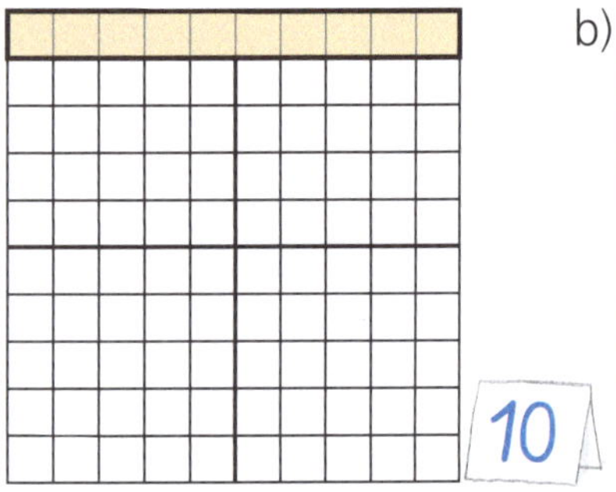

b) 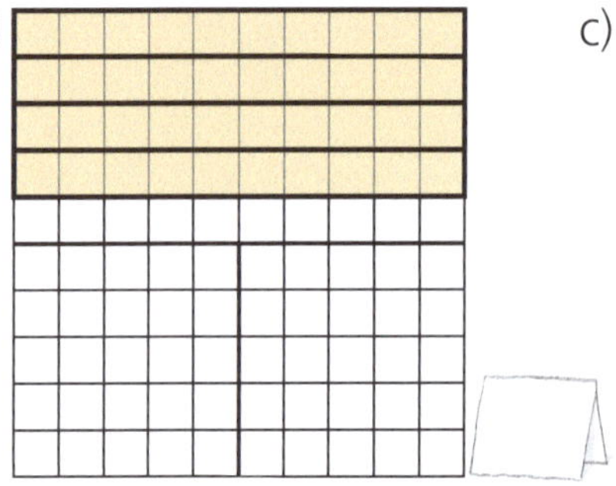

c) 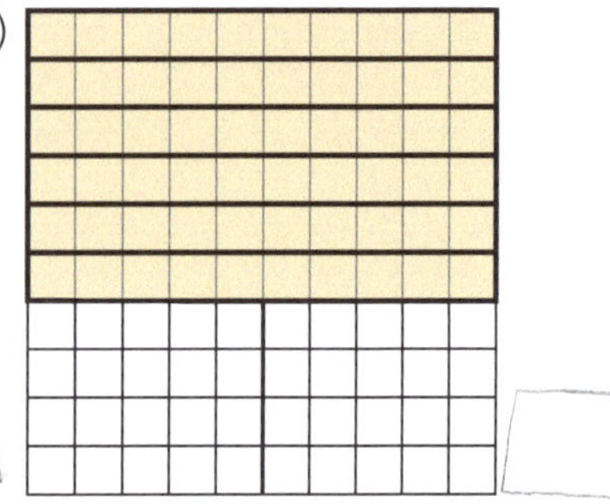

d) 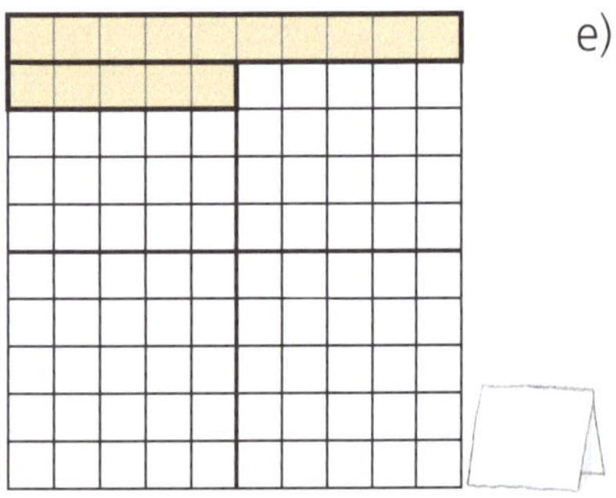

e) 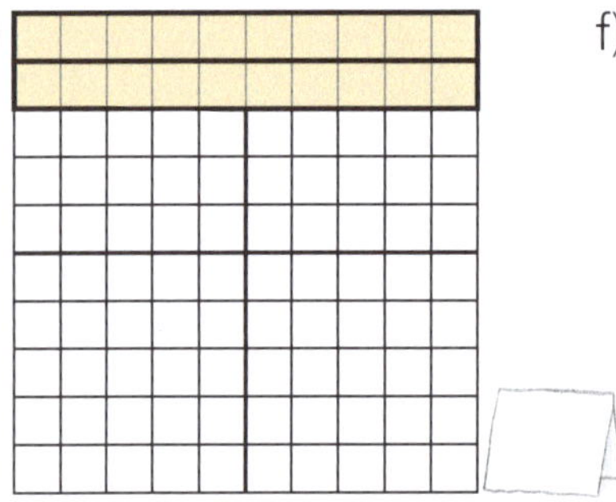

f) 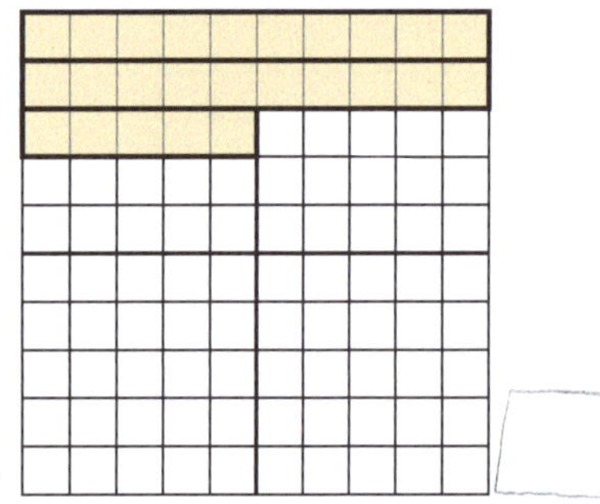

g) 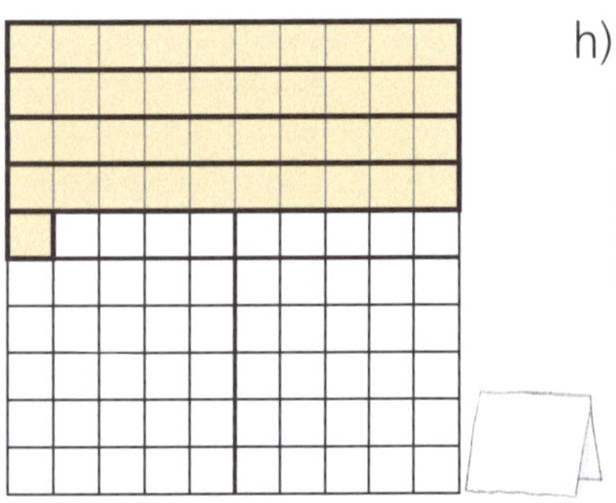

h) 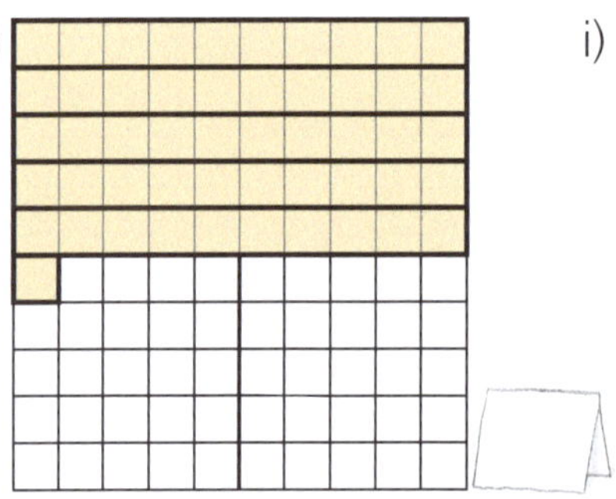

i) 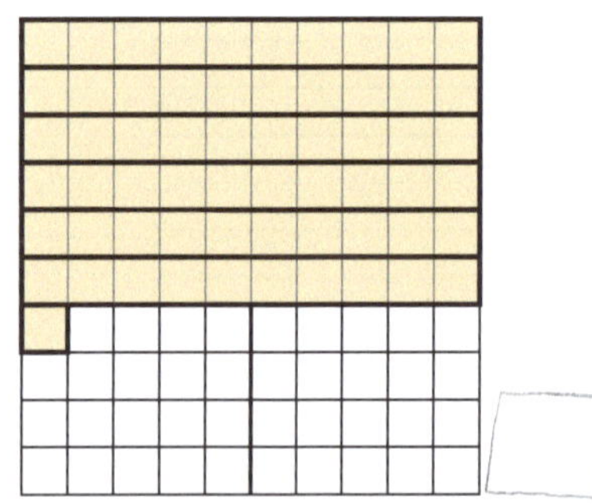

j) 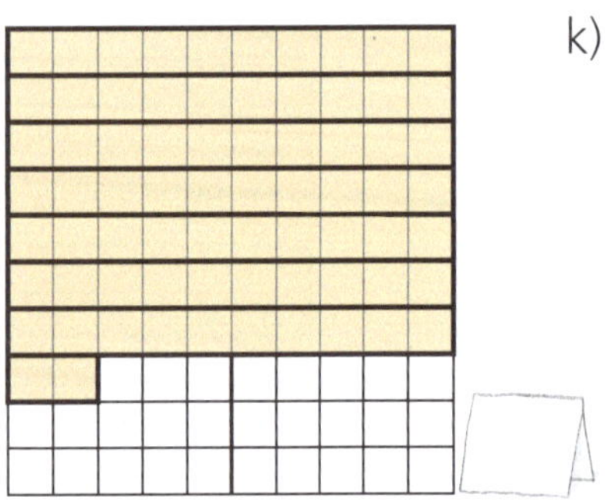

k) 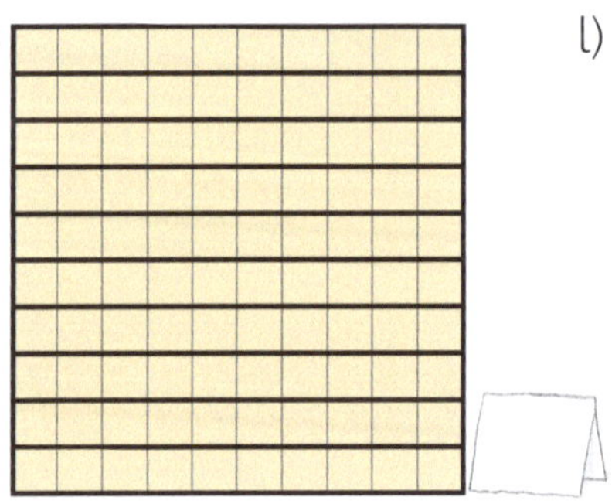

l) 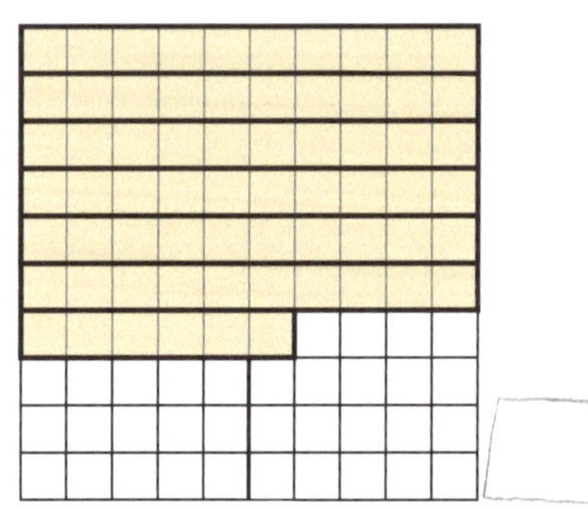

W

2 a) 5 + 4 = ____
15 + 4 = ____

6 + 3 = ____
16 + 3 = ____

b) 4 + 3 = ____
14 + 3 = ____

5 + 2 = ____
15 + 2 = ____

c) 3 + 2 = ____
13 + 2 = ____

4 + 4 = ____
14 + 4 = ____

d) 2 + 7 = ____
12 + 7 = ____

8 + 2 = ____
18 + 2 = ____

1 Passende Zahlen schreiben

1 a)
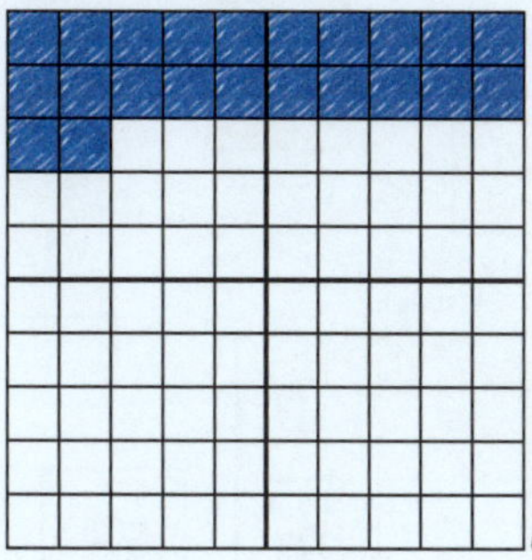

b)

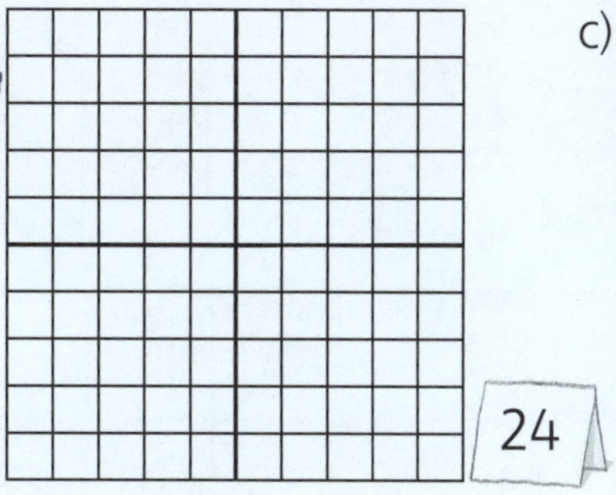

c)
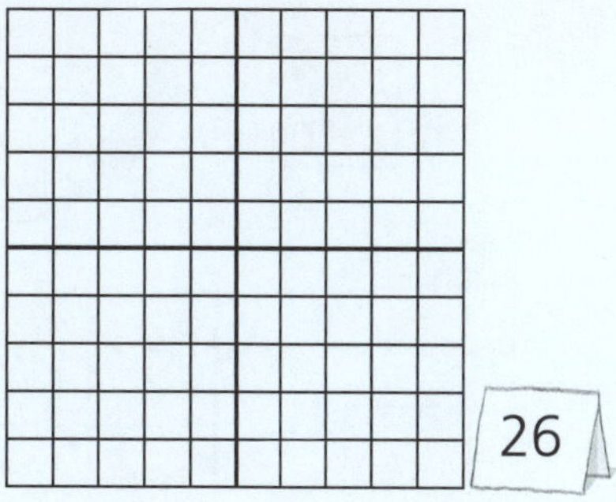

d)
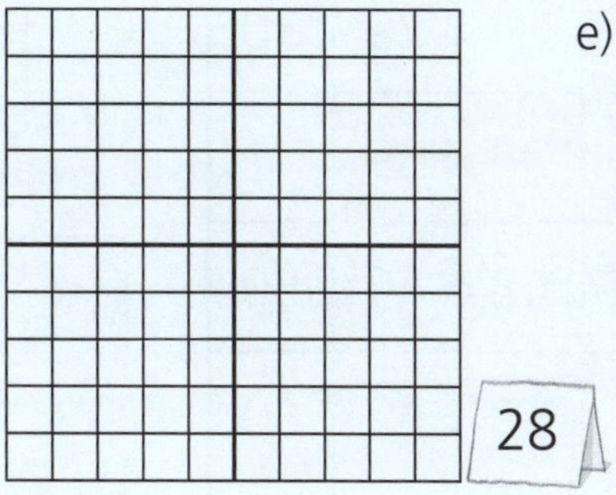

e)
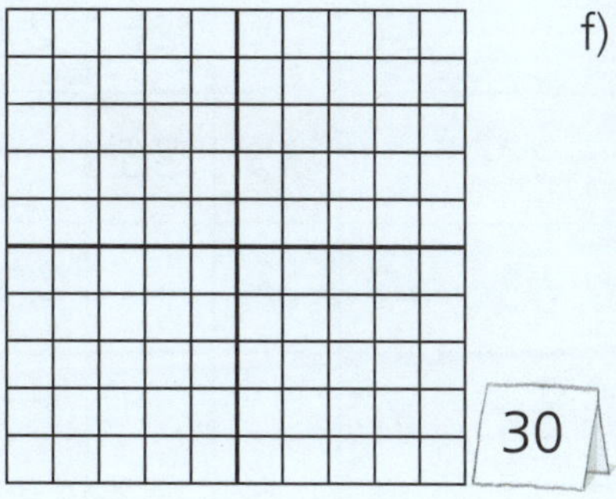

f)
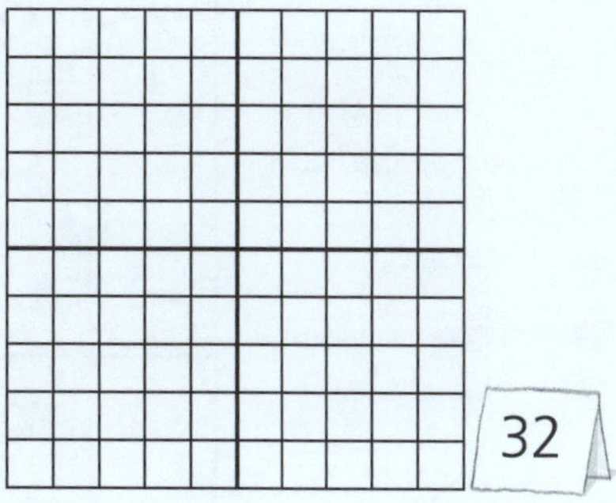

g)
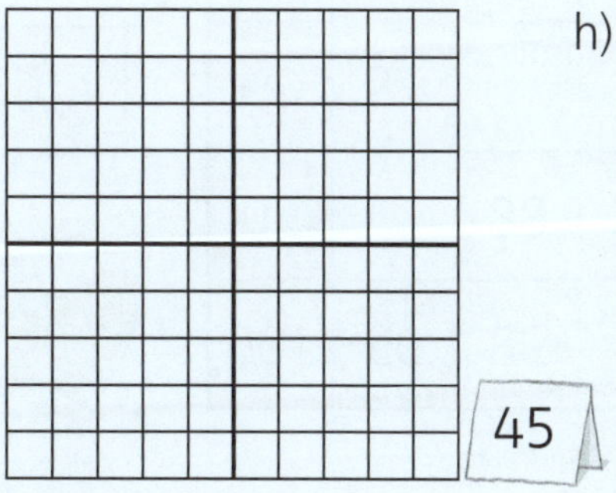

h)
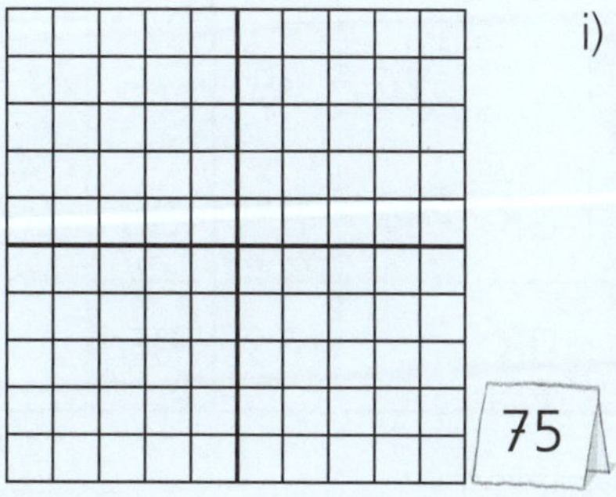

i)
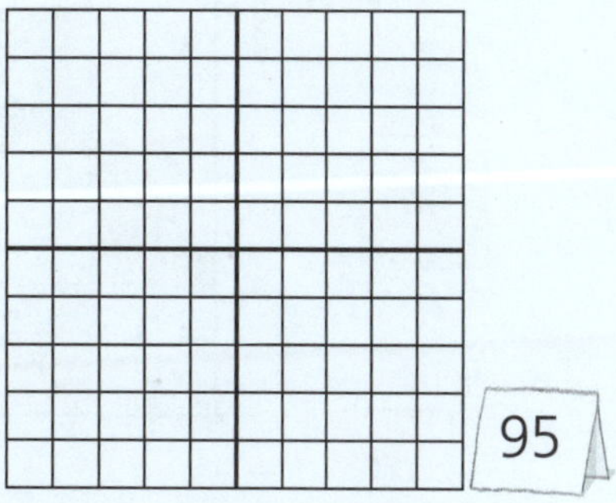

j)
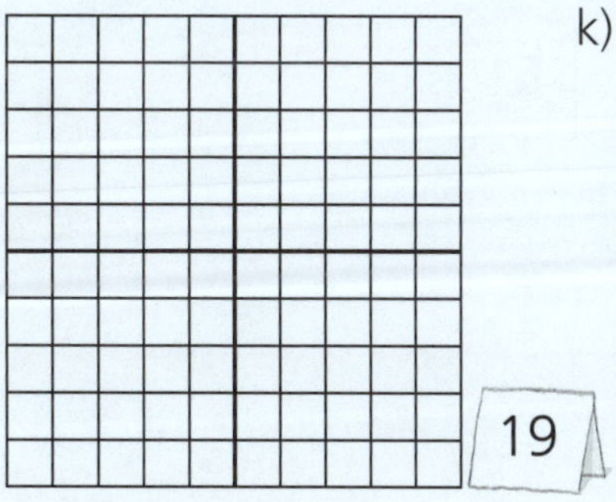

k)
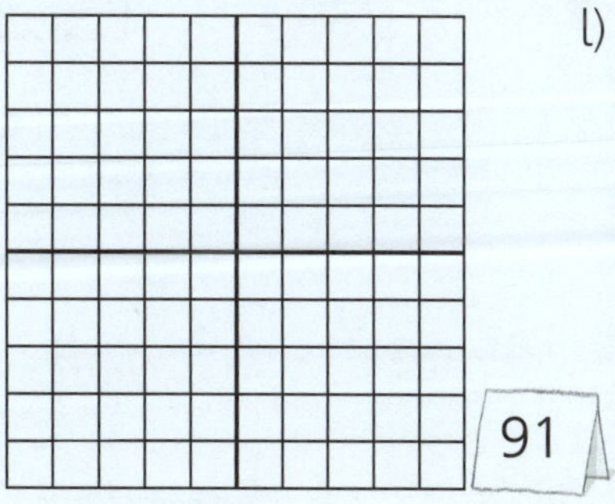

l)
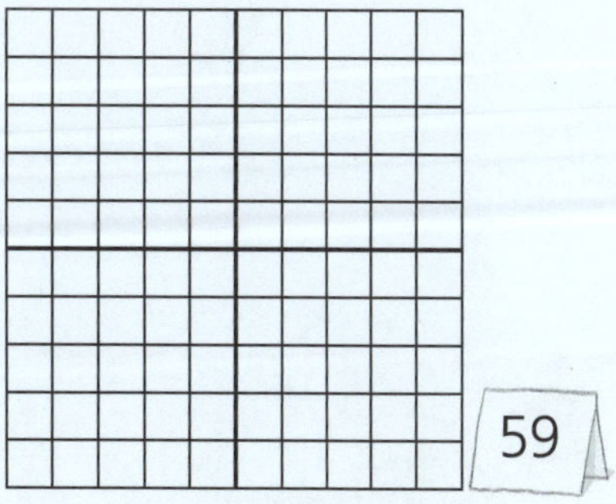

2 W

a) 8 – 3 = ____
18 – 3 = ____

8 – 5 = ____
18 – 5 = ____

b) 7 – 4 = ____
17 – 4 = ____

7 – 6 = ____
17 – 6 = ____

c) 6 – 3 = ____
16 – 3 = ____

6 – 4 = ____
16 – 4 = ____

d) 9 – 4 = ____
19 – 4 = ____

9 – 5 = ____
19 – 5 = ____

Hunderterfeld zur Zahl passend färben.

1

12 (durchgestrichen) 19 28 55 64 67 82 37 34 73 45 4 46 7 31 70 40 94 91 23 56 89 78 61 97

1	2	3		5	6		8	9	10
11	12	13	14	15	16	17	18		20
21	22		24	25	26	27		29	30
	32	33		35	36		38	39	
41	42	43	44			47	48	49	50
51	52	53	54			57	58	59	60
	62	63		65	66		68	69	
71	72		74	75	76	77		79	80
81		83	84	85	86	87	88		90
	92	93		95	96		98	99	100

W **2**

5 5 4

4 6 3

9 1 7

6 4 2

8 2 3

4 6 3

1 Erst Zahl durchstreichen, dann eintragen

1

1	2		4	5	6	7		9	10
11	12		14			17		19	20
21		23	24	25	26	27	28		30
31		33	34			37	38	39	
41		43		45	46		48		50
51		53		55	56		58		60
61	62	63	64			67	68	69	
		73	74	75	76	77	78		80
81	82		84			87		89	90
91	92	93	94		96	97		99	100

2

	2	3	4			7	8	9	
		13	14	15	16		18	19	20
21	22	23					28		
31	32		34	35	36	37		39	40
	42			45	46	47		49	
	52		54	55	56	57		59	
61	62		64	65	66	67		69	70
71	72						78	79	80
81	82	83		85	86	87	88	89	
91		93	94	95		97	98	99	

ehlende Zahlen eintragen.

1 a)

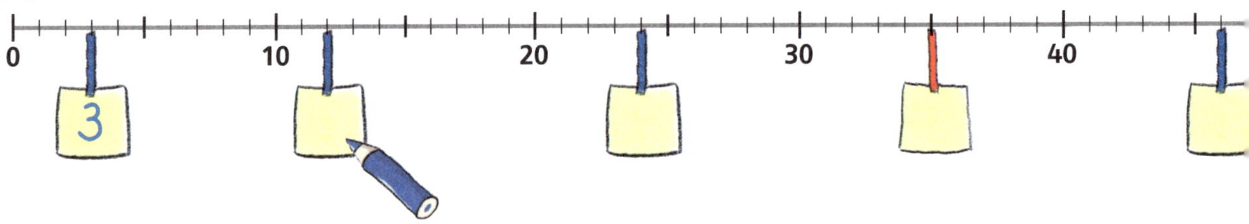

b)

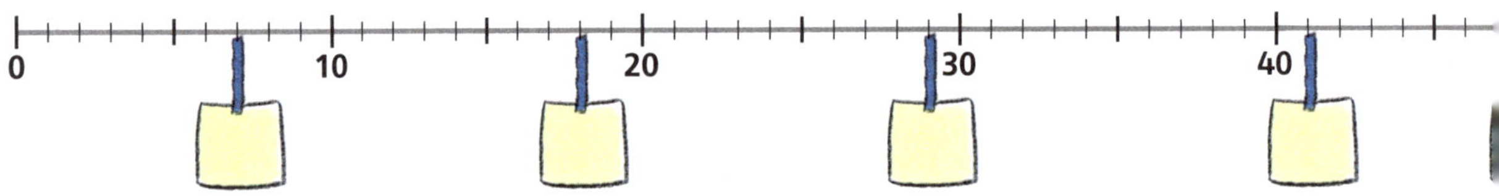

c)

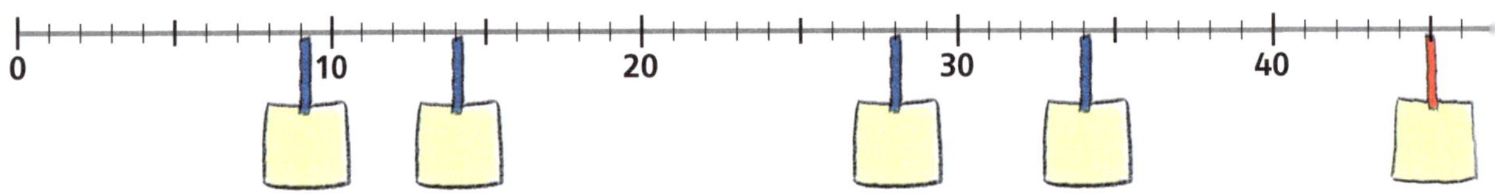

d)

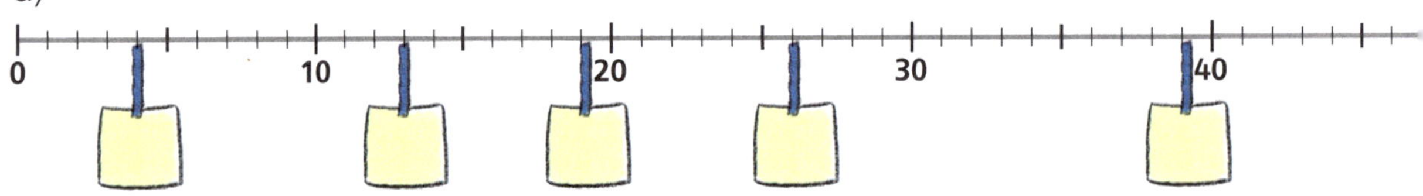

2 a)

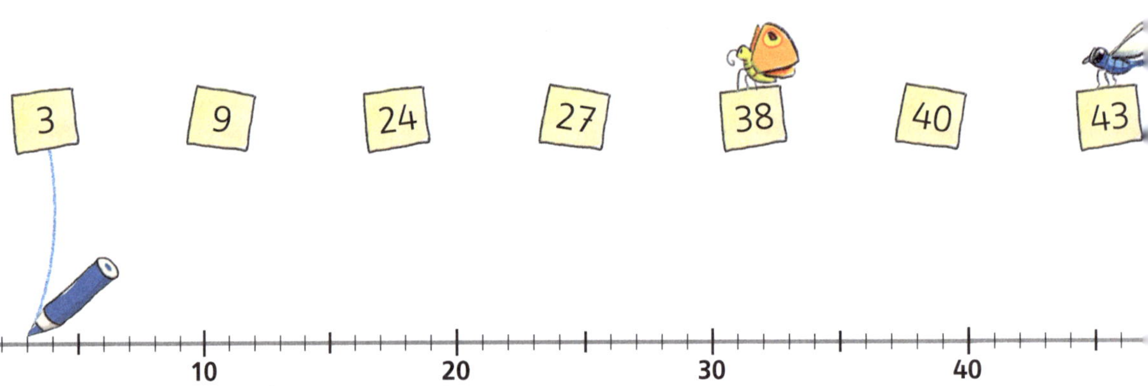

b)

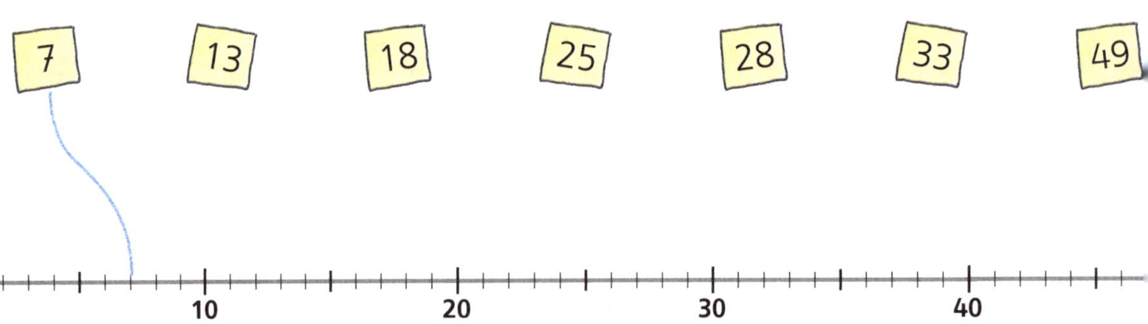

1 Passende Zahlen eintragen
2 Schilder an den passenden Stellen mit dem Zahlenstrahl verbinden

1 a)

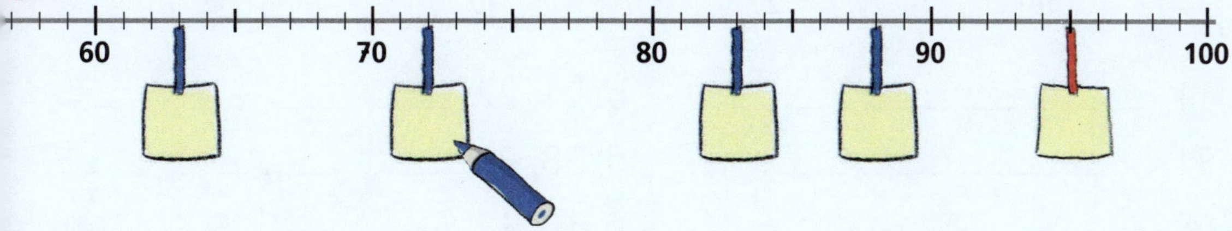

b)

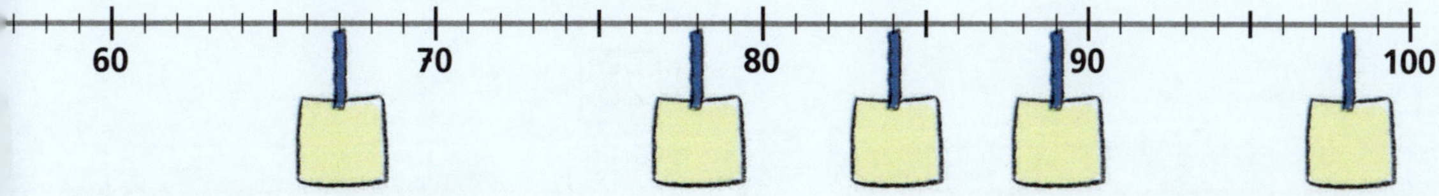

c)

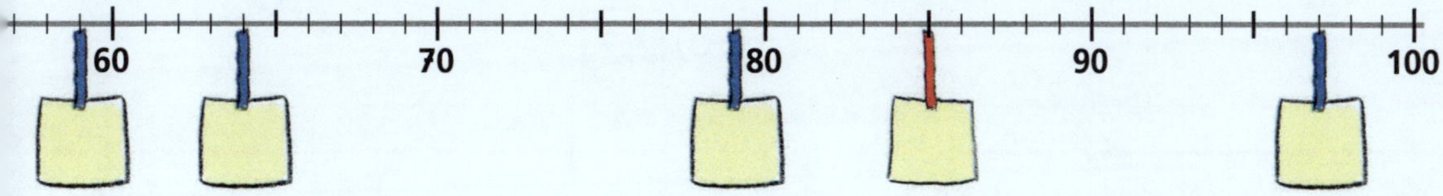

d)

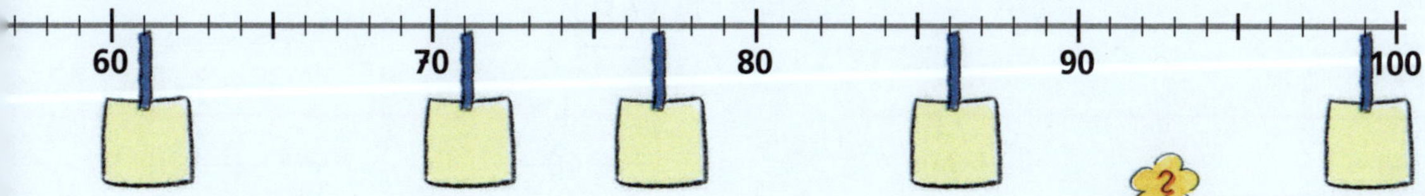

2 a) 63 69 74 75 86 88 93

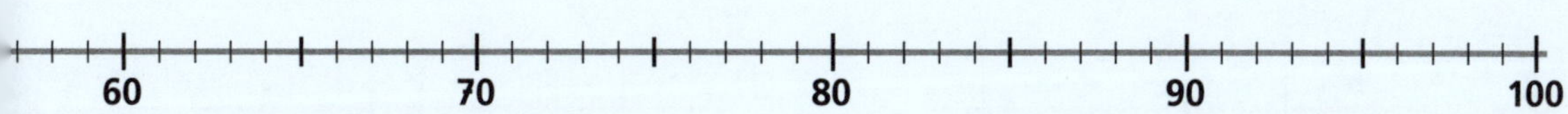

b) 57 62 68 73 77 83 92

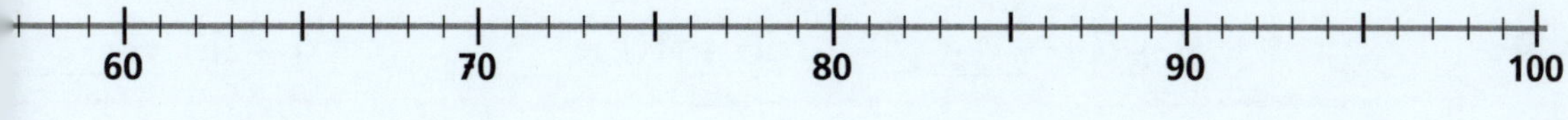

1

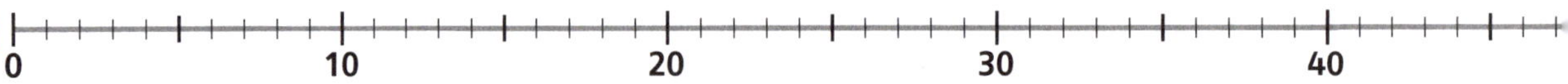

a) 10, 11, 12, ____, ____, ____.
b) 21, 22, 23, ____, ____, ____.
c) 30, 31, ____, ____, ____, ____.
d) 38, 39, ____, ____, ____, ____.
e) 47, 48, ____, ____, ____, ____.
f) 10, 12, ____, ____, ____, ____.

2 a) 15

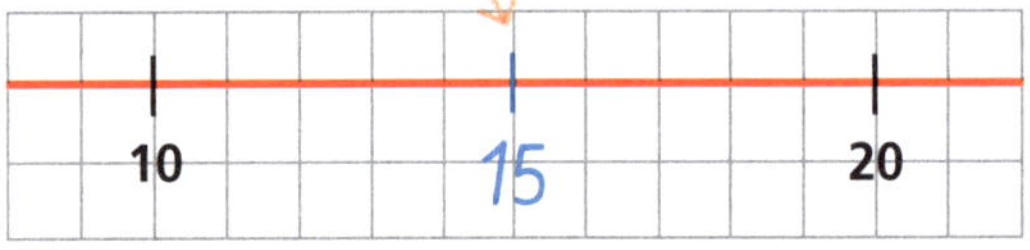

b) 25

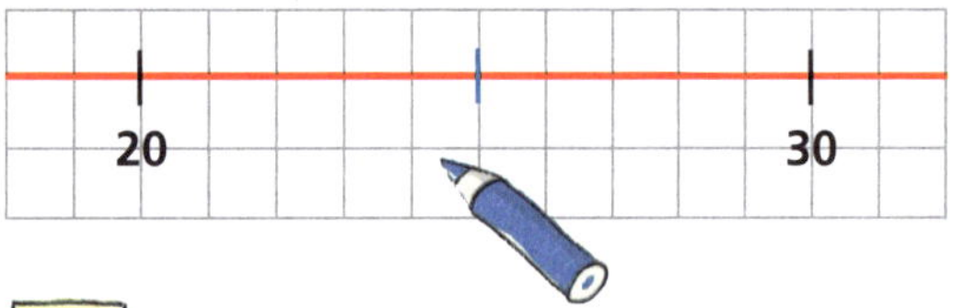

c) 35

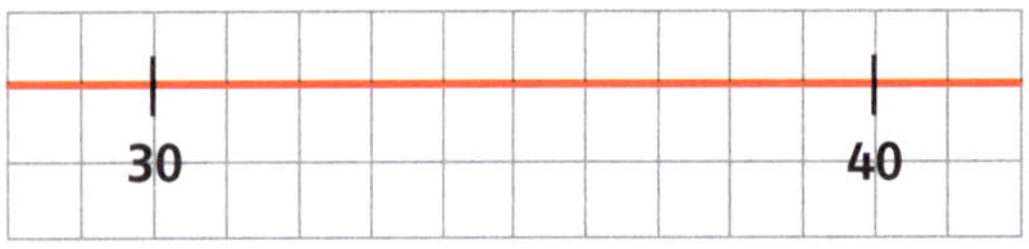

d) 42

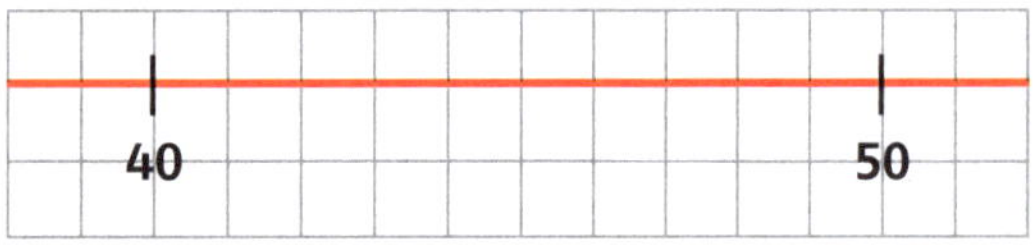

e) 31

f) 48

3 Trage die Nachbarzehner ein.

a)

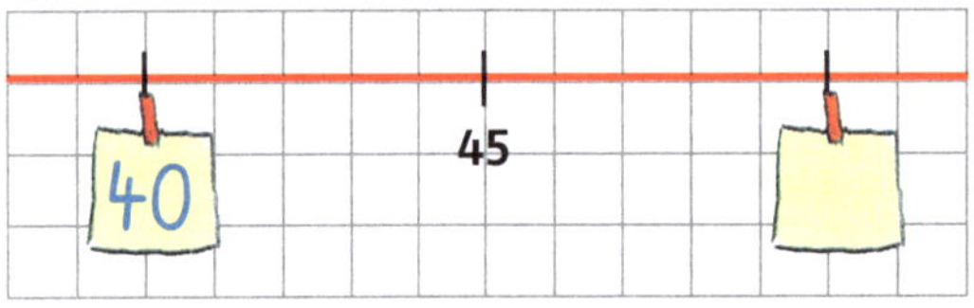

b)

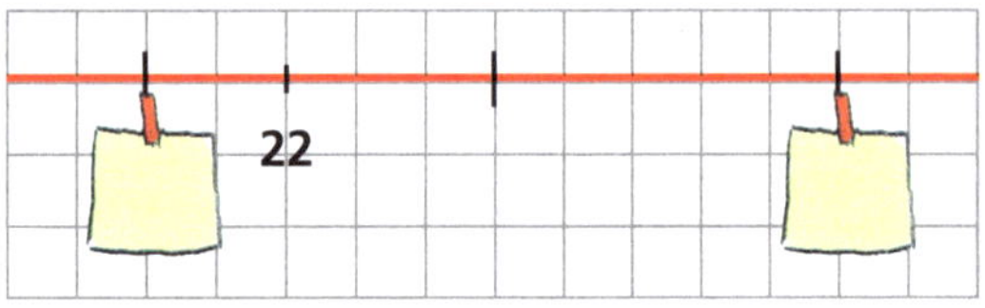

c)

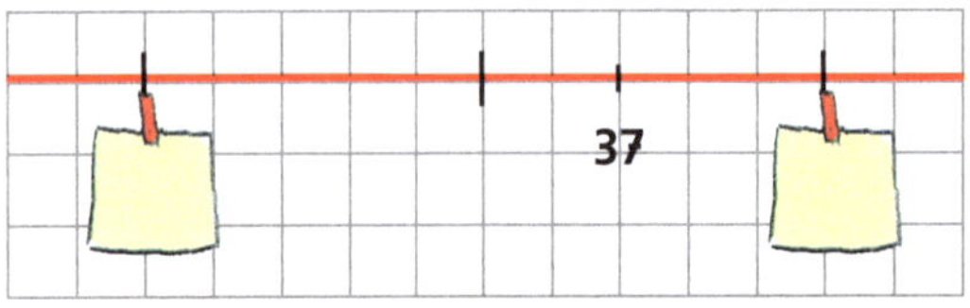

d)

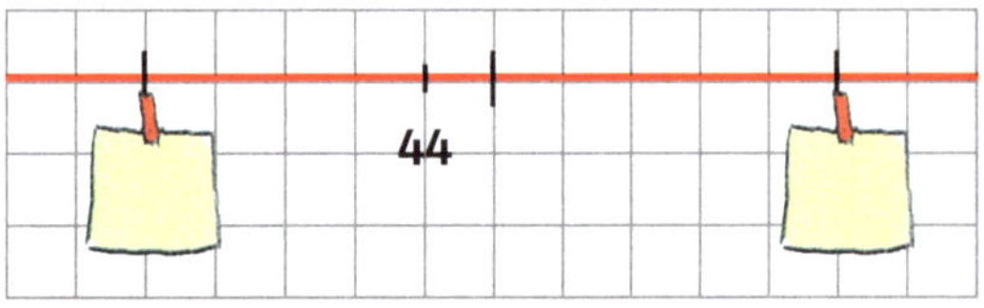

W

4

a)	b)	c)	d)
5 + 3 = ____	9 + 1 = ____	6 + 4 = ____	4 + 5 = ____
5 + 5 = ____	9 + 3 = ____	6 + 6 = ____	4 + 7 = ____
5 + 7 = ____	9 + 5 = ____	6 + 8 = ____	4 + 9 = ____
5 + 9 = ____	9 + 7 = ____	6 + 10 = ____	4 + 11 = ____

1 Vorwärts zählen. Reihe fortsetzen.
2 Zahlen an den Zahlenstrahlabschnitten markieren.
3 Nachbarzehner eintragen. 4 Evtl. Material legen.

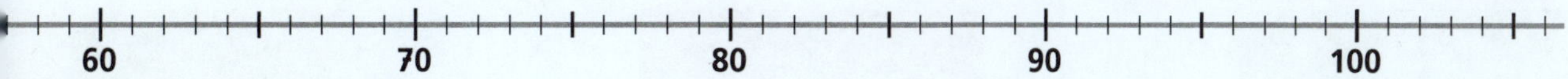

1 a) 70, 69, 68, ___, ___, ___. b) 90, 89, 88, ___, ___, ___.

c) 85, 84, ___, ___, ___, ___. d) 66, 65, ___, ___, ___, ___.

e) 94, 93, ___, ___, ___, ___. f) 100, 98, ___, ___, ___, ___.

2 a) 65

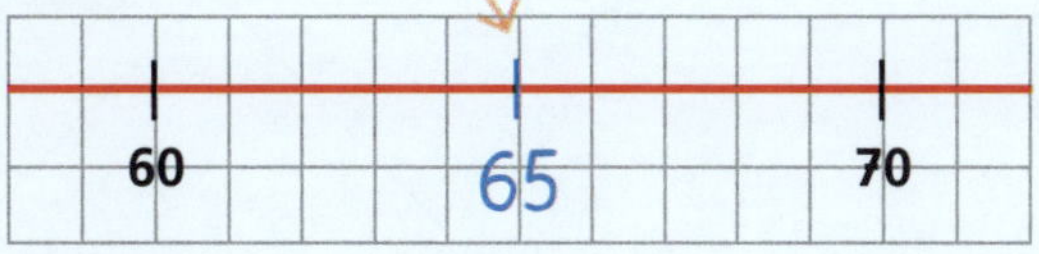

b) 75

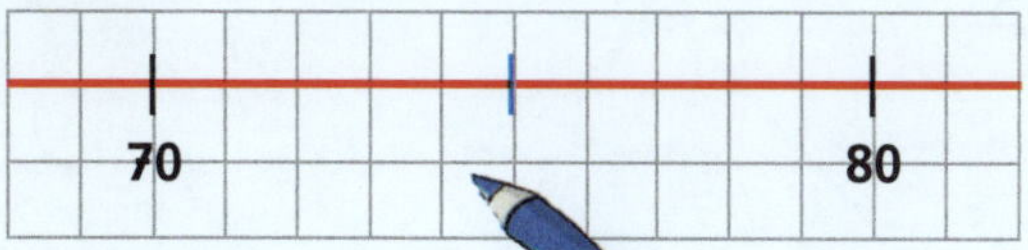

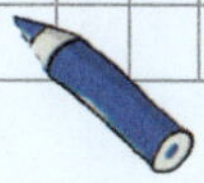

c) 66

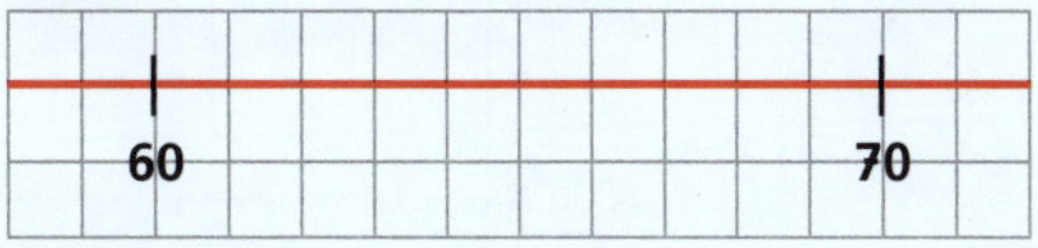

d) 77

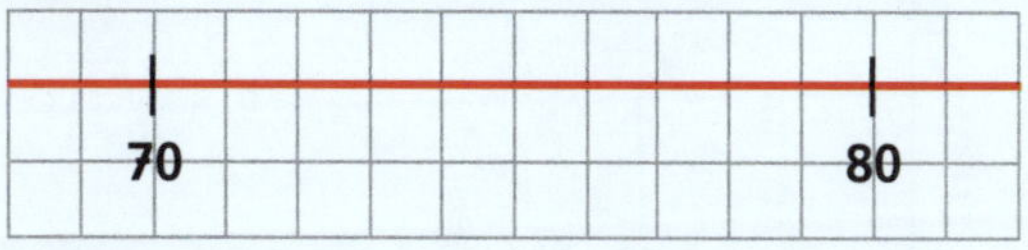

e) 68

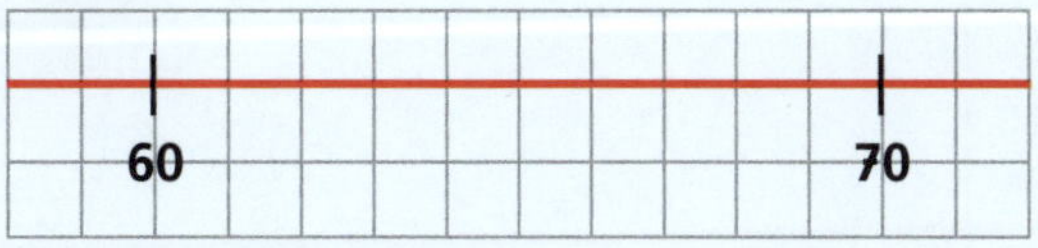

f) 83

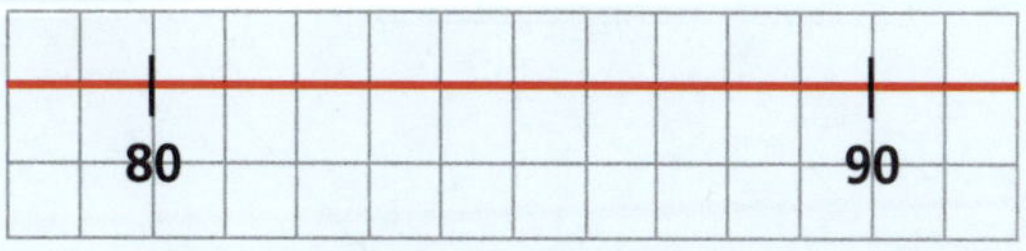

3 Trage die Nachbarzehner ein.

a)

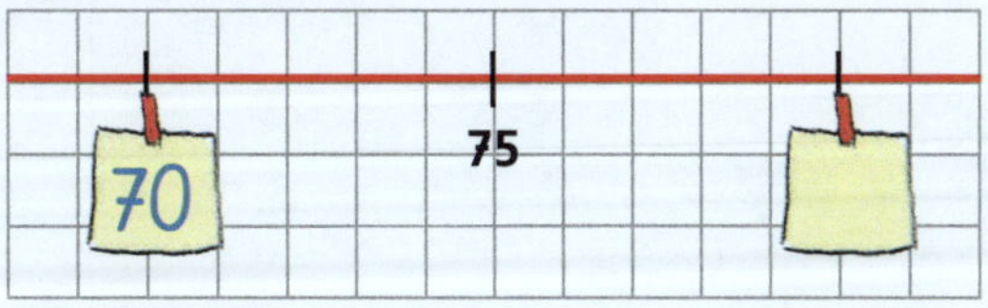

b)

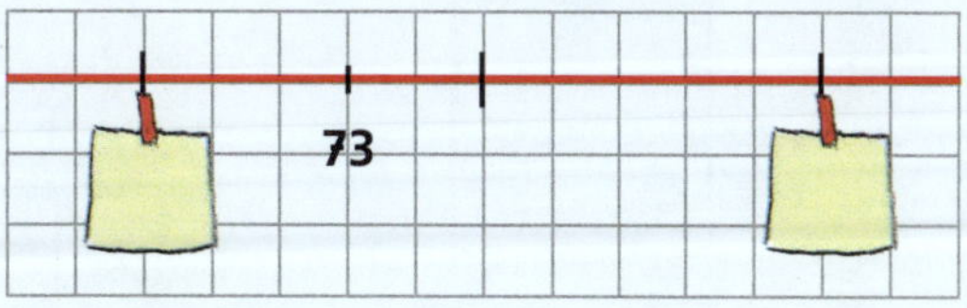

c)

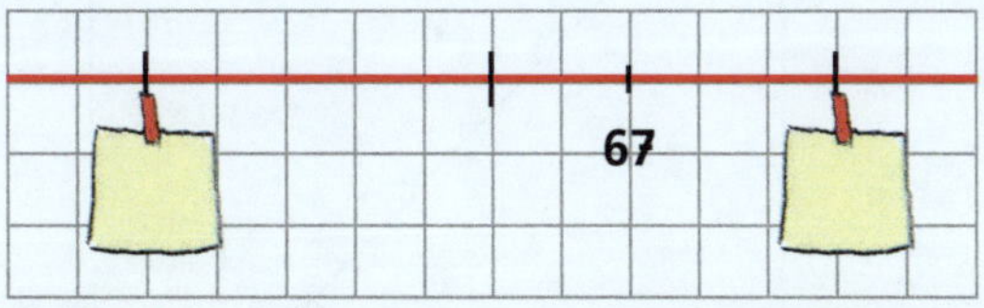

d)

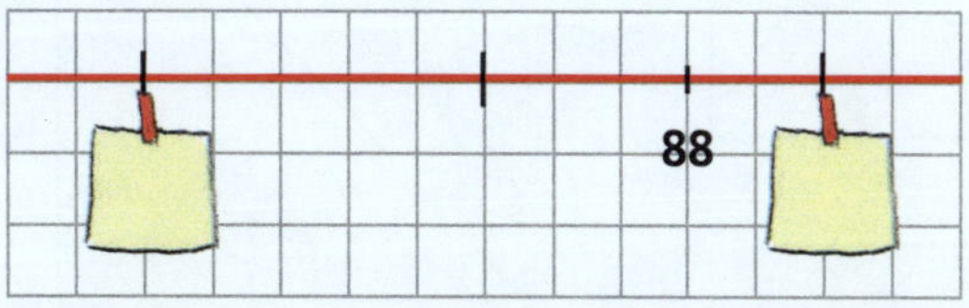

W

4

a)	b)	c)	d)
5 + 3 = ___	8 + 2 = ___	6 + 4 = ___	4 + 5 = ___
6 + 3 = ___	7 + 2 = ___	8 + 4 = ___	5 + 5 = ___
7 + 3 = ___	9 + 2 = ___	9 + 4 = ___	7 + 5 = ___
8 + 3 = ___	6 + 2 = ___	7 + 4 = ___	6 + 5 = ___

1 Rückwärts zählen. Reihe fortsetzen.
2 Zahlen an den Zahlenstrahlabschnitten markieren.
3 Nachbarzahlen eintragen. **4** Evtl. Material legen.

Geometrische Formen
Rechteck, Quadrat, Dreieck

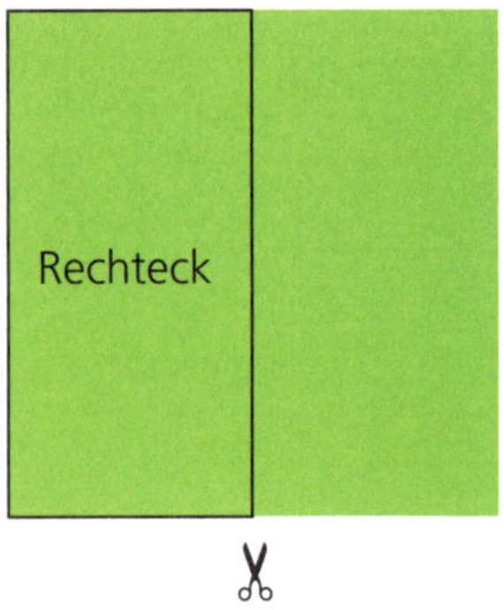

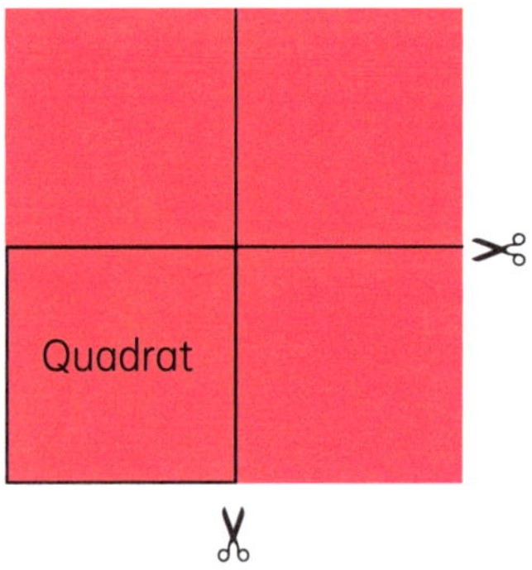

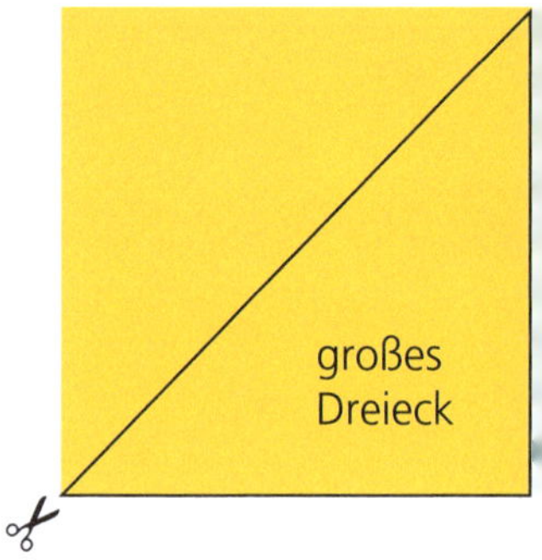

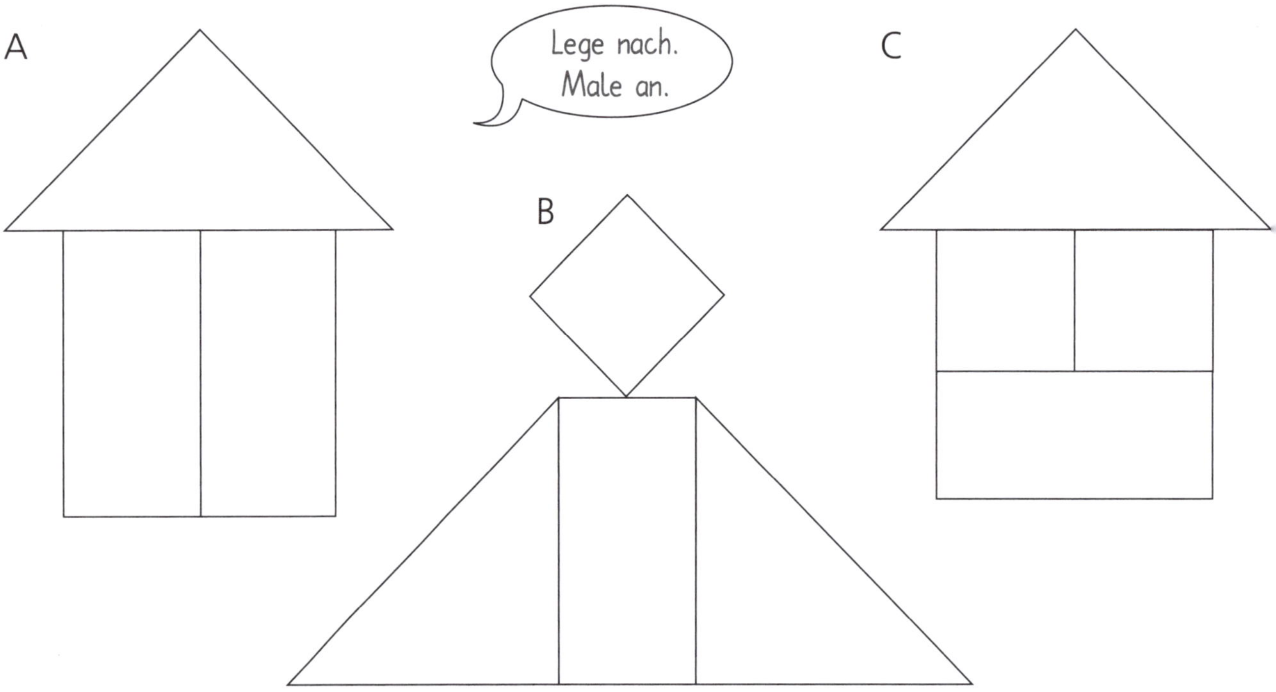

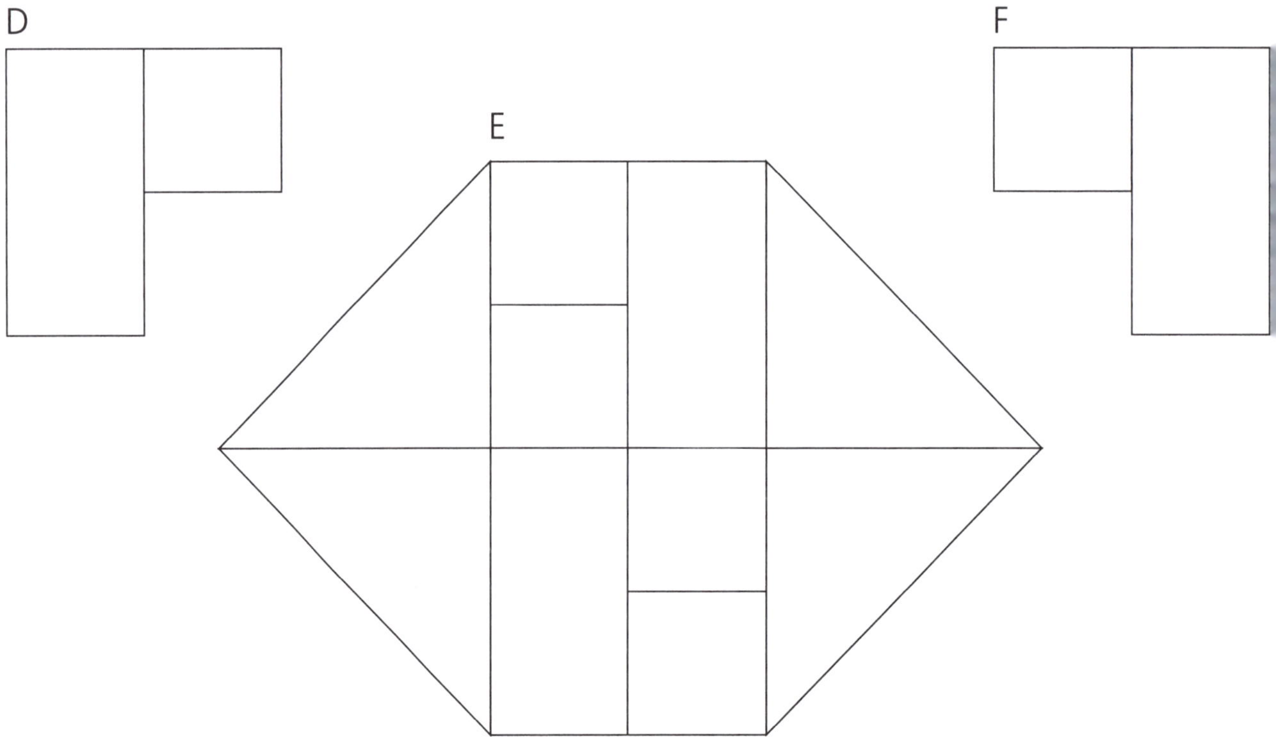

Farbige Quadrate in Vierecke und Dreiecke falten und schneiden.
Zettelblock verwenden.

1

a) 

____ ct

b) 

____ ct

c) 

____ ct

d) 

____ ct

e) 

____ ct

f) 

____ ct

g) 

____ ct

h) 

____ ct

i) 

____ ct

j) 

____ ct

k) 

____ ct

l) 

____ ct

2

a) 

____ €

b) 

____ €

c) 

____ €

d) 

____ €

e) 

____ €

f) 

____ €

g) 

____ €

h) 

____ €

i) 

____ €

j) 

____ €

k) 

____ €

l) 

____ €

Evt. Rechengeld legen. **1** Cent-Beträge schreiben.
2 Euro-Beträge schreiben.

Addieren im Zahlenraum bis 100 ohne ZÜ
Dienes-Material

1 a) 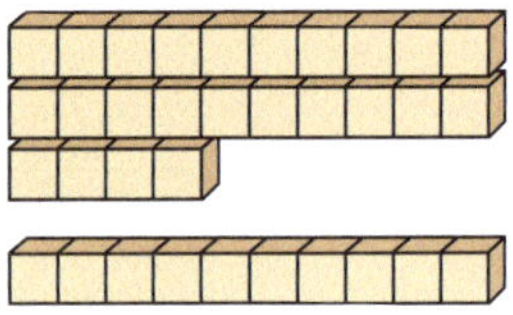

24 + 10 = ____

b) 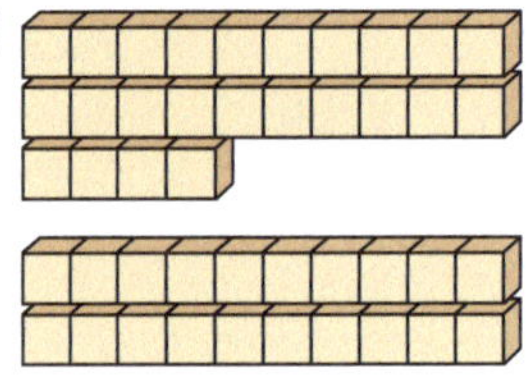

24 + 20 = ____

c) 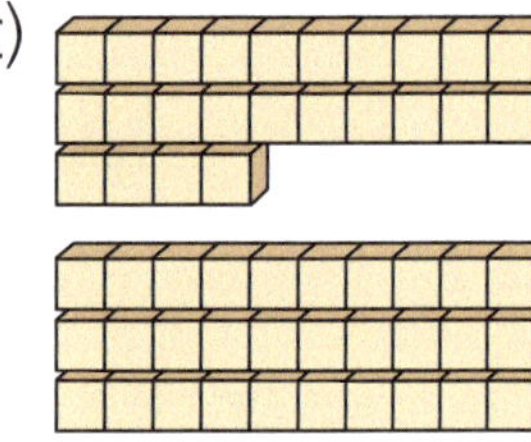

24 + 30 = ____

d) 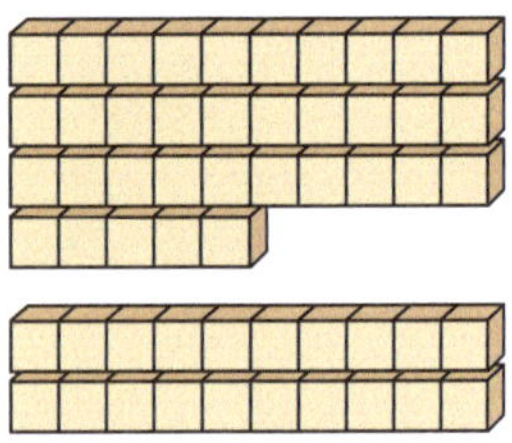

35 + 20 = ____

e) 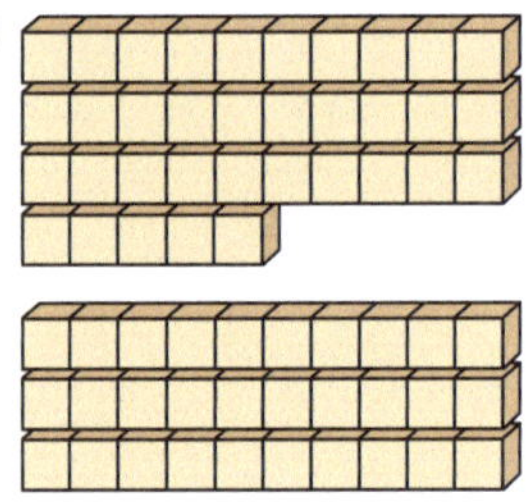

____ + ____ = ____

f) 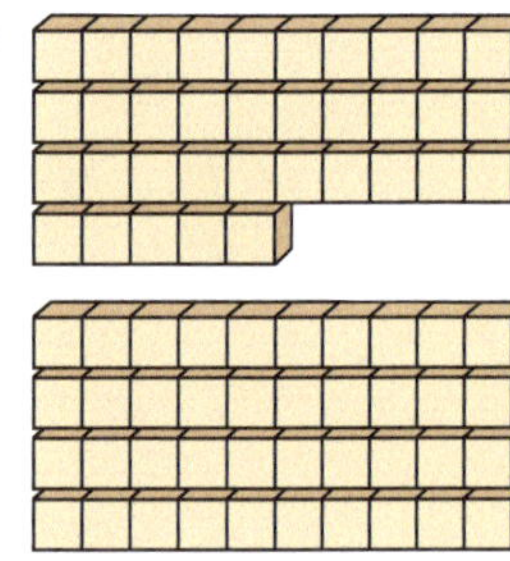

____ + ____ = ____

g) 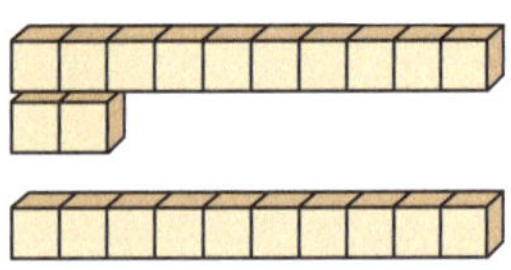

____ + ____ = ____

h) 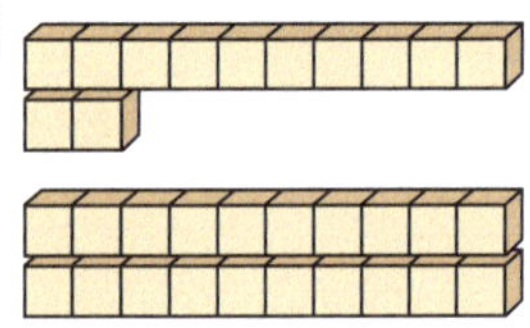

____ + ____ = ____

i) 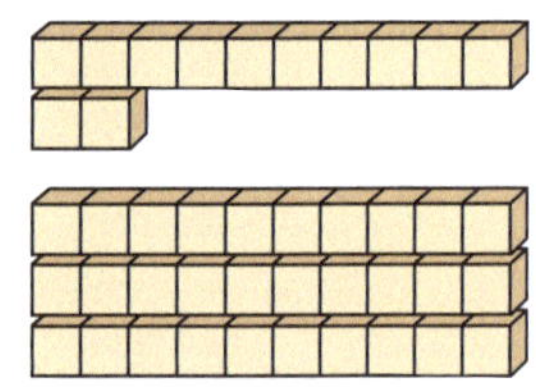

____ + ____ = ____

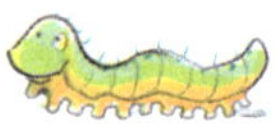

2 a) 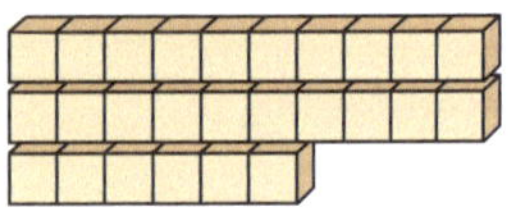

26 + 10 = ____
26 + 20 = ____
26 + 30 = ____

b) 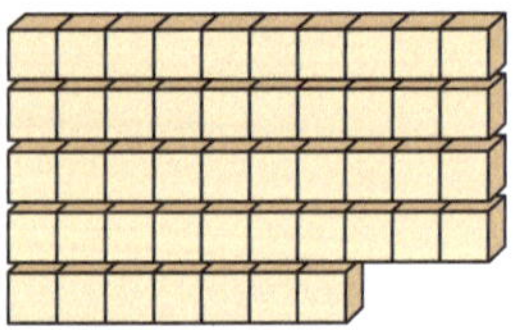

47 + 10 = ____
47 + 20 = ____
47 + 30 = ____

c) 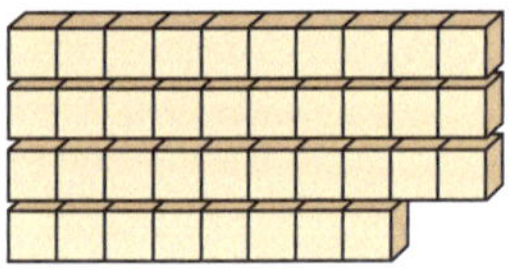

38 + 10 = ____
38 + 20 = ____
38 + 30 = ____

d) 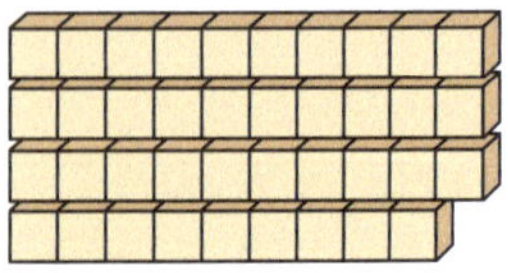

39 + 10 = ____
39 + 30 = ____
39 + 50 = ____

e) 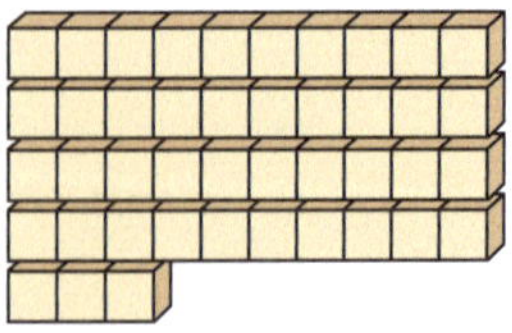

43 + 10 = ____
43 + 30 = ____
43 + 50 = ____

f) 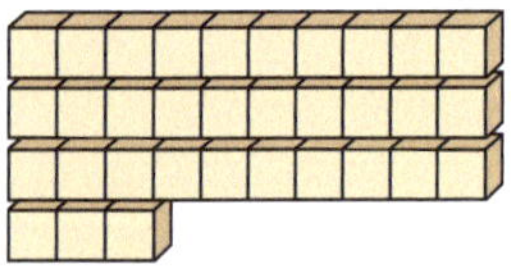

33 + 20 = ____
33 + 40 = ____
33 + 60 = ____

1 bis **4** Immer ganze Zehnerstangen dazulegen. Alternativ: Steckwürfel.

1 a) 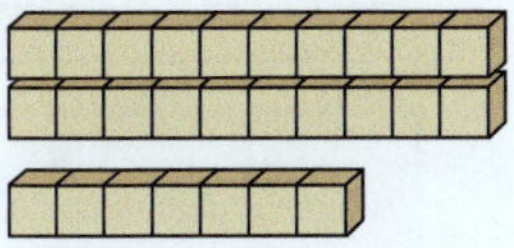

20 + 7 = ____

b) 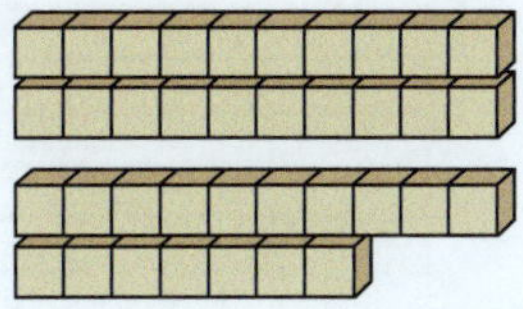

20 + 17 = ____

c) 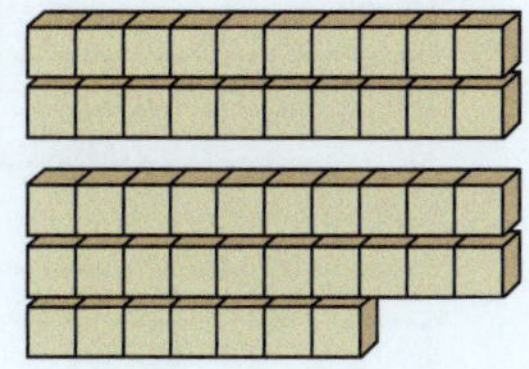

20 + 27 = ____

d) 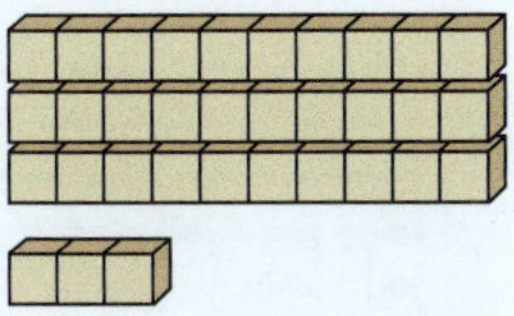

30 + ____ = ____

e) 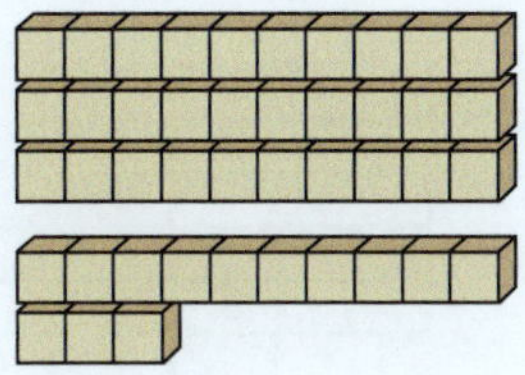

____ + ____ = ____

f) 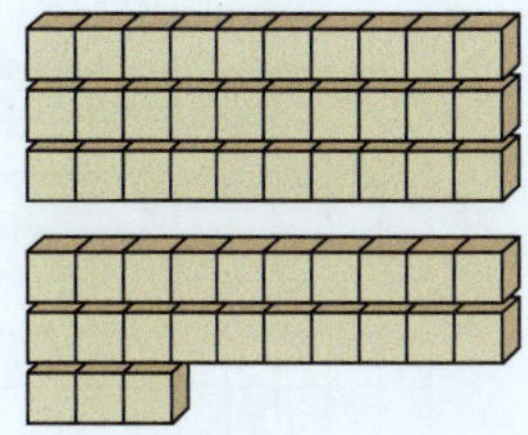

____ + ____ = ____

g) 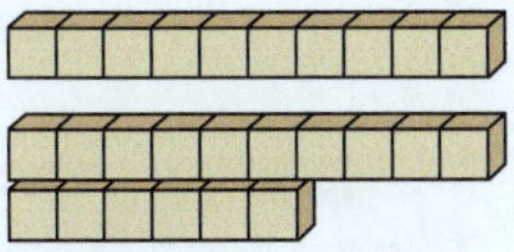

____ + ____ = ____

h) 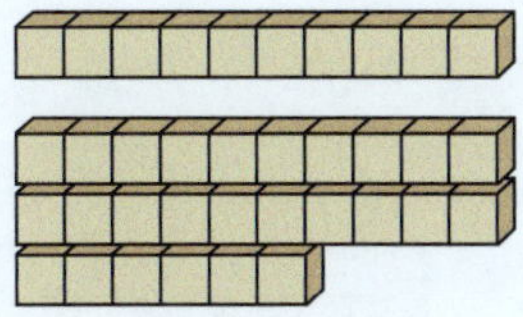

____ + ____ = ____

i) 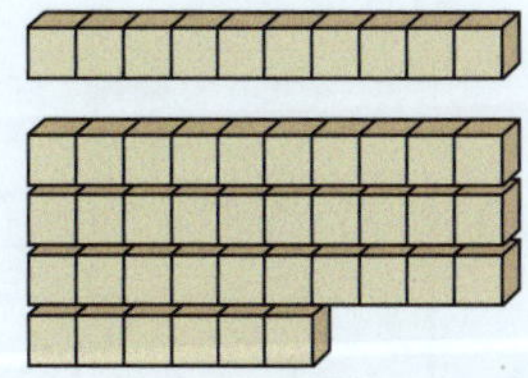

____ + ____ = ____

2 a) 

10 + 33 = ____
10 + 43 = ____
10 + 53 = ____

b) 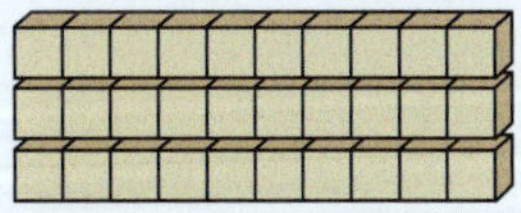

30 + 35 = ____
30 + 45 = ____
30 + 55 = ____

c) 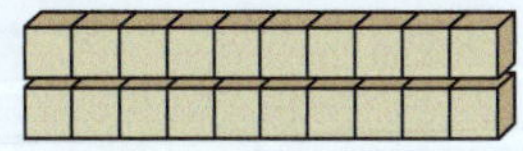

20 + 42 = ____
20 + 52 = ____
20 + 62 = ____

d) 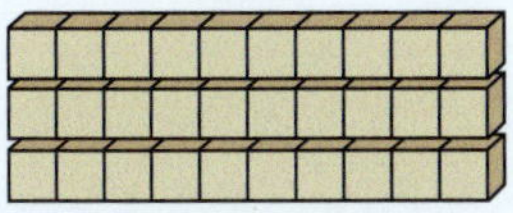

30 + 28 = ____
30 + 48 = ____
30 + 68 = ____

e) 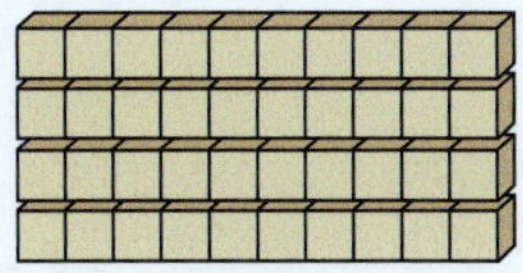

40 + 17 = ____
40 + 37 = ____
40 + 57 = ____

f) 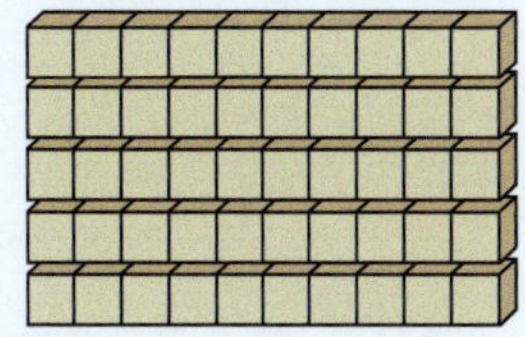

50 + 9 = ____
50 + 29 = ____
50 + 49 = ____

Evtl. Material legen.

1

a) 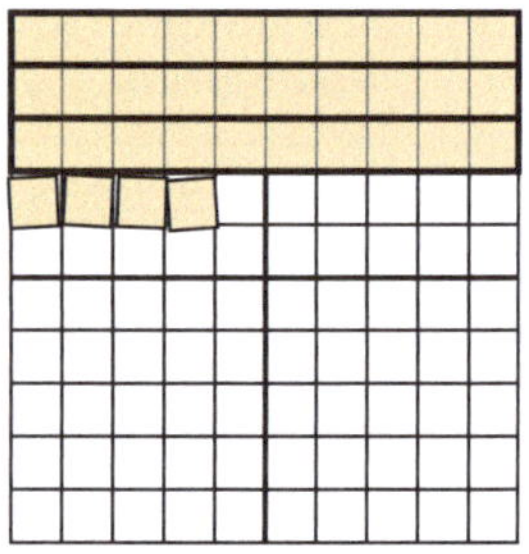

30 + 4 = ____

b) 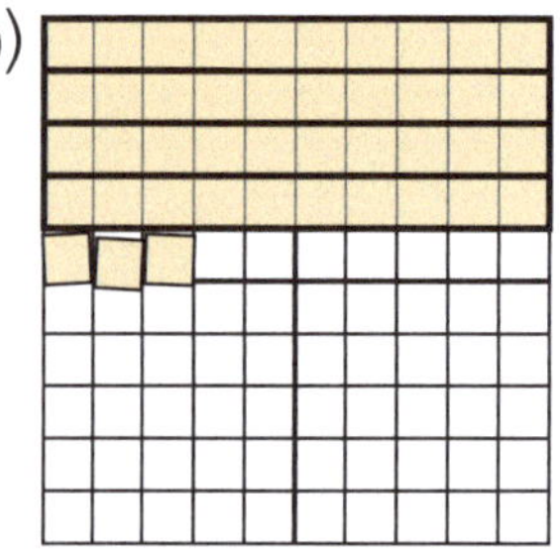

40 + ____ = ____

c) 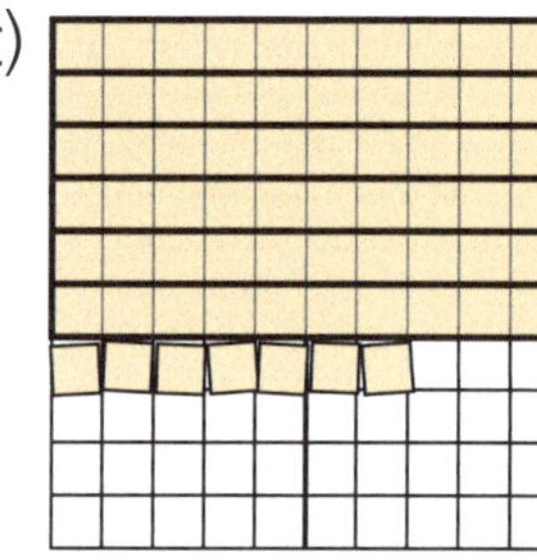

60 + ____ = ____

d) 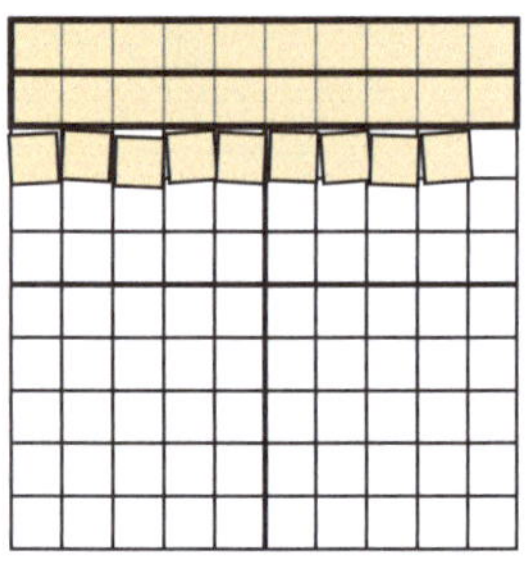

____ + ____ = ____

e) 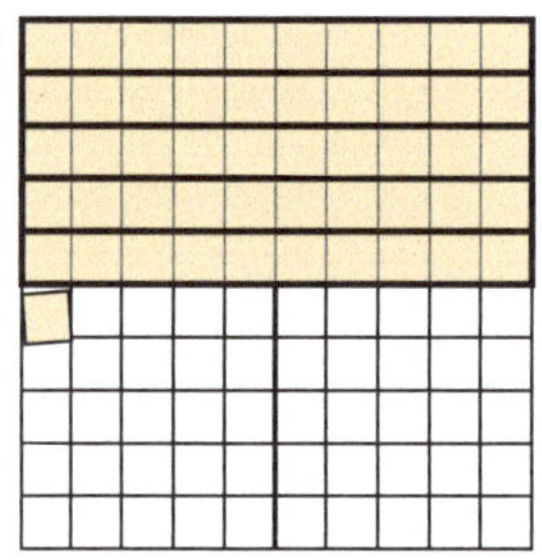

____ + ____ = ____

f) 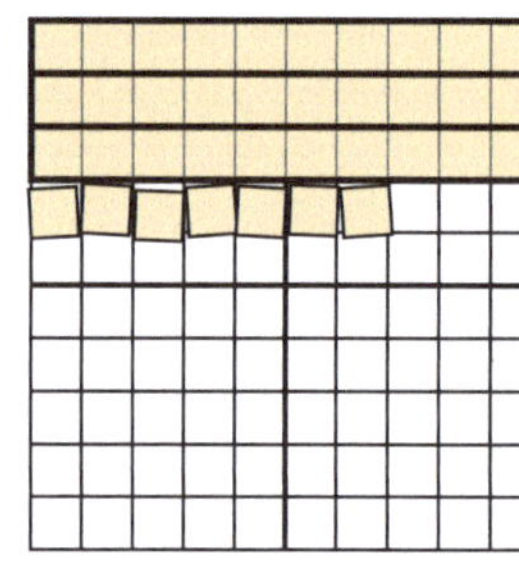

____ + ____ = ____

2

a) 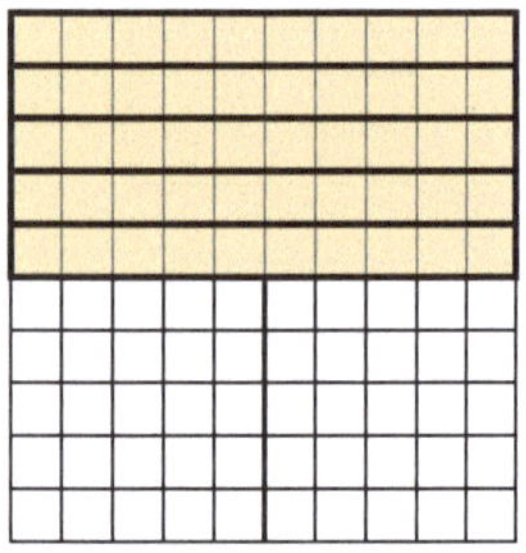

50 + 8 = ____

b) 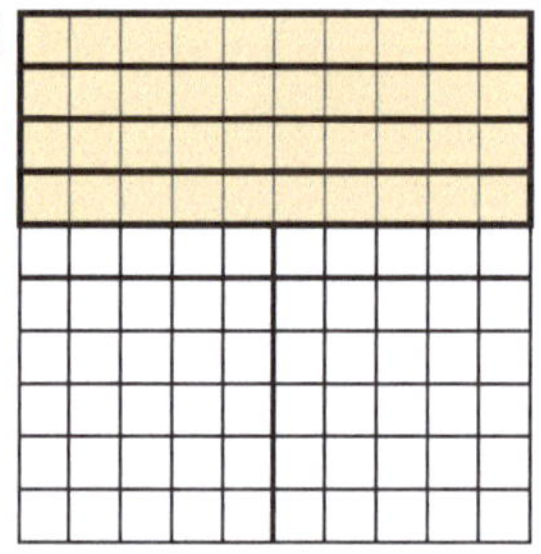

40 + 7 = ____

c) 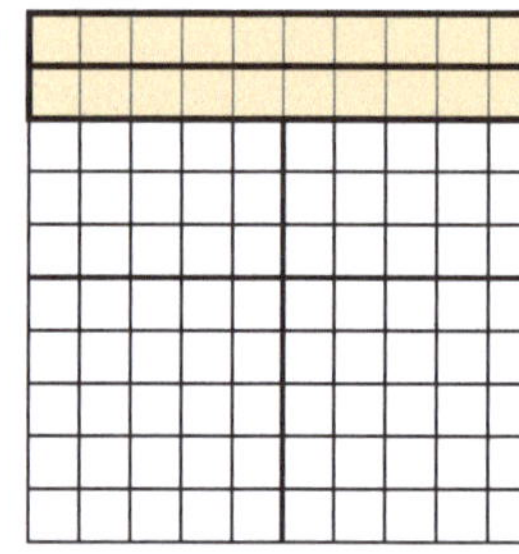

20 + 9 = ____

d) 

70 + 4 = ____

e) 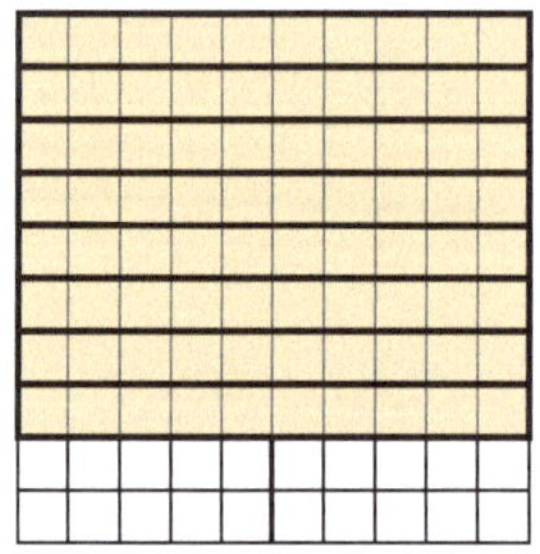

80 + 8 = ____

f) 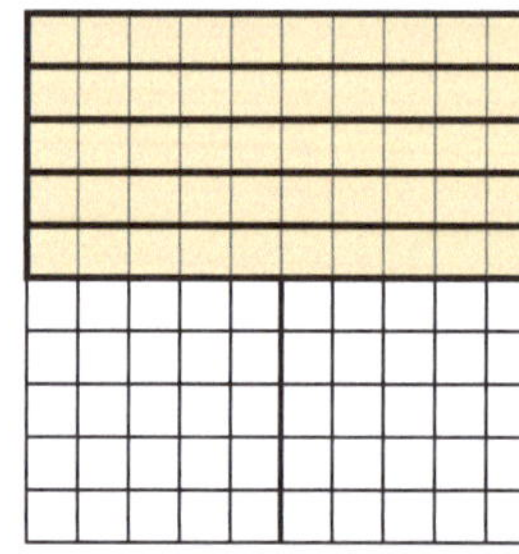

50 + 2 = ____

3

a)	b)	c)	d)
20 + 5 = ____	20 + 6 = ____	20 + 8 = ____	60 + 6 = ____
30 + 5 = ____	30 + 6 = ____	30 + 7 = ____	70 + 7 = ____
40 + 5 = ____	40 + 6 = ____	40 + 7 = ____	80 + 8 = ____
50 + 5 = ____	50 + 6 = ____	50 + 8 = ____	90 + 9 = ____

Evtl. Material legen.

1

a)
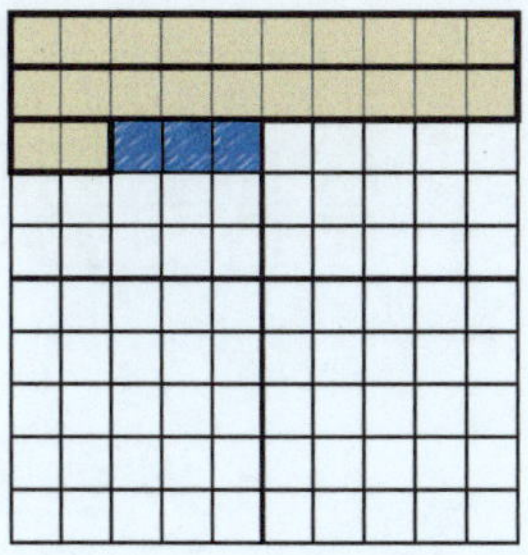
22 + 3 = ____

b)
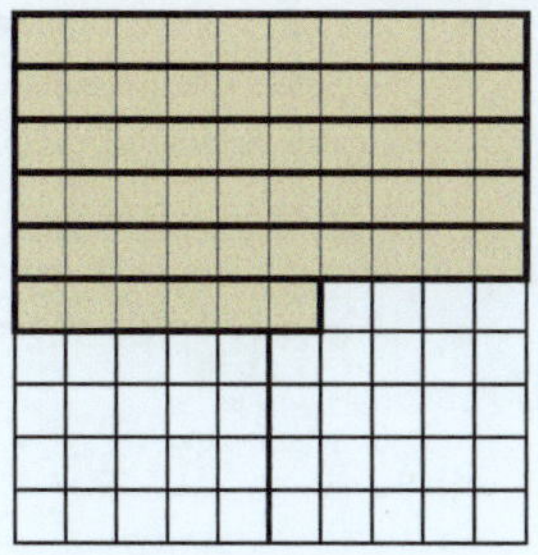
56 + 2 = ____

c)
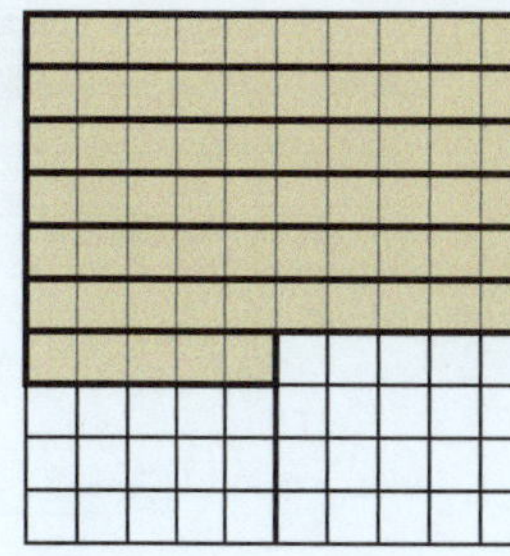
65 + 4 = ____

d)
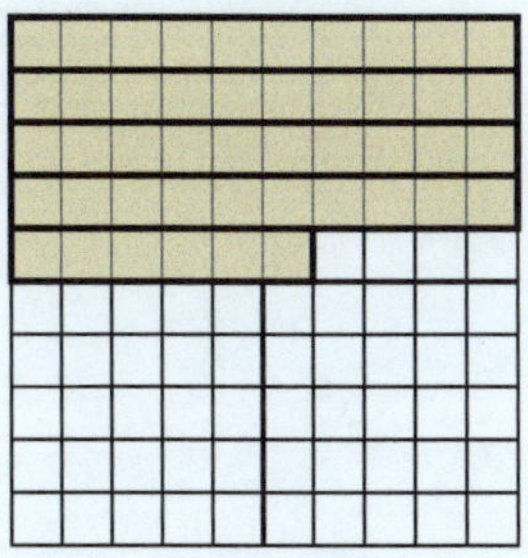
46 + 4 = ____

e)
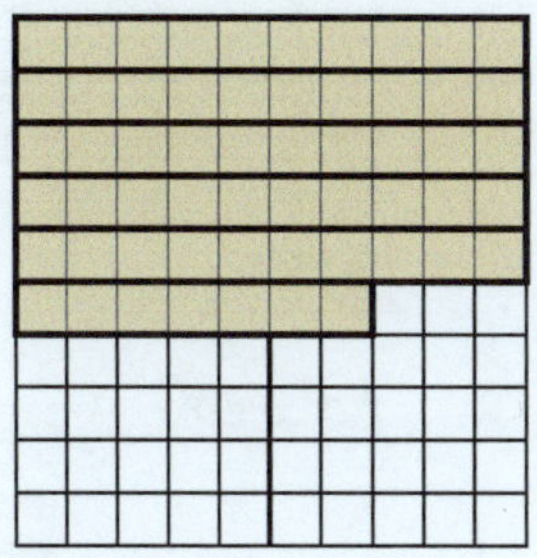
57 + 2 = ____

f)
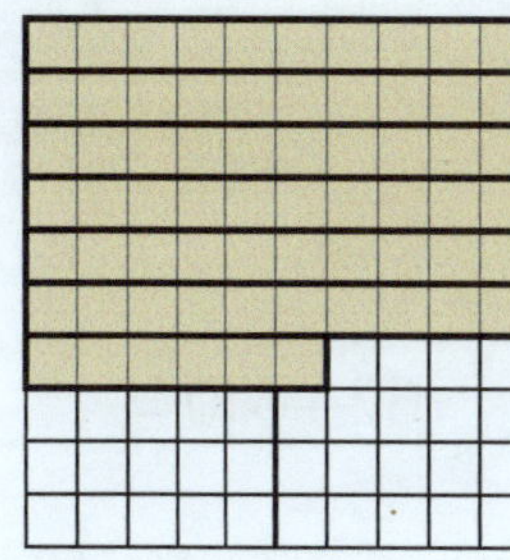
66 + 1 = ____

g)
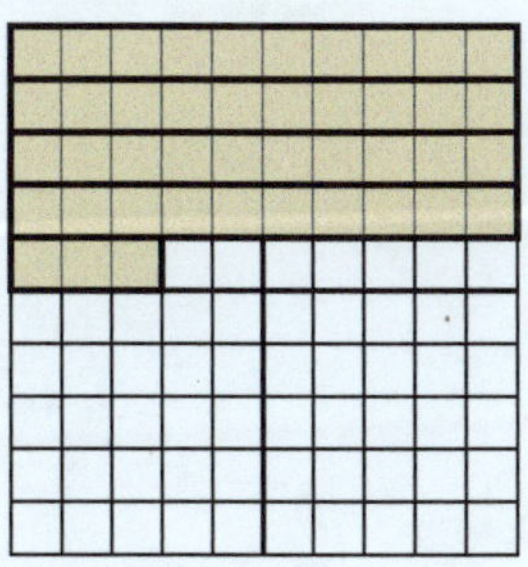
43 + 5 = ____

h)
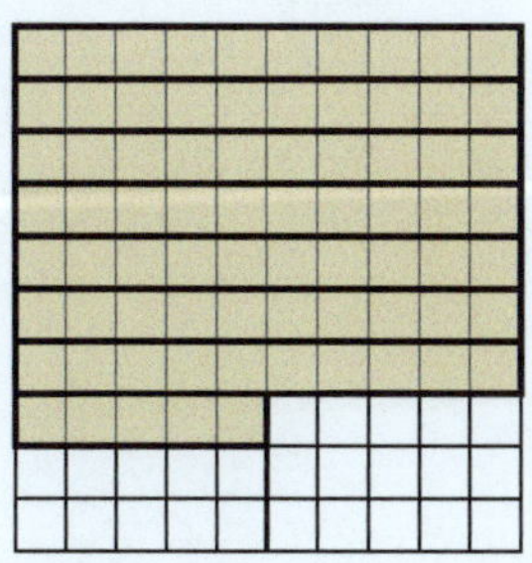
75 + 4 = ____

i)
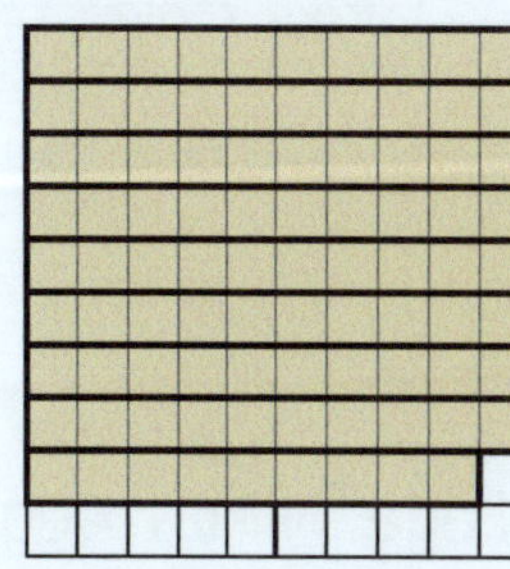
89 + 1 = ____

2

a) 4 + 2 = ____	b) 3 + 4 = ____	c) 2 + 3 = ____	d) 34 + 2 = ____
14 + 2 = ____	13 + 4 = ____	12 + 3 = ____	44 + 3 = ____
24 + 2 = ____	23 + 4 = ____	22 + 4 = ____	54 + 2 = ____
e) 34 + 2 = ____	f) 33 + 4 = ____	g) 32 + 3 = ____	h) 53 + 2 = ____
44 + 2 = ____	43 + 4 = ____	42 + 2 = ____	63 + 2 = ____
54 + 2 = ____	53 + 4 = ____	52 + 5 = ____	73 + 2 = ____
i) 31 + 3 = ____	j) 42 + 4 = ____	k) 73 + 3 = ____	l) 92 + 7 = ____
41 + 4 = ____	52 + 3 = ____	83 + 4 = ____	94 + 5 = ____
51 + 5 = ____	72 + 5 = ____	91 + 5 = ____	95 + 4 = ____

Evtl. Material legen.

1

a) 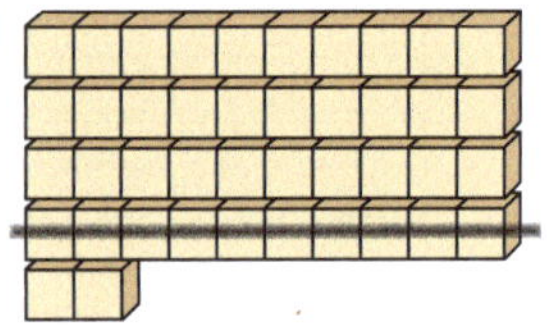

42 – 10 = ____

b) 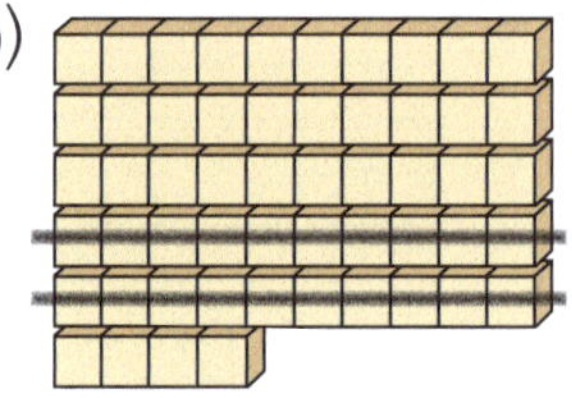

54 – 20 = ____

c) 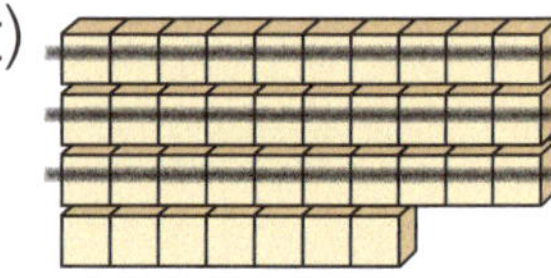

37 – 30 = ____

d) 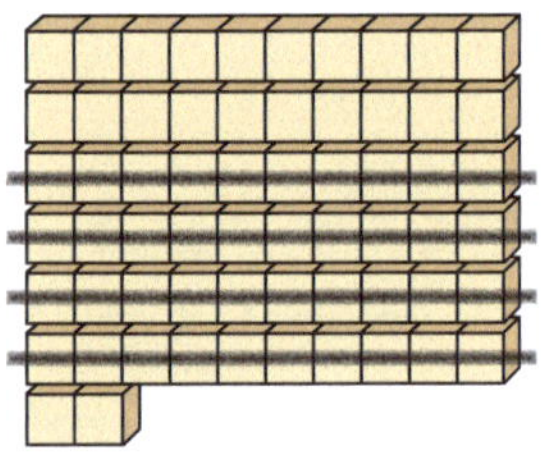

62 – 40 = ____

e) 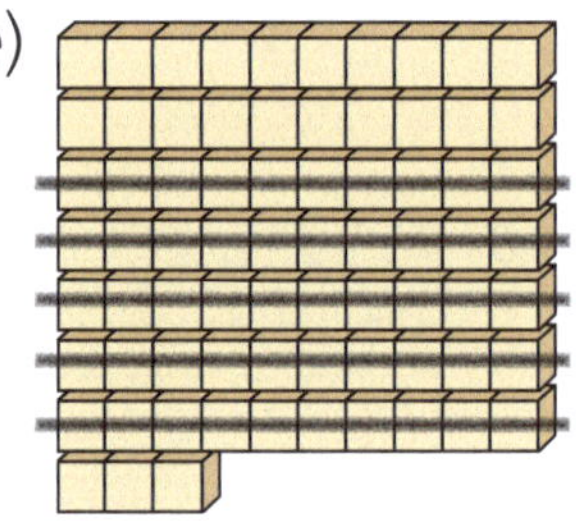

73 – 50 = ____

f) 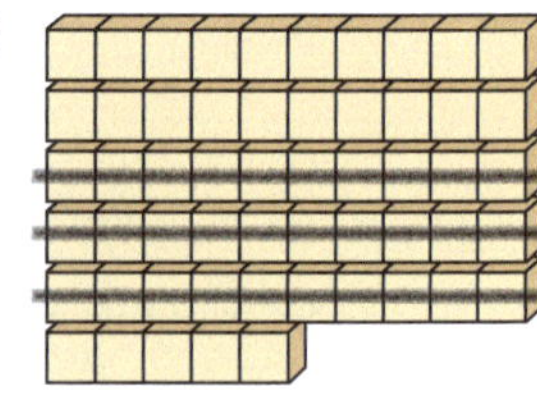

55 – 30 = ____

g) 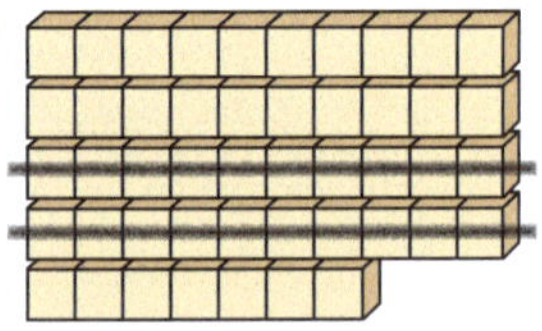

47 – 20 = ____

h) 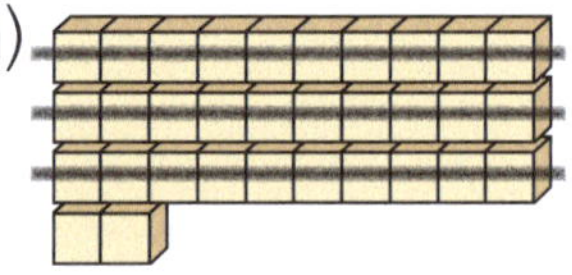

32 – 30 = ____

i) 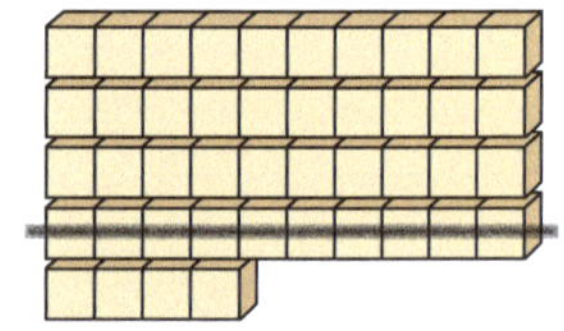

44 – 10 = ____

2 Lege. Nimm weg. Rechne.

a) 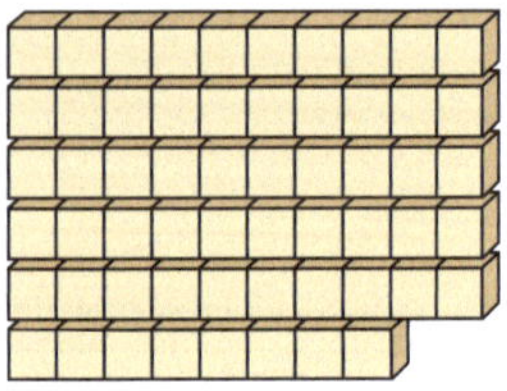

58 – 20 = ____
58 – 30 = ____
58 – 40 = ____

b) 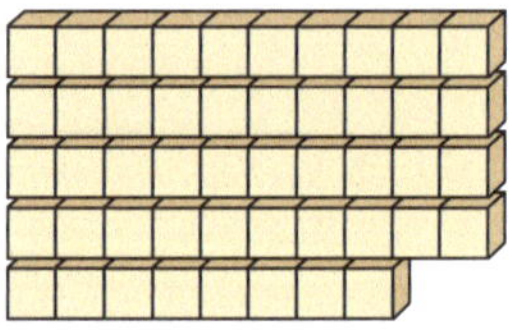

48 – 10 = ____
48 – 20 = ____
48 – 30 = ____

c) 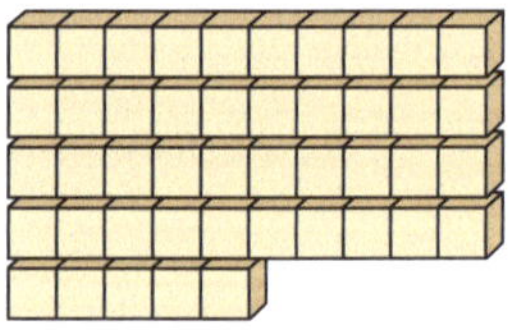

45 – 20 = ____
45 – 30 = ____
45 – 40 = ____

d) 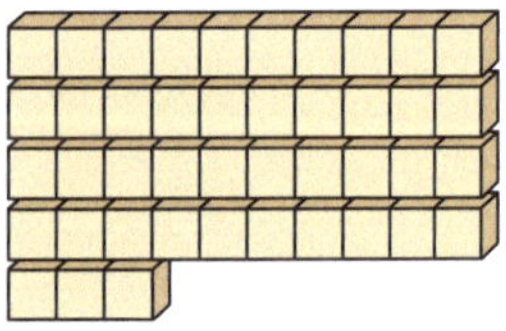

43 – 10 = ____
43 – 20 = ____
43 – 30 = ____

e) 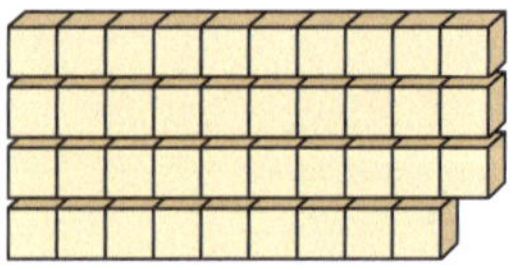

39 – 10 = ____
39 – 20 = ____
39 – 30 = ____

f) 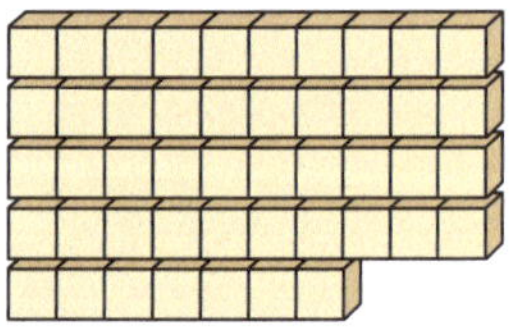

47 – 10 = ____
47 – 20 = ____
47 – 30 = ____

2 Immer ganze Zehnerstangen durchstreichen. Alternativ: Steckwürfel.

1 Lege Zehnerstangen und Einzelne. Rechne.

a) 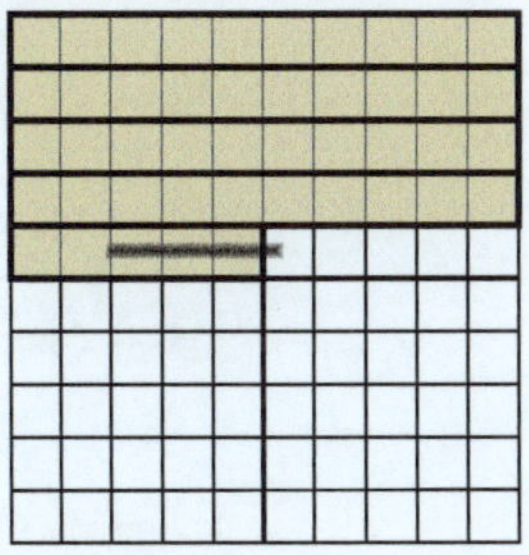

45 – 3 = ____

b) 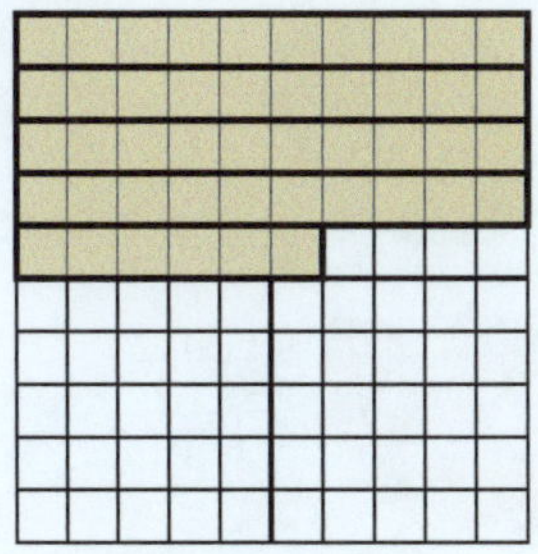

46 – 3 = ____

c) 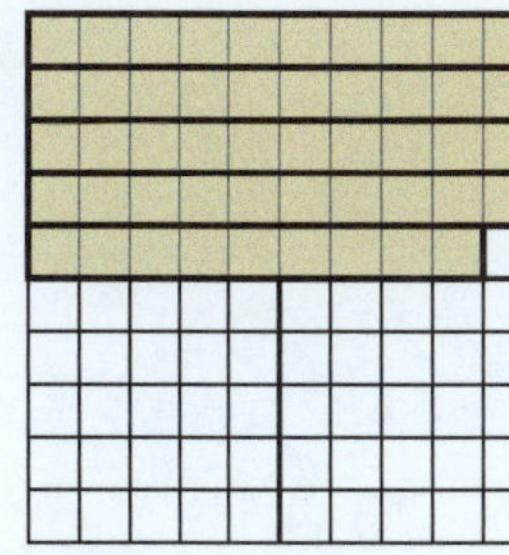

49 – 3 = ____

d) 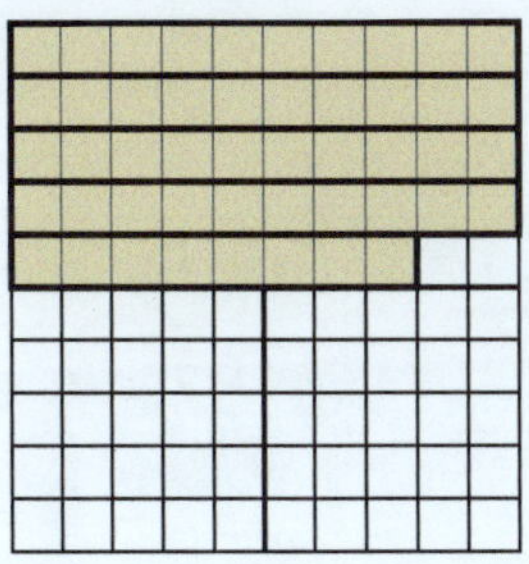

48 – 2 = ____

e) 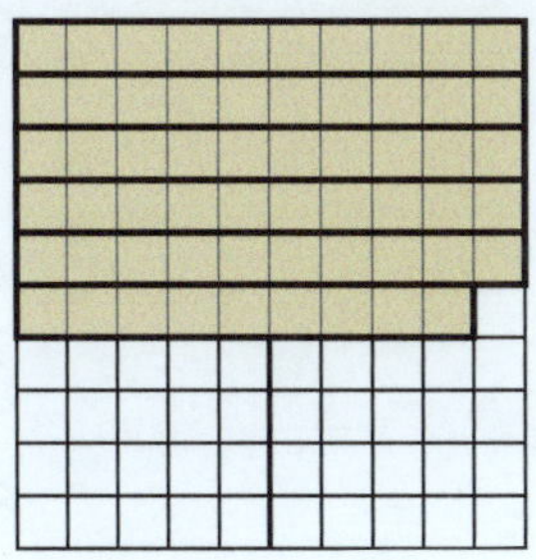

59 – 3 = ____

f) 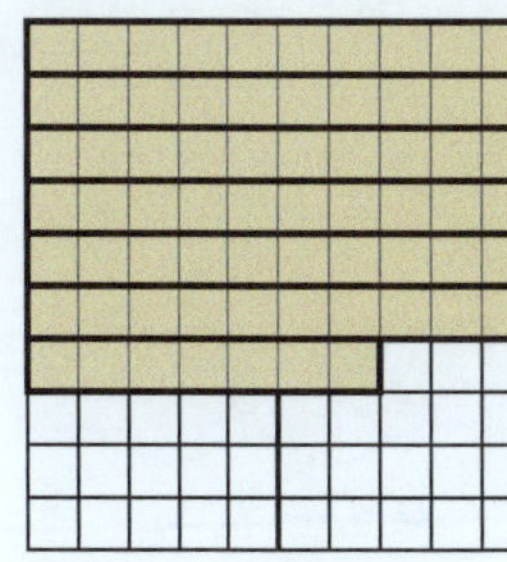

67 – 1 = ____

2 a) 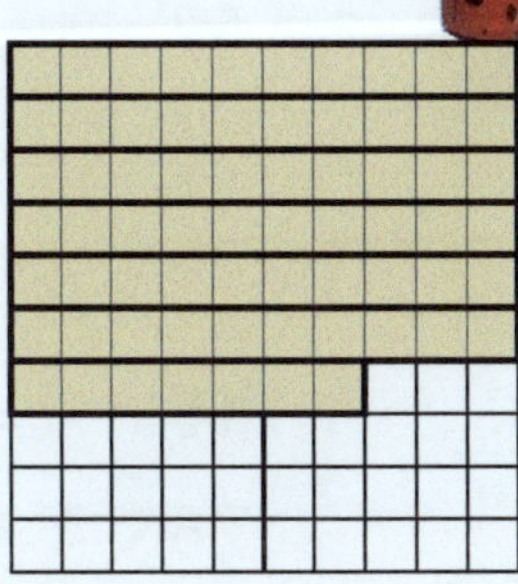

67 – 2 = ____
67 – 3 = ____
67 – 4 = ____

b) 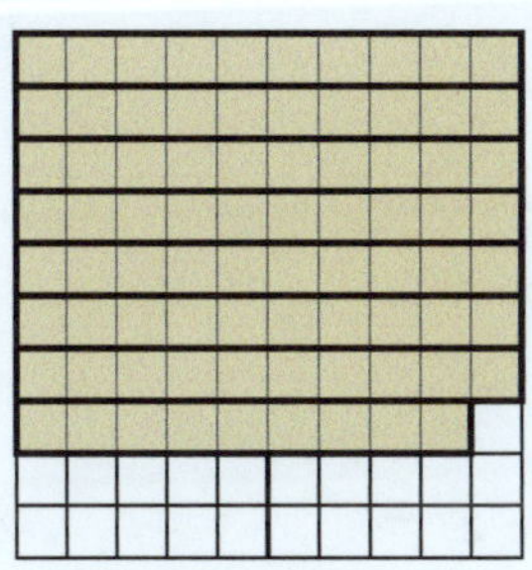

79 – 5 = ____
79 – 6 = ____
79 – 7 = ____

c) 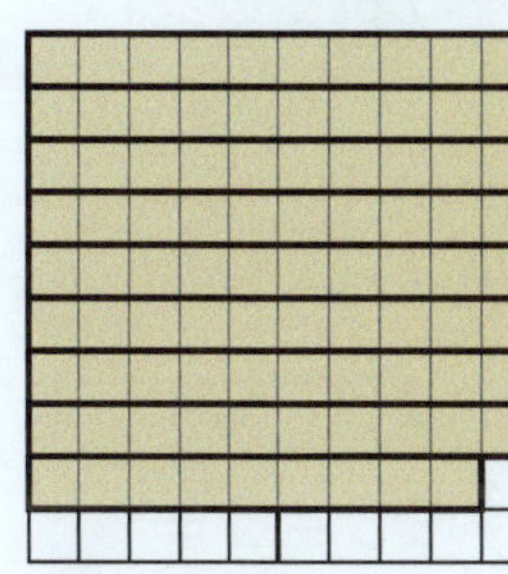

89 – 2 = ____
89 – 4 = ____
89 – 6 = ____

d) 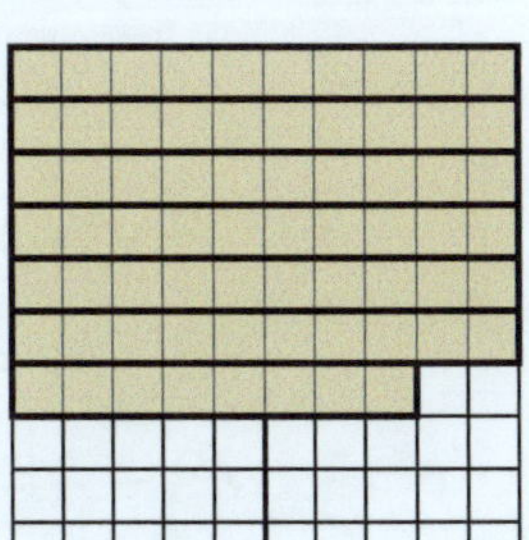

68 – 2 = ____
68 – 4 = ____
68 – 6 = ____

e) 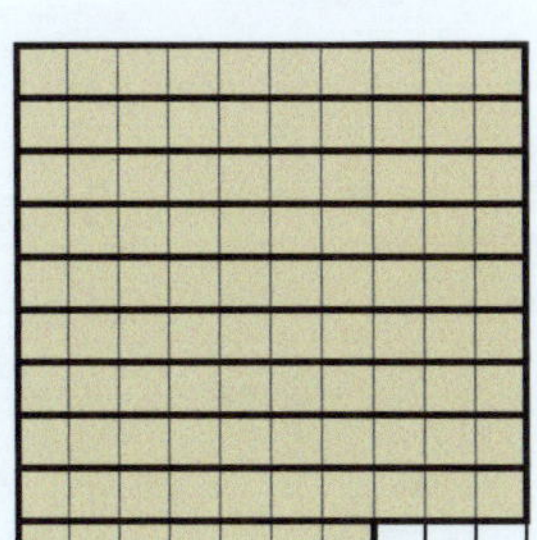

97 – 1 = ____
97 – 3 = ____
97 – 5 = ____

f) 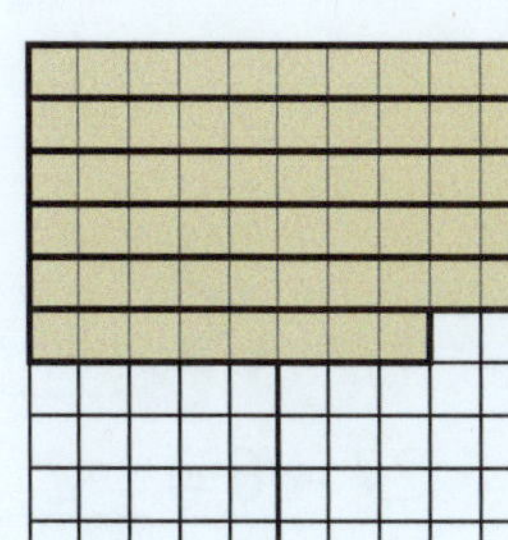

58 – 3 = ____
58 – 6 = ____
58 – 7 = ____

1 Durchstreichen und rechnen.

Subtrahieren im Zahlenraum bis 100 ohne ZÜ
Beziehungsreiches Üben

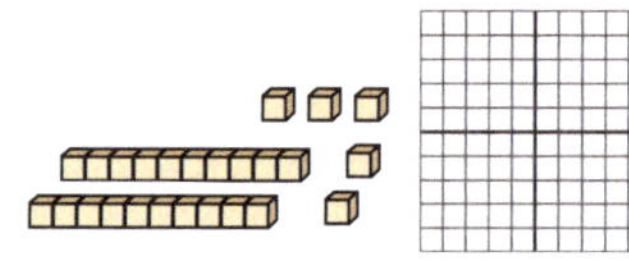

Lege alle Aufgaben auf dem Hunderterfeld und nimm weg.

1

a)
6 – 2 = ____
26 – 2 = ____
26 – 3 = ____

26 – 1 = ____
26 – 5 = ____
26 – 6 = ____

b)
7 – 3 = ____
37 – 3 = ____
37 – 4 = ____

37 – 1 = ____
37 – 6 = ____
37 – 7 = ____

c)
9 – 4 = ____
59 – 4 = ____
59 – 5 = ____

59 – 8 = ____
59 – 7 = ____
59 – 6 = ____

2

a)
8 – 6 = ____
48 – 6 = ____
48 – 7 = ____

48 – 1 = ____
48 – 3 = ____
48 – 5 = ____

b)
5 – 2 = ____
85 – 2 = ____
85 – 3 = ____

85 – 1 = ____
85 – 5 = ____
85 – 0 = ____

c)
4 – 1 = ____
64 – 1 = ____
64 – 2 = ____

64 – 0 = ____
64 – 3 = ____
64 – 4 = ____

d)
7 – 4 = ____
57 – 4 = ____
57 – 5 = ____

57 – 6 = ____
57 – 3 = ____
57 – 1 = ____

3

a)
8 – 5 = ____
18 – 5 = ____
28 – 5 = ____

38 – 5 = ____
48 – 5 = ____
58 – 5 = ____

b)
4 – 2 = ____
14 – 2 = ____
24 – 2 = ____

34 – 2 = ____
44 – 2 = ____
54 – 2 = ____

c)
9 – 7 = ____
19 – 7 = ____
29 – 7 = ____

39 – 7 = ____
49 – 7 = ____
59 – 7 = ____

d)
6 – 4 = ____
16 – 4 = ____
26 – 4 = ____

36 – 4 = ____
46 – 4 = ____
56 – 4 = ____

4

a)
7 – 6 = ____
17 – 6 = ____
27 – 6 = ____

37 – 6 = ____
47 – 6 = ____
57 – 6 = ____

b)
9 – 4 = ____
19 – 4 = ____
29 – 4 = ____

39 – 4 = ____
49 – 4 = ____
59 – 4 = ____

c)
6 – 5 = ____
16 – 5 = ____
26 – 5 = ____

36 – 5 = ____
46 – 5 = ____
56 – 5 = ____

d)
8 – 4 = ____
18 – 4 = ____
28 – 4 = ____

38 – 4 = ____
48 – 4 = ____
58 – 4 = ____

Evtl. Material legen.
Ausklapp-Hunderterfeld aus dem Schülerband 2 nutzen.

1 Lege. Rechne.

a)
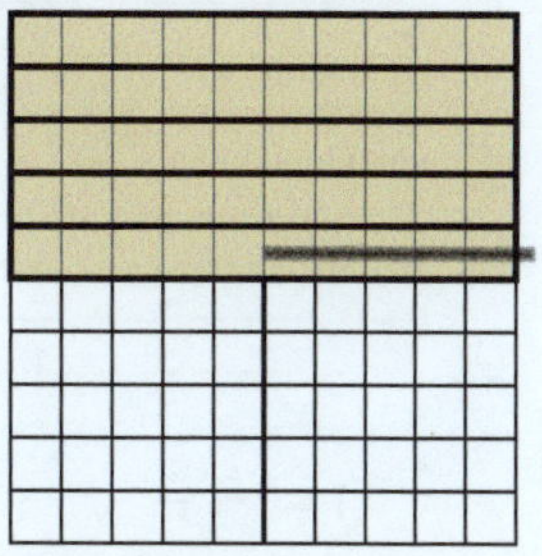
50 – 5 = ____

b)
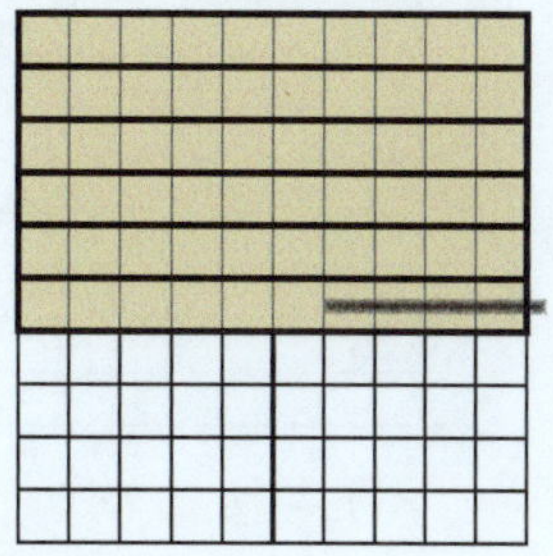
60 – 4 = ____

c)
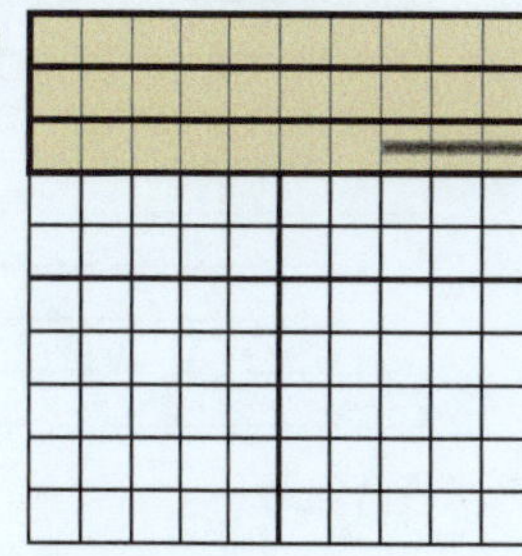
30 – 3 = ____

d)
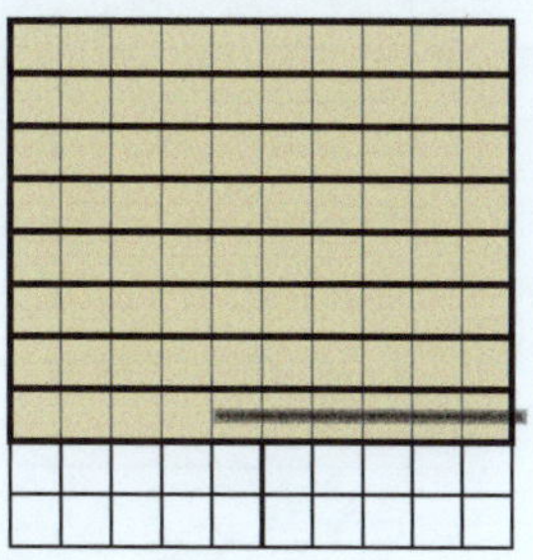
80 – 6 = ____

e)
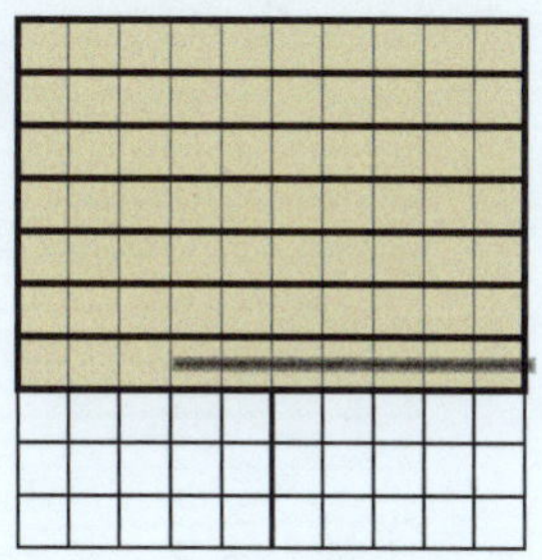
70 – 7 = ____

f)
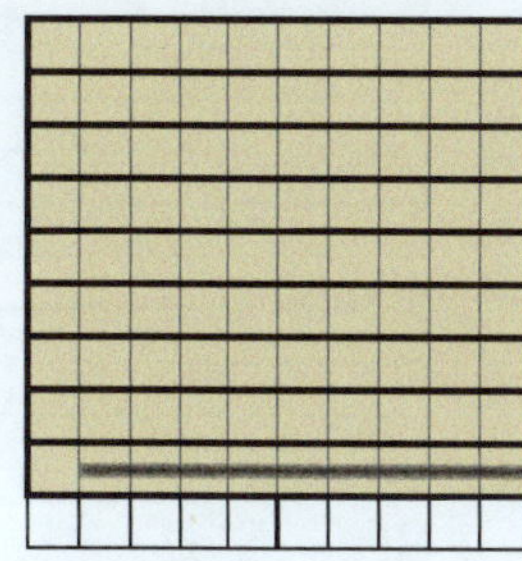
90 – 9 = ____

2 a)
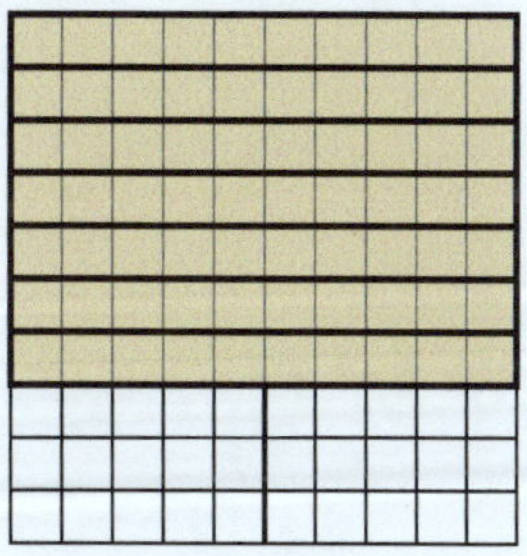
70 – 5 = ____

b)
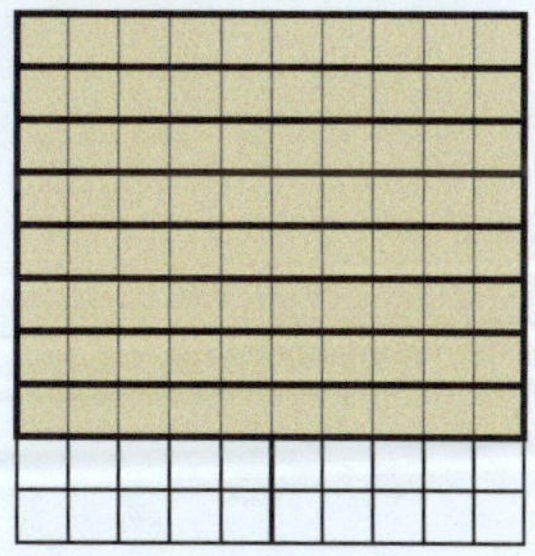
80 – 2 = ____

c)
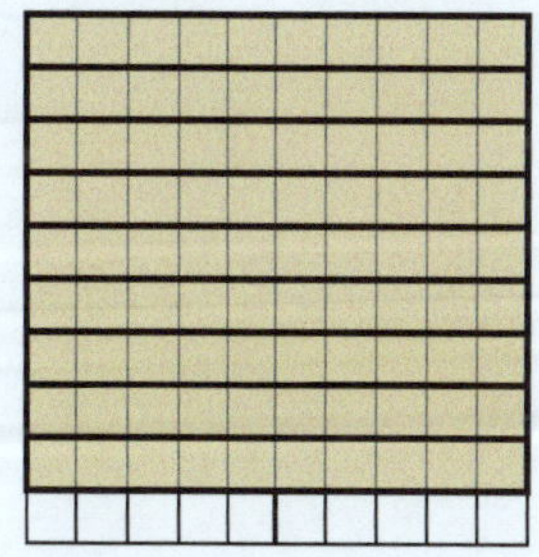
90 – 4 = ____

d)
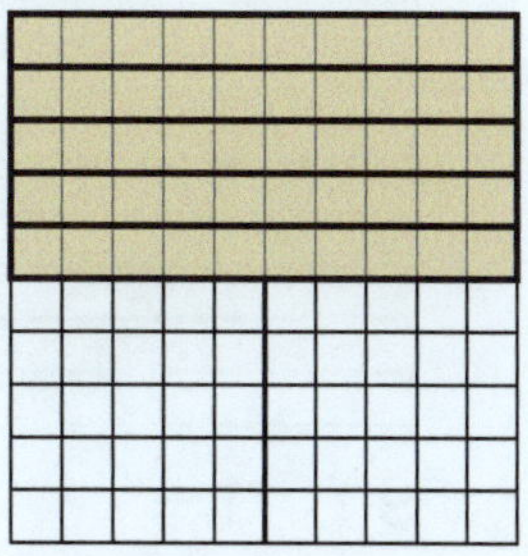
50 – 8 = ____

e)
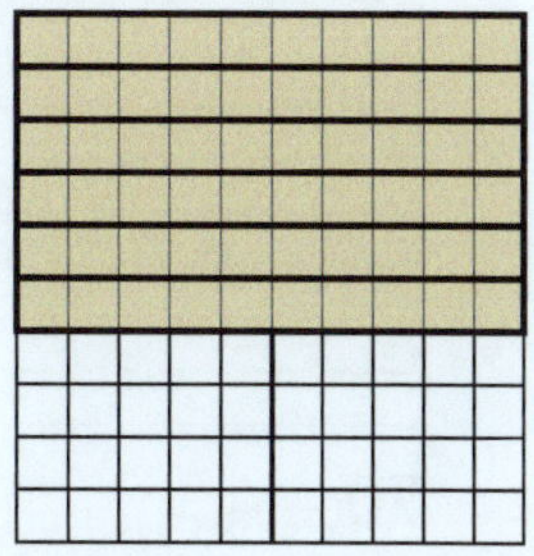
60 – 9 = ____

f)
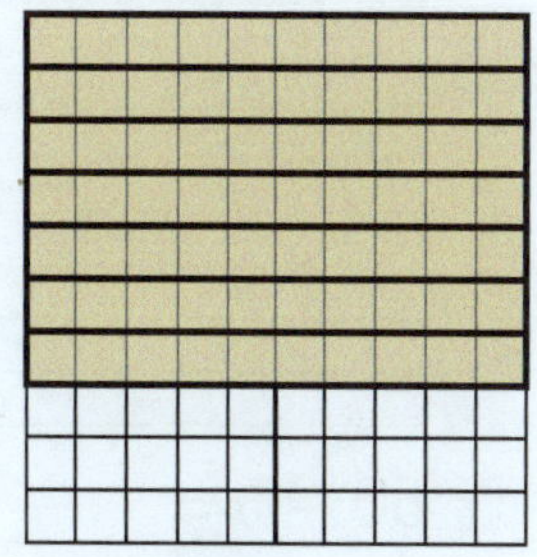
70 – 3 = ____

Von einer Zehnerzahl Einer subtrahieren.
2 Durchstreichen und rechnen.

1

a) 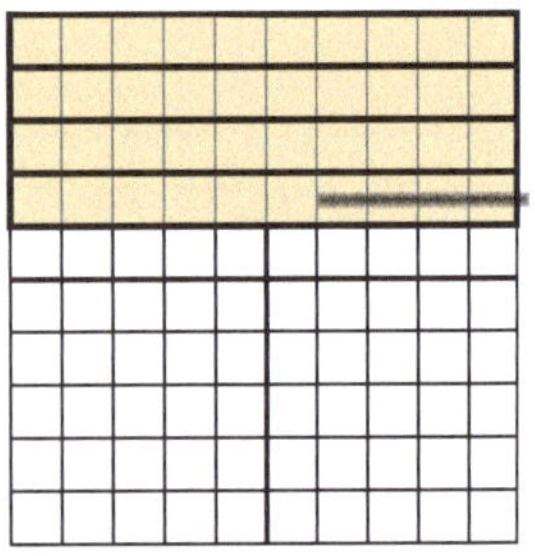

40 – 4 = ___

40 – 5 = ___

b) 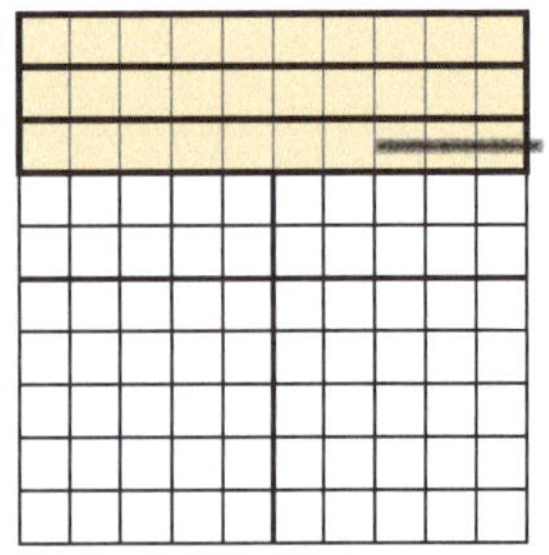

30 – 3 = ___

30 – 4 = ___

c) 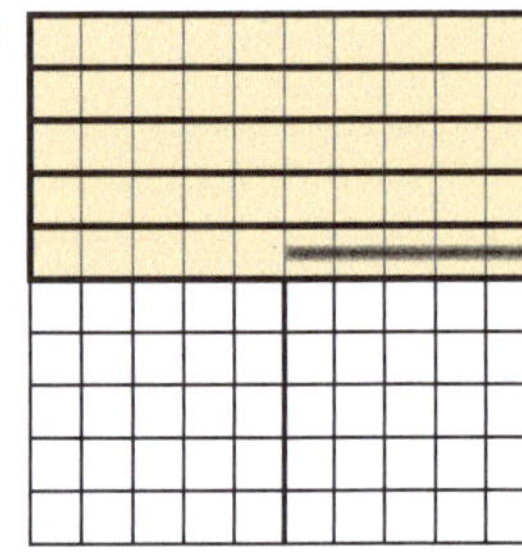

50 – 5 = ___

50 – 6 = ___

d) 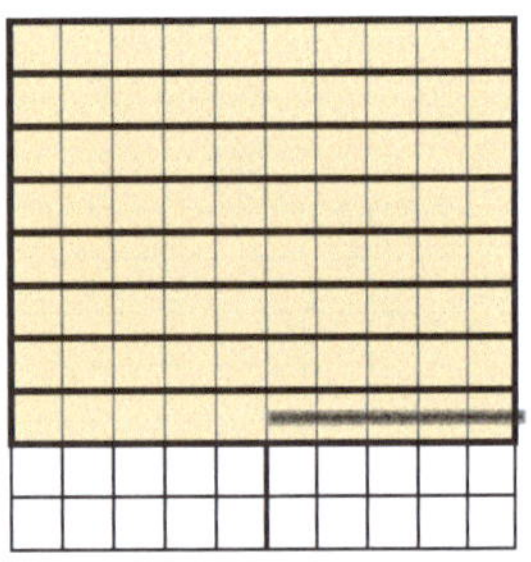

80 – 5 = ___

80 – 6 = ___

80 – 7 = ___

e) 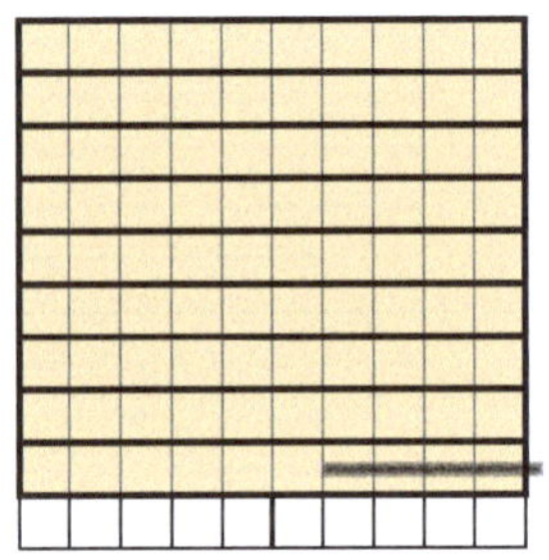

90 – 4 = ___

90 – 5 = ___

90 – 6 = ___

f) 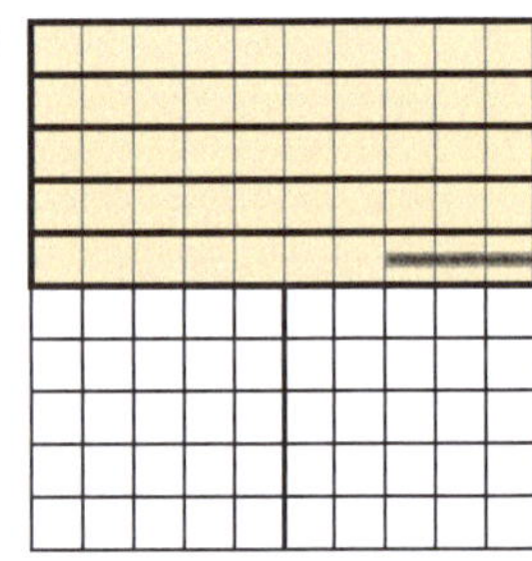

50 – 3 = ___

50 – 4 = ___

50 – 5 = ___

2

a) 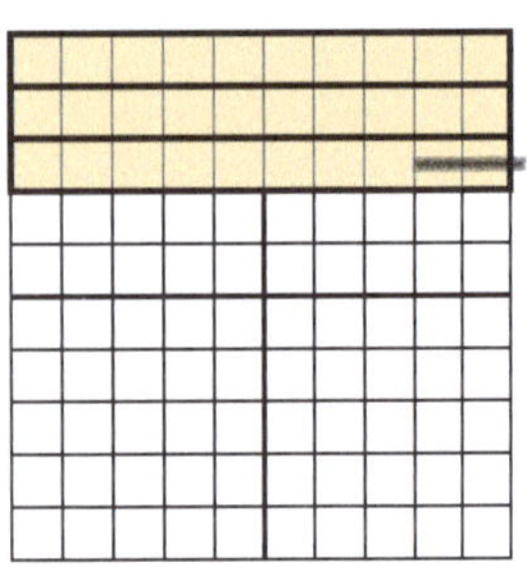

30 – 2 = ___

30 – 4 = ___

30 – 6 = ___

b) 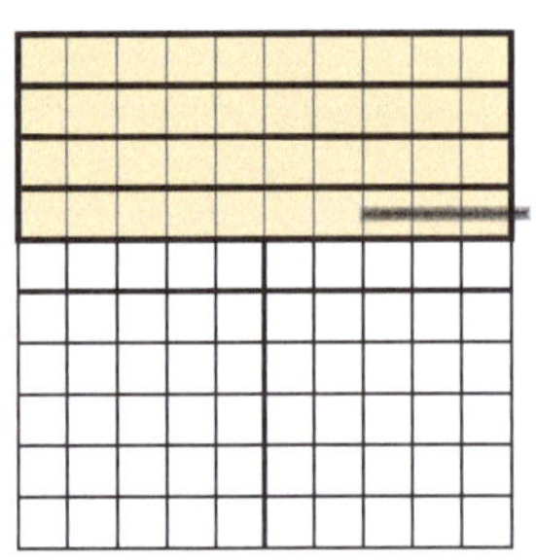

40 – 3 = ___

40 – 5 = ___

40 – 7 = ___

c) 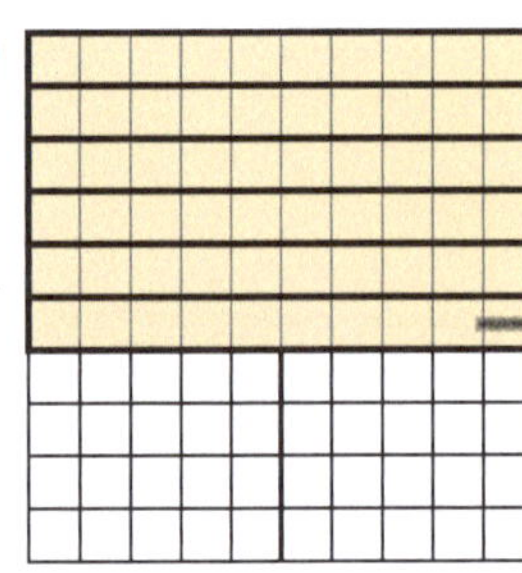

60 – 1 = ___

60 – 4 = ___

60 – 8 = ___

d) 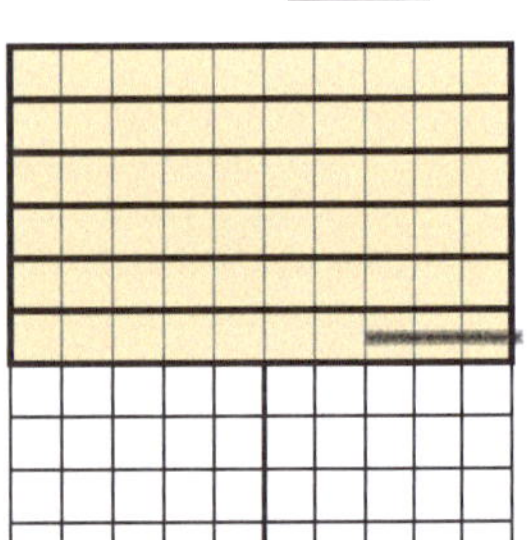

60 – 3 = ___

60 – 6 = ___

60 – 4 = ___

e) 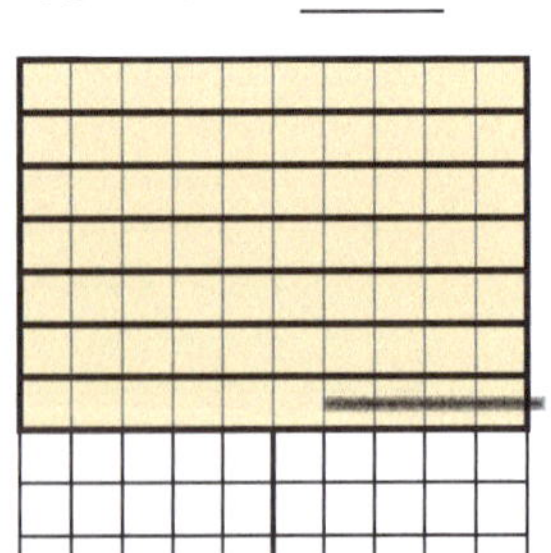

70 – 4 = ___

70 – 6 = ___

70 – 5 = ___

f) 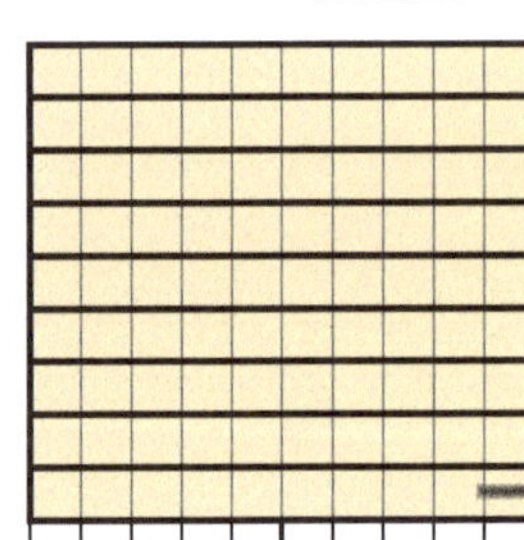

90 – 1 = ___

90 – 5 = ___

90 – 9 = ___

1

a) 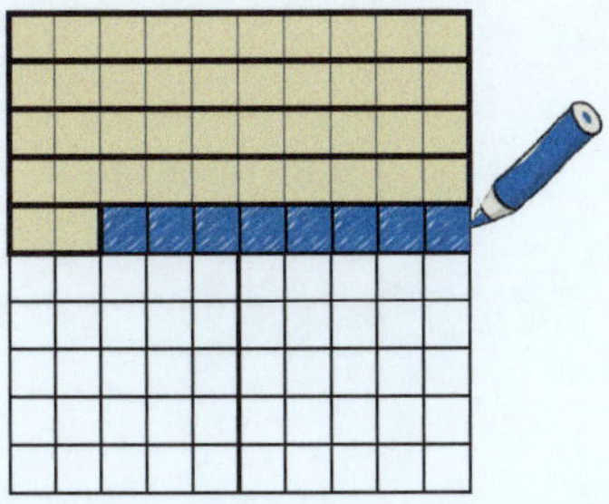

42 + 8 = 50

b) 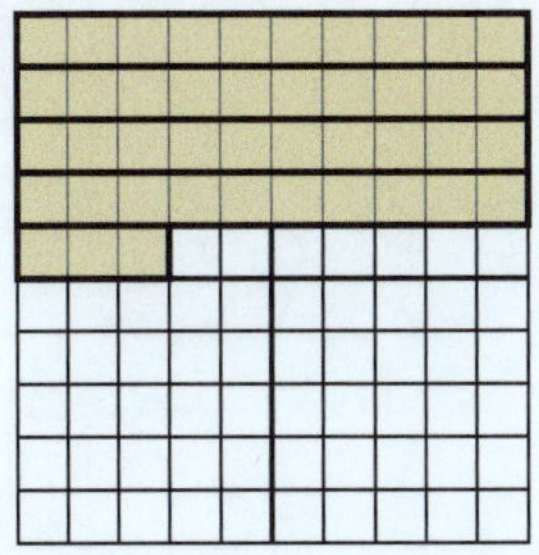

43 + ____ = 50

c) 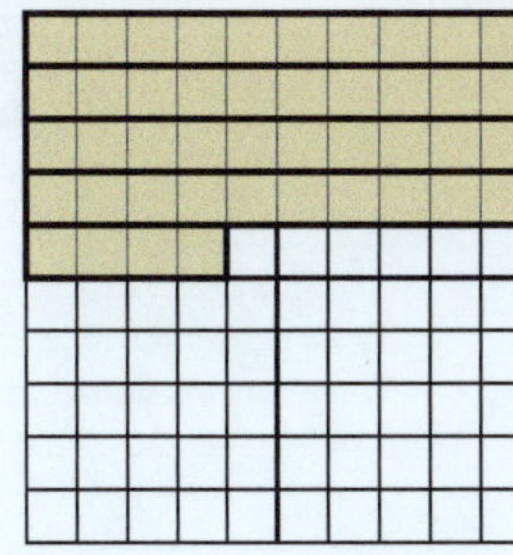

44 + ____ = 50

d) 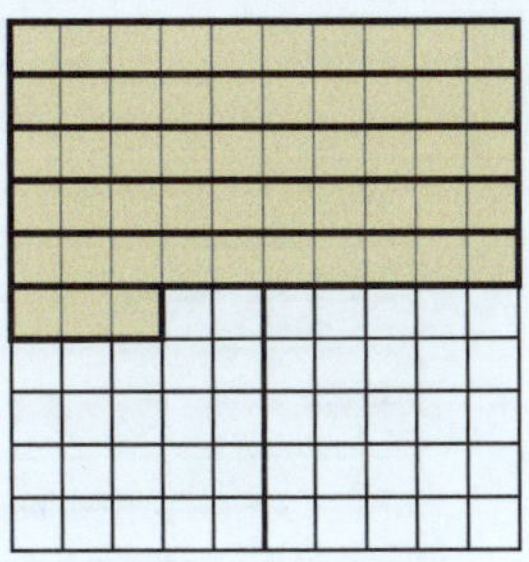

53 + ____ = 60

e) 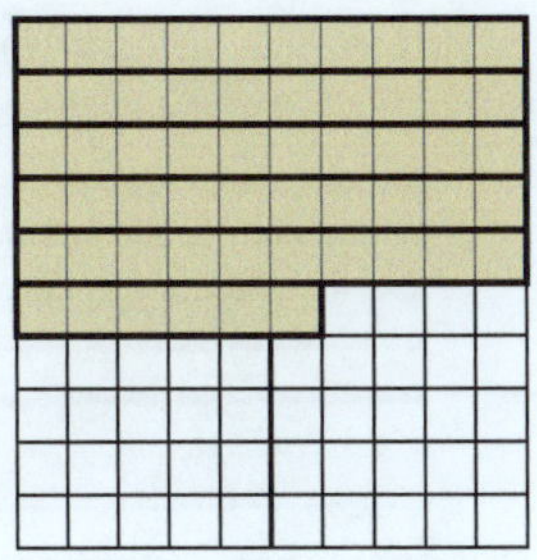

56 + ____ = 60

f) 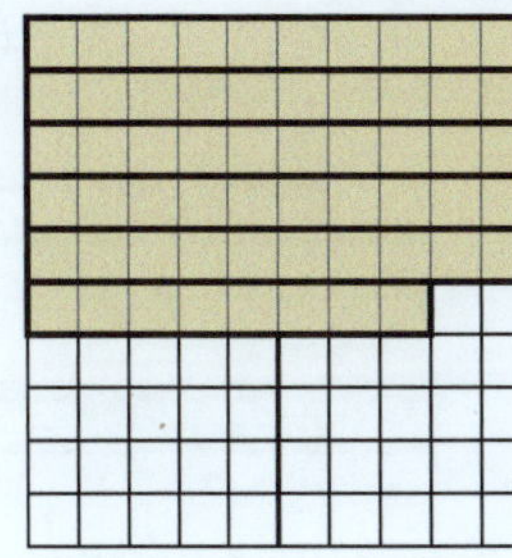

58 + ____ = 60

2

a) 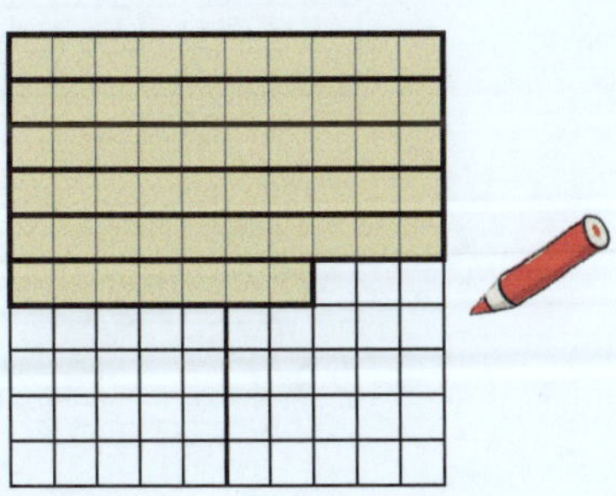

57 + ____ = 60

b) 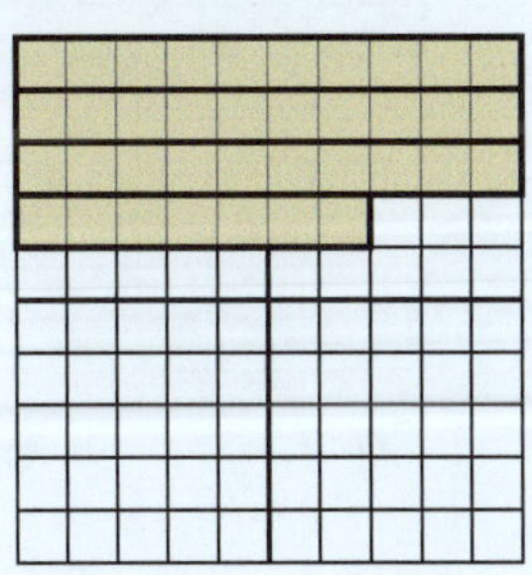

37 + ____ = 40

c) 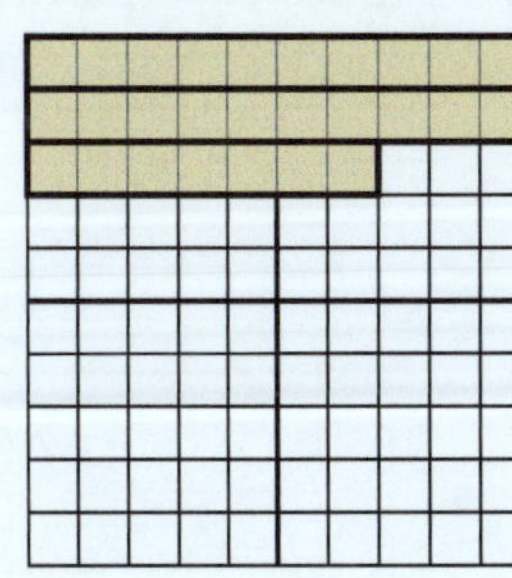

27 + ____ = 30

d) 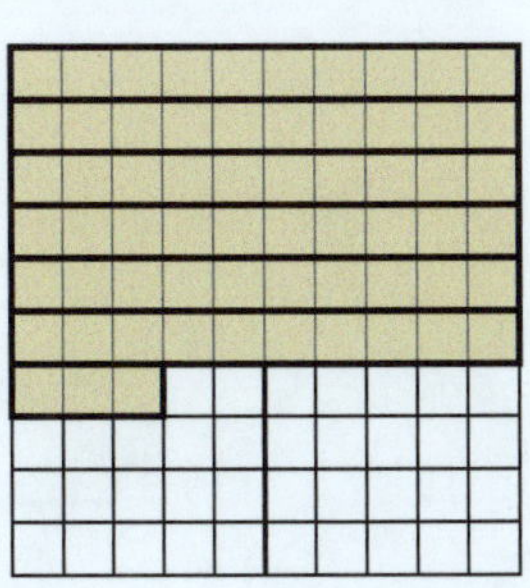

63 + ____ = 70

e) 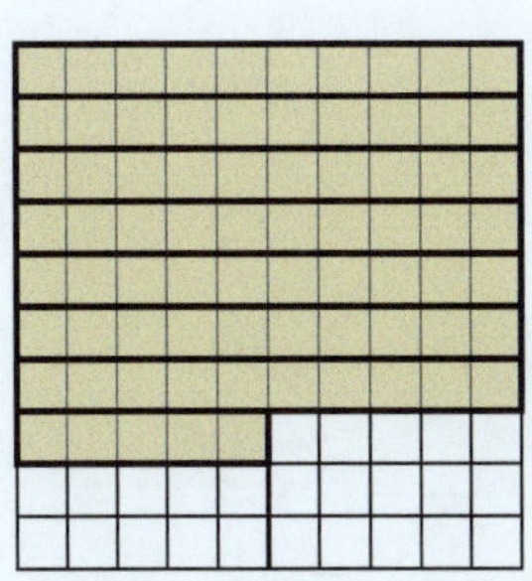

75 + ____ = 80

f) 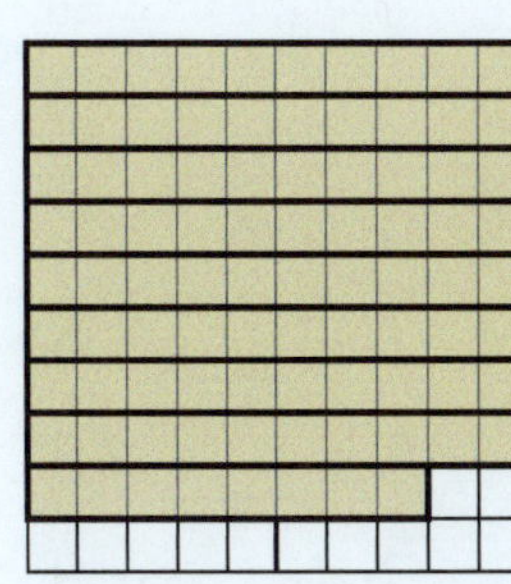

88 + ____ = 90

Malen und rechnen.

1 a)

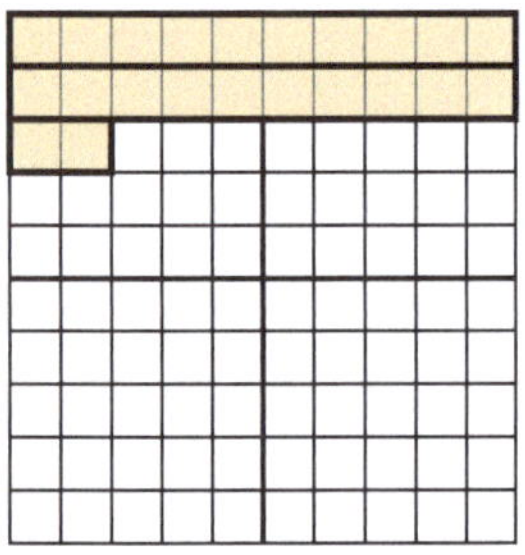

22 + ____ = 30
23 + ____ = 30
24 + ____ = 30

b)

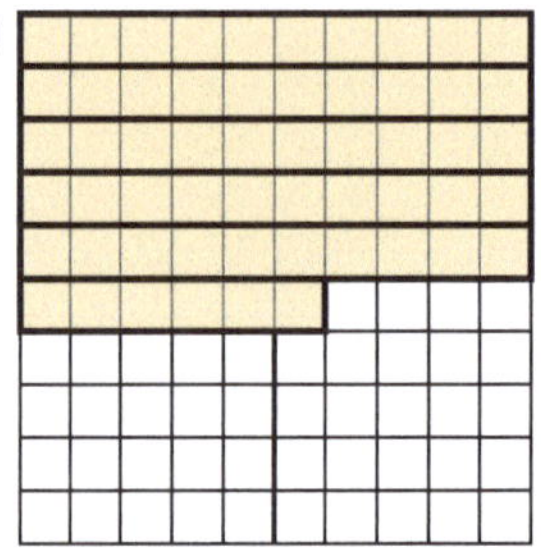

56 + ____ = 60
57 + ____ = 60
59 + ____ = 60

c)

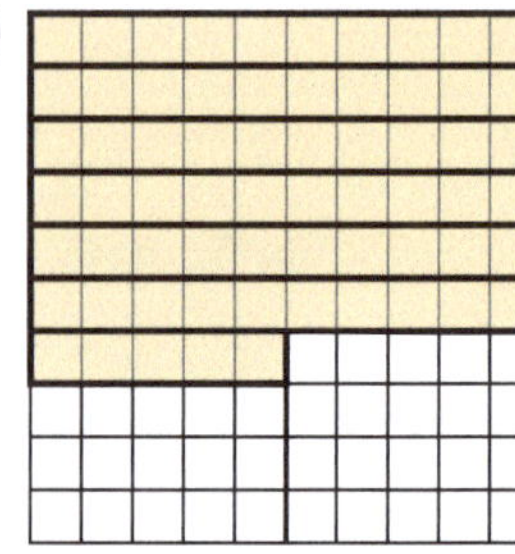

65 + ____ = 70
67 + ____ = 70
69 + ____ = 70

d)

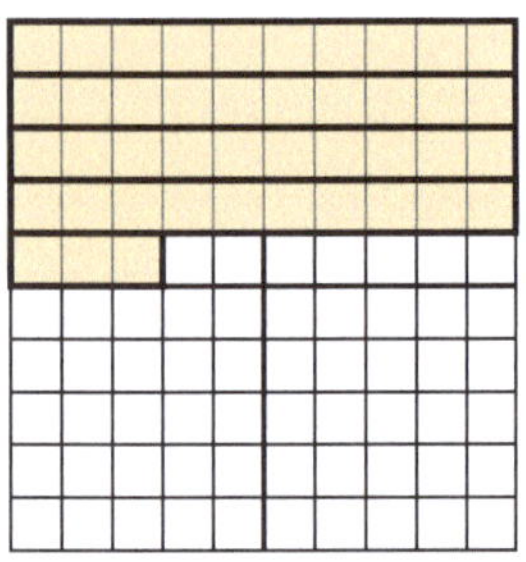

43 + ____ = 50
44 + ____ = 50
47 + ____ = 50

e)

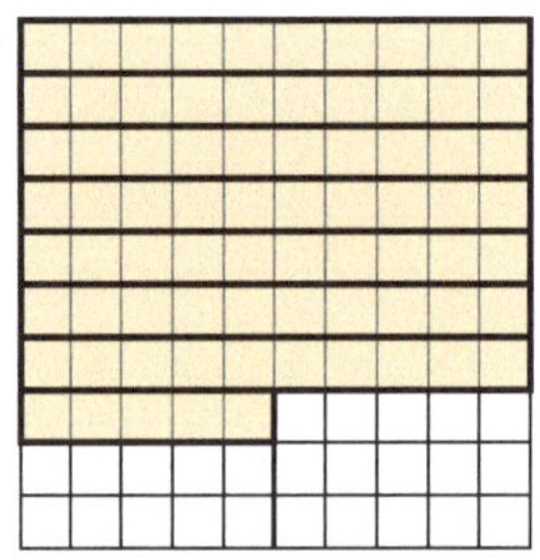

75 + ____ = 80
76 + ____ = 80
78 + ____ = 80

f)

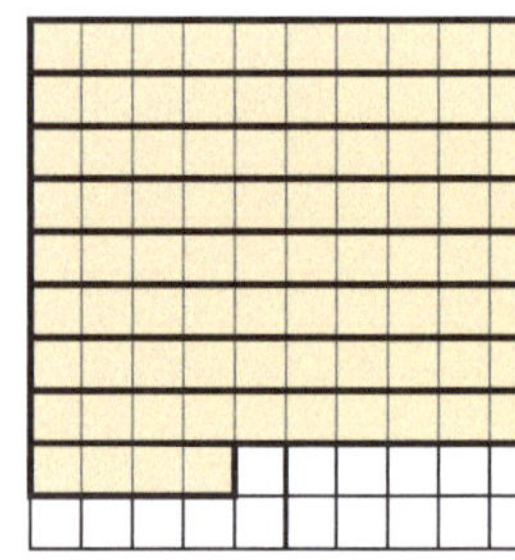

84 + ____ = 90
85 + ____ = 90
87 + ____ = 90

g)

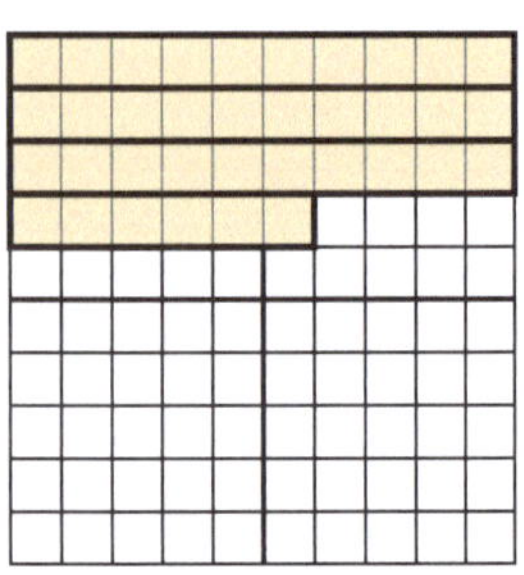

36 + ____ = 40
38 + ____ = 40
39 + ____ = 40

h)

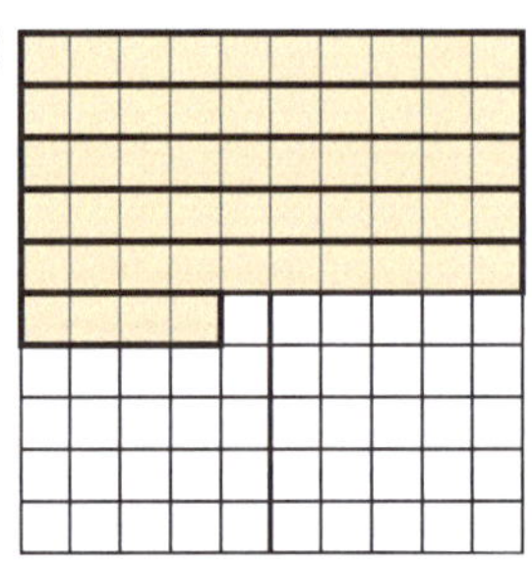

54 + ____ = 60
56 + ____ = 60
58 + ____ = 60

i)

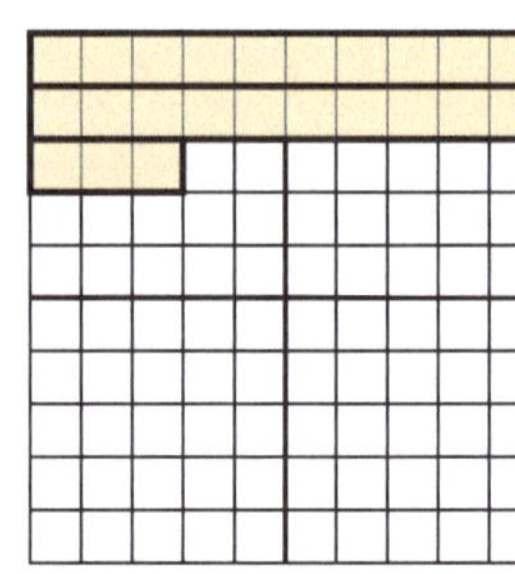

23 + ____ = 30
25 + ____ = 30
28 + ____ = 30

W

2 a) 6 + ____ = 8
7 + ____ = 8
5 + ____ = 8
3 + ____ = 8

b) 16 + ____ = 18
17 + ____ = 18
15 + ____ = 18
13 + ____ = 18

c) 6 + ____ = 9
9 + ____ = 9
5 + ____ = 9
1 + ____ = 9

d) 16 + ____ = 19
19 + ____ = 19
15 + ____ = 19
11 + ____ = 19

Malen und rechnen.

1

a) 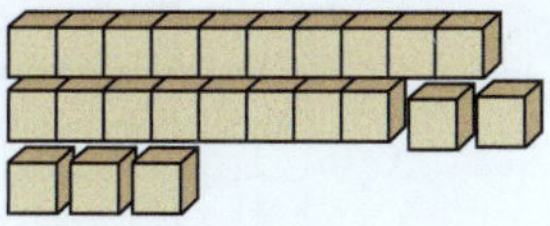

18 + 5 = ____

b) 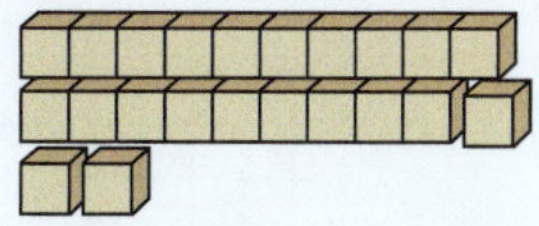

19 + 3 = ____

c) 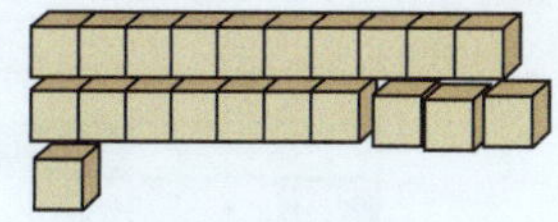

17 + 4 = ____

d) 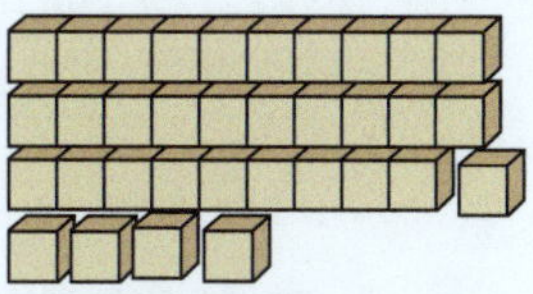

29 + 5 = ____

e) 

26 + 4 = ____

f) 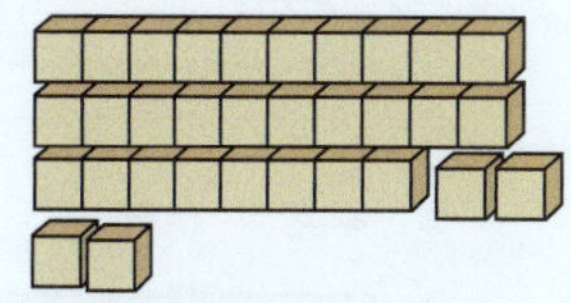

28 + 4 = ____

g) 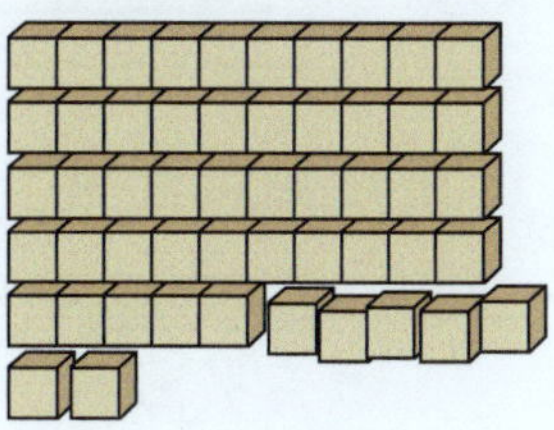

45 + 7 = ____

h) 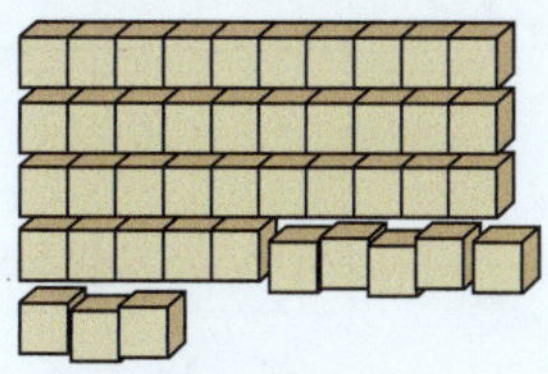

35 + 8 = ____

i) 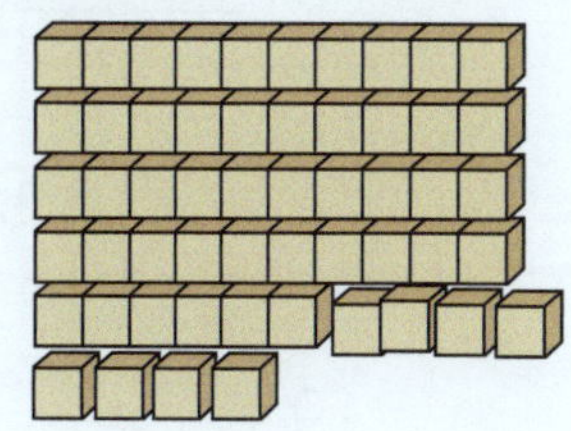

46 + 8 = ____

j) 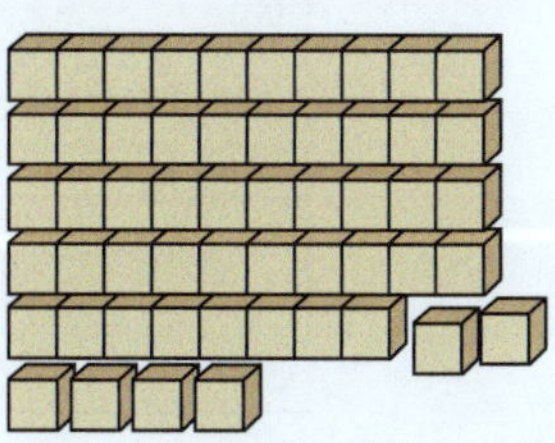

48 + 6 = ____

k) 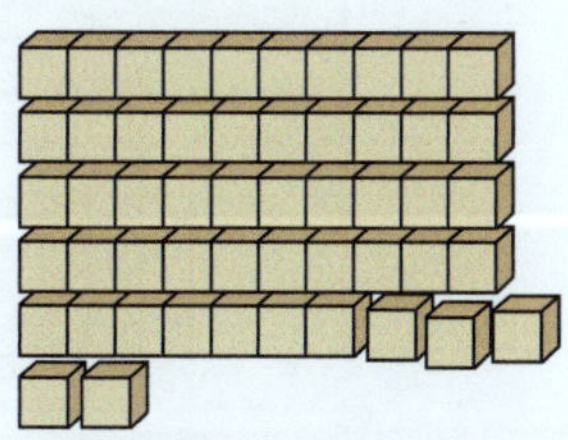

47 + 5 = ____

l) 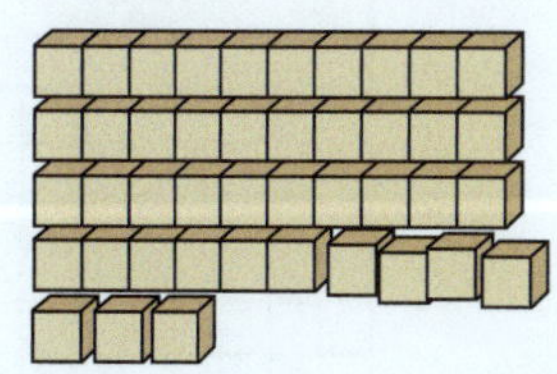

36 + 7 = ____

2

a) 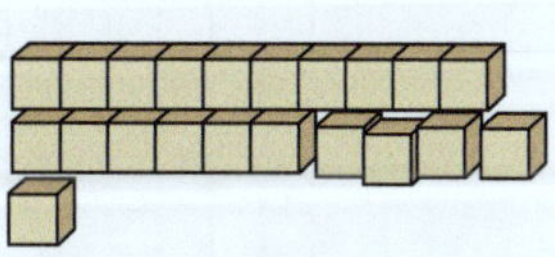

16 + ____ = ____

b) 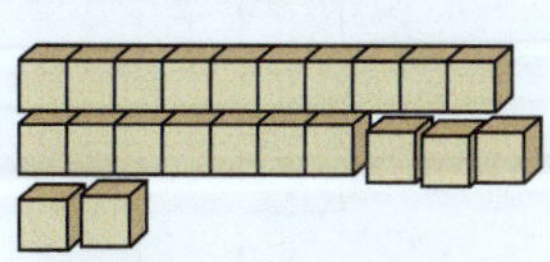

17 + ____ = ____

c) 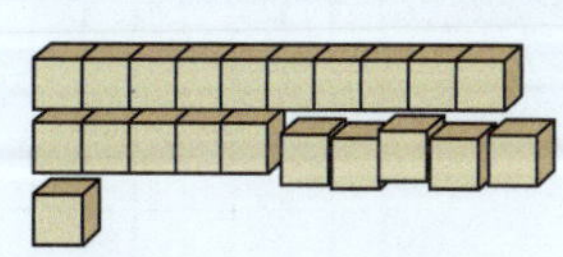

15 + ____ = ____

d) 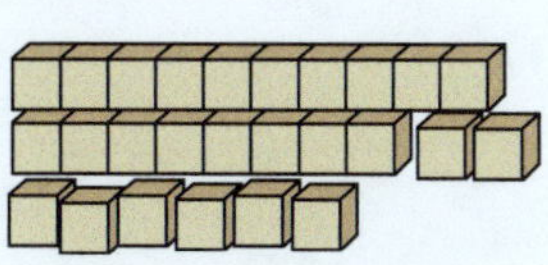

18 + ____ = ____

e) 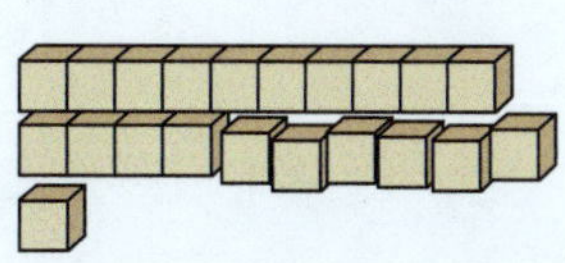

14 + ____ = ____

f) 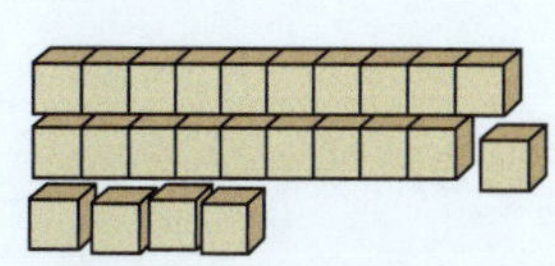

19 + ____ = ____

g) 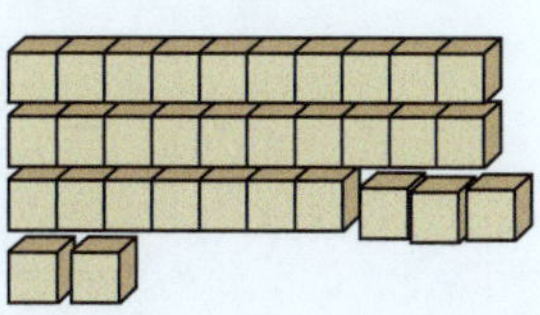

27 + ____ = ____

h) 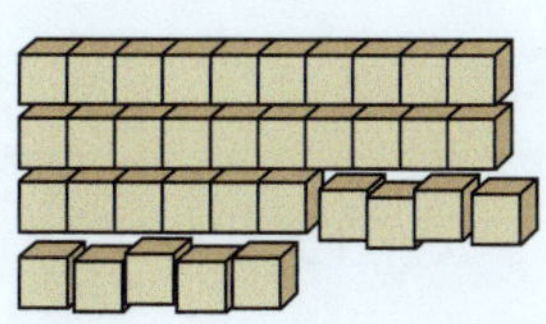

26 + ____ = ____

i) 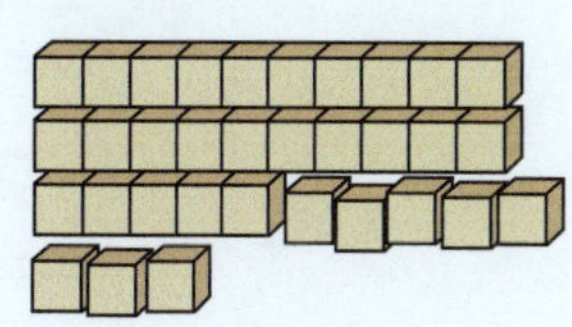

25 + ____ = ____

Evtl. Zehnerstangen und Einzelne legen. Alternativ Steckwürfel.

Addieren im Zahlenraum bis 100 mit ZÜ
Hunderterfeld

1 a)
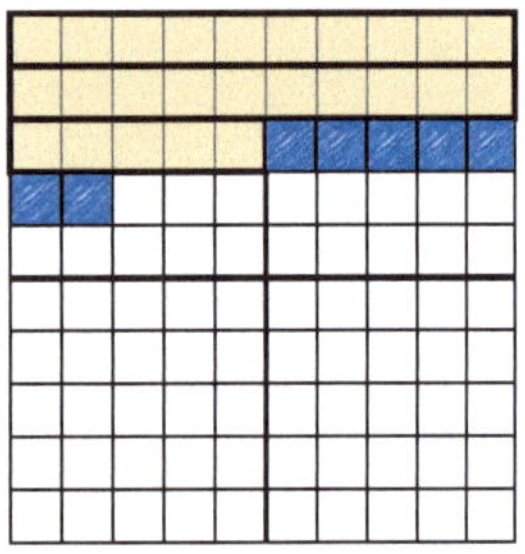
25 + 7 = ____

b)
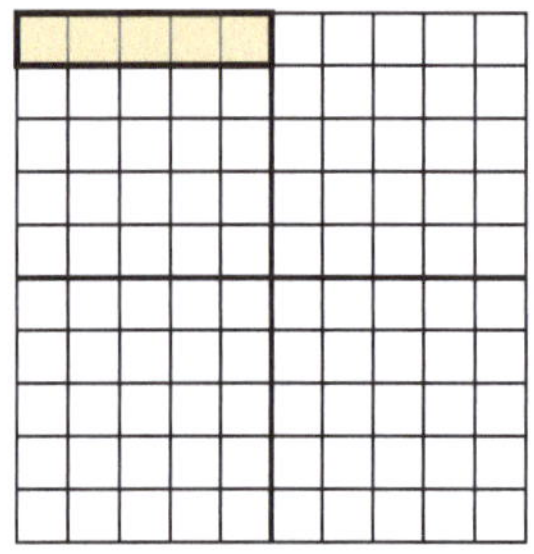
5 + 7 = ____

c)
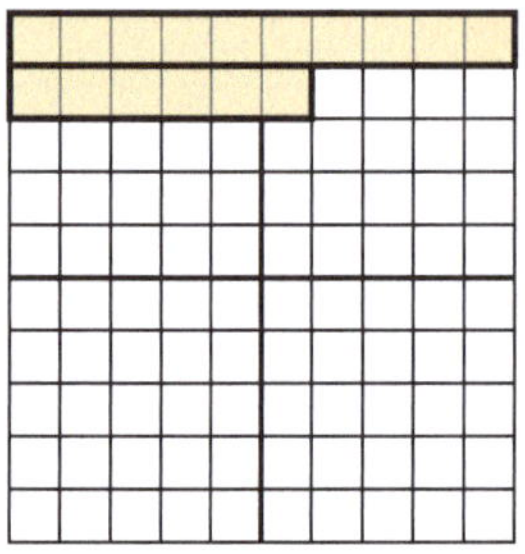
16 + 7 = ____

d)
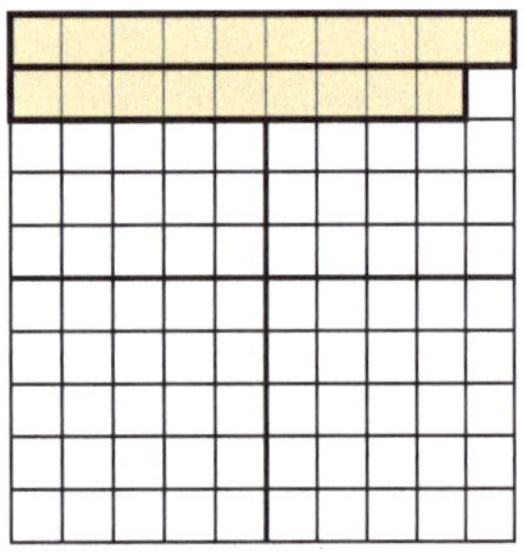
19 + 5 = ____

e)
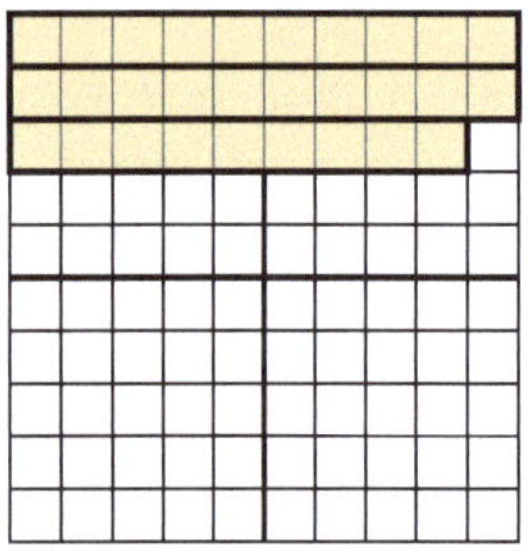
29 + 5 = ____

f)
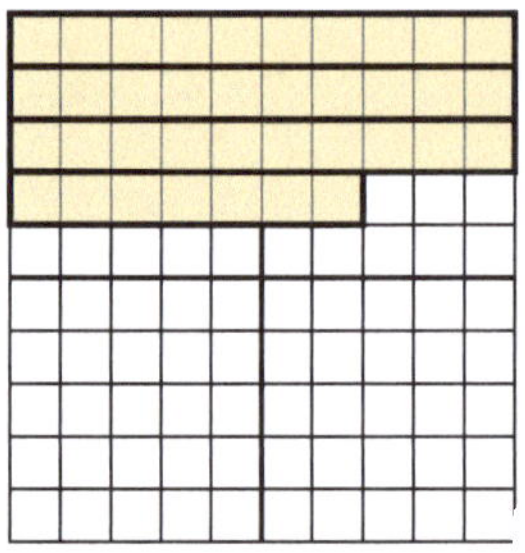
37 + 5 = ____

g)
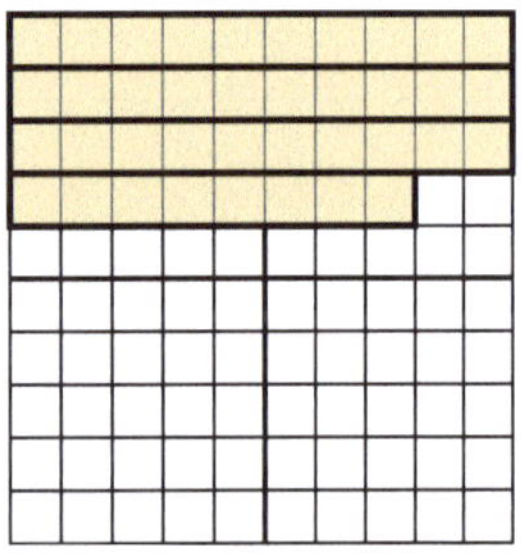
38 + 6 = ____

h)
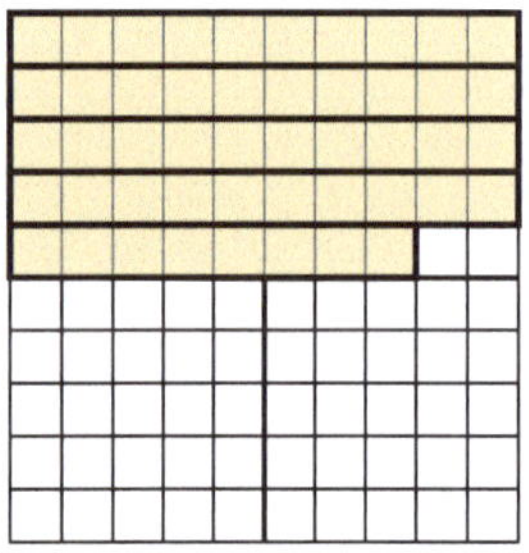
48 + 6 = ____

i)
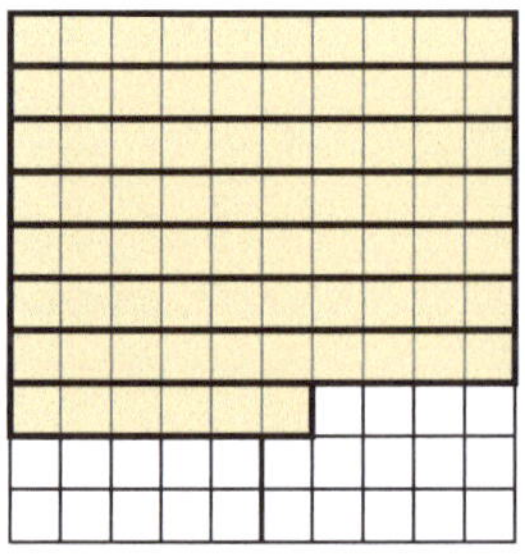
76 + 6 = ____

j)
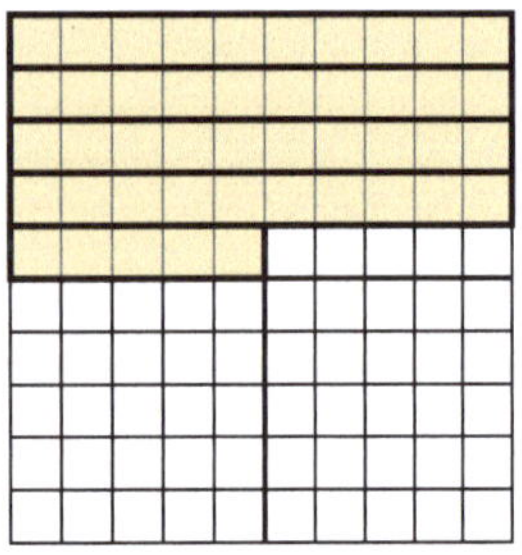
45 + 8 = ____

k)
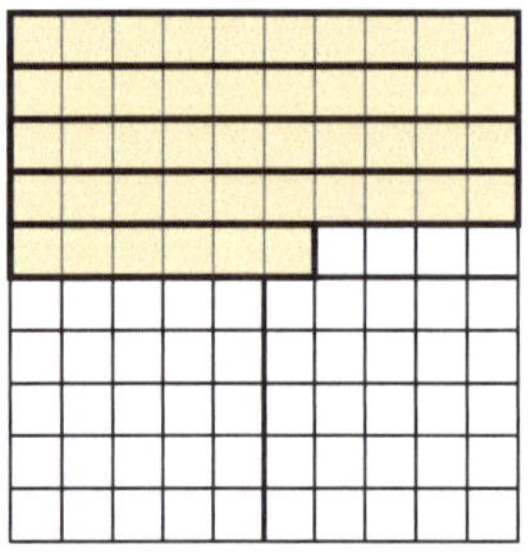
46 + 8 = ____

l)
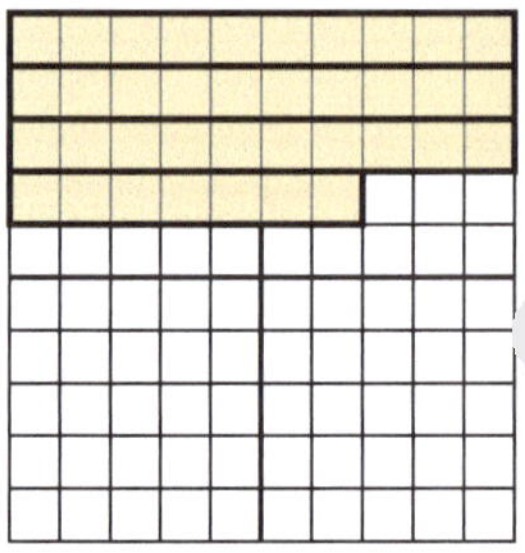
37 + 8 = ____

2 a) 8 + 2 = ____
8 + 3 = ____
18 + 3 = ____

8 + 4 = ____
18 + 4 = ____
48 + 4 = ____

b) 9 + 3 = ____
19 + 3 = ____
59 + 3 = ____

9 + 4 = ____
19 + 4 = ____
39 + 4 = ____

c) 6 + 6 = ____
16 + 6 = ____
26 + 6 = ____

6 + 7 = ____
16 + 7 = ____
56 + 7 = ____

1 Für den zweiten Summanden Kästchen ausmalen.

1 a)

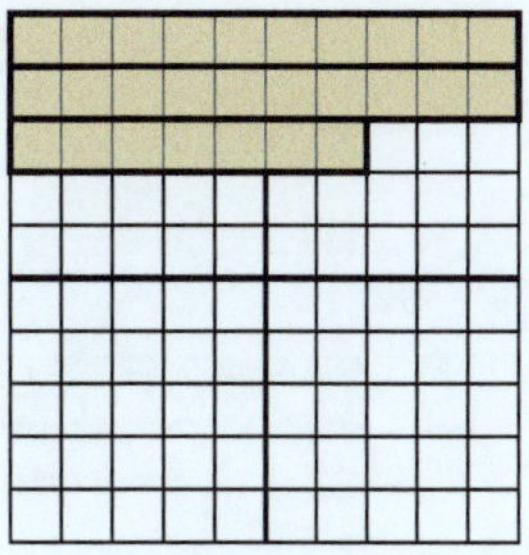

27 + 3 = ___
27 + 5 = ___
27 + 7 = ___

b)

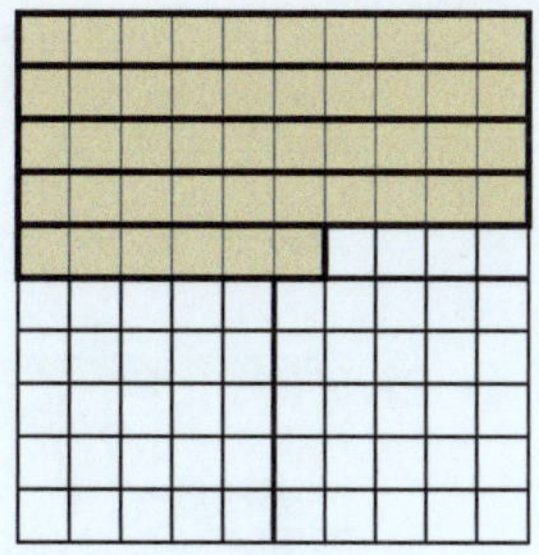

46 + 4 = ___
46 + 5 = ___
46 + 8 = ___

c)

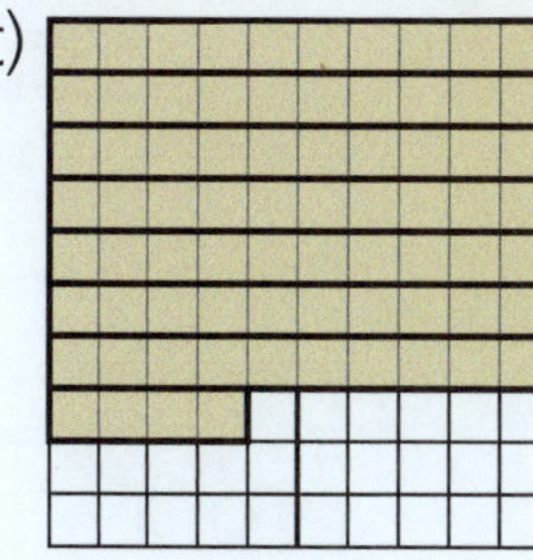

74 + 8 = ___
74 + 9 = ___
74 + 7 = ___

d)

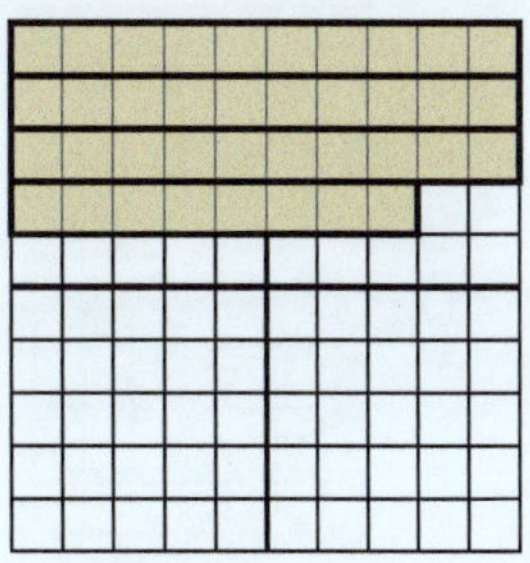

38 + 3 = ___
38 + 4 = ___
38 + 6 = ___

e)

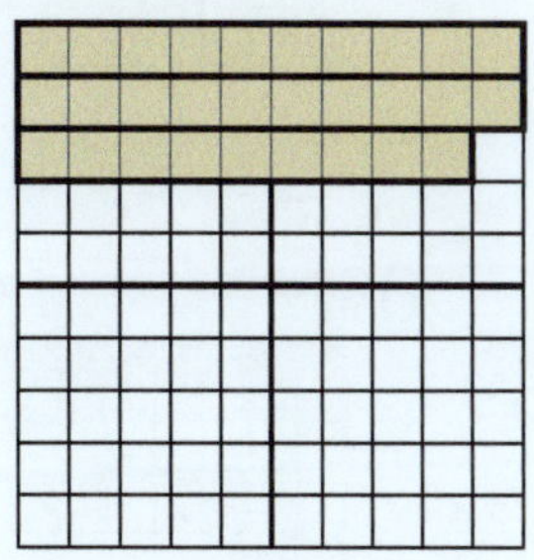

29 + 3 = ___
29 + 5 = ___
29 + 6 = ___

f)

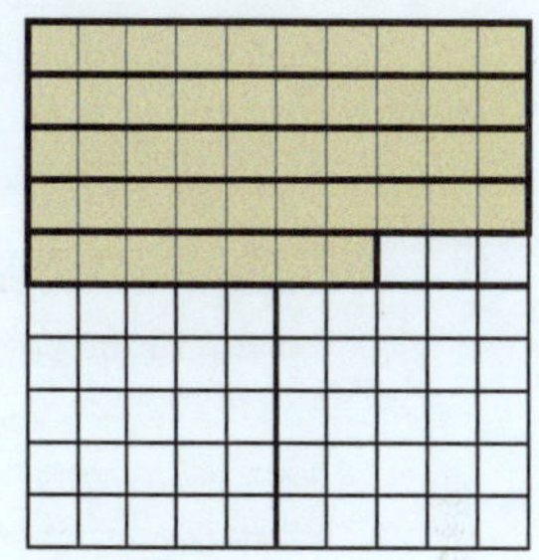

47 + 6 = ___
47 + 8 = ___
47 + 9 = ___

g)

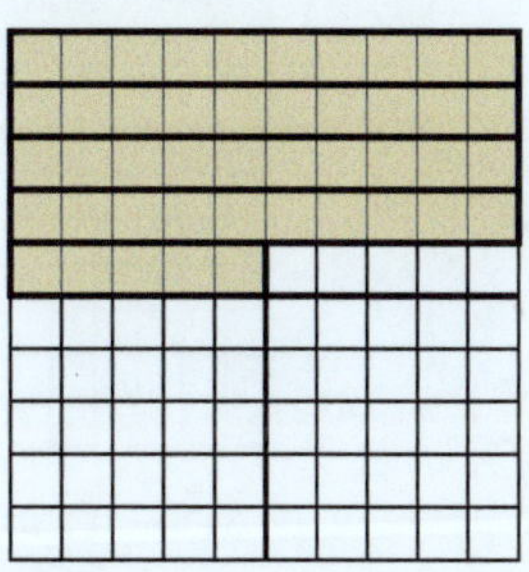

45 + 4 = ___
45 + 7 = ___
45 + 9 = ___

h)

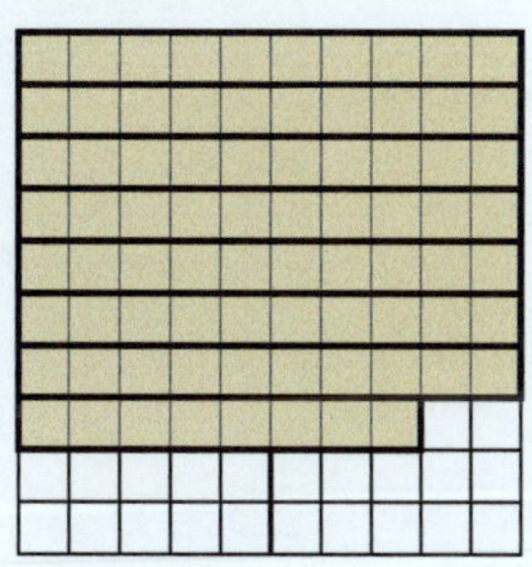

78 + 5 = ___
78 + 7 = ___
78 + 9 = ___

i)

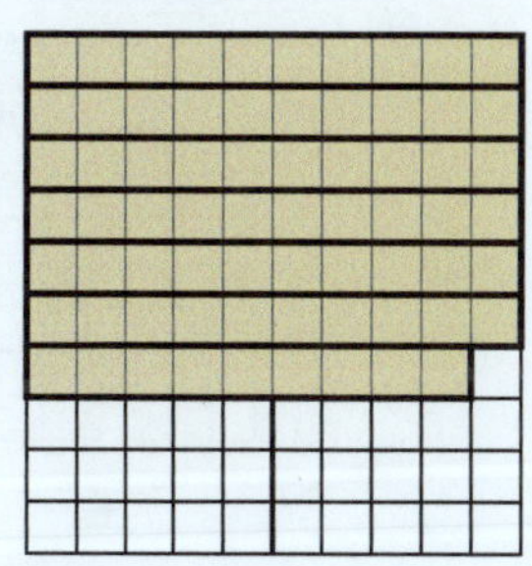

69 + 2 = ___
69 + 4 = ___
69 + 7 = ___

2 a)
7 + 6 = ___
17 + 6 = ___
27 + 6 = ___

7 + 7 = ___
17 + 7 = ___
37 + 7 = ___

b)
8 + 5 = ___
18 + 5 = ___
58 + 5 = ___

8 + 6 = ___
18 + 6 = ___
38 + 6 = ___

c)
9 + 5 = ___
19 + 5 = ___
29 + 5 = ___

9 + 8 = ___
19 + 8 = ___
89 + 8 = ___

Evtl. Material (Zehnerstangen und Einzelne) legen.
Alternativ: Steckwürfel.

Subtrahieren im Zahlenraum bis 100 mit ZÜ
Dienes-Material

1 a) 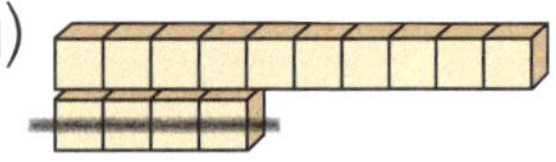
14 – 4 = ____

b) 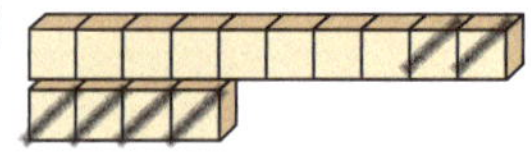
14 – 6 = ____

c) 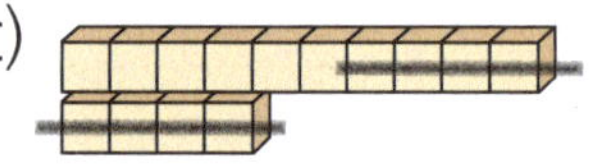
14 – 8 = ____

d) 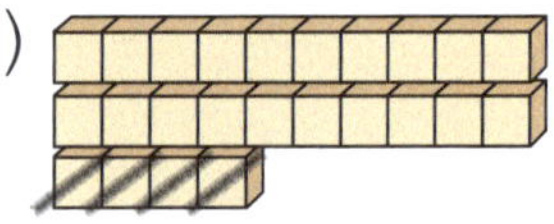
24 – 4 = ____

e) 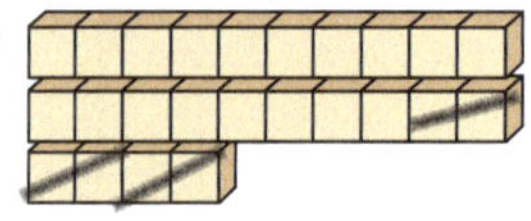
24 – 6 = ____

f) 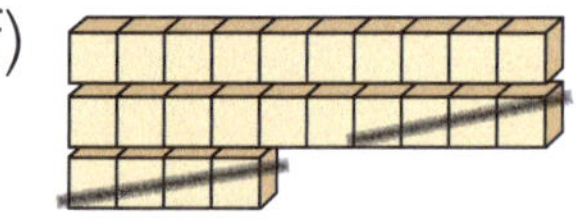
24 – 8 = ____

g) 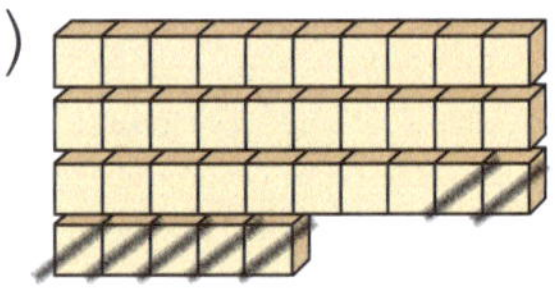
35 – 7 = ____

h) 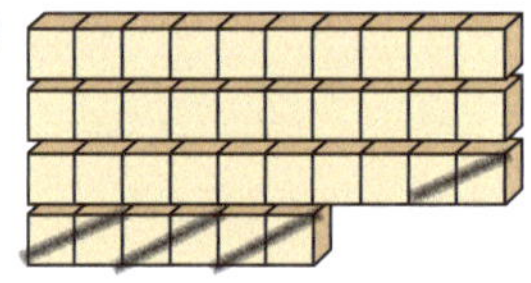
36 – 8 = ____

i) 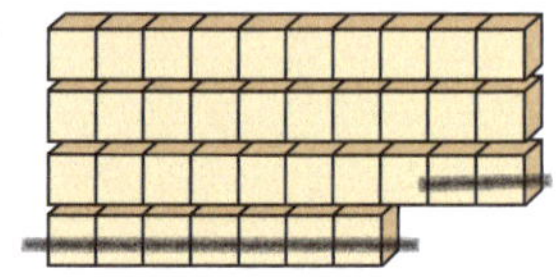
37 – 9 = ____

j) 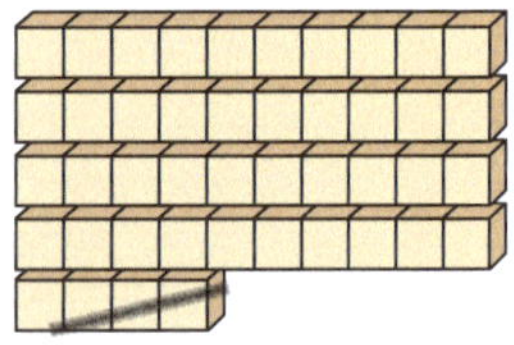
44 – 3 = ____

k) 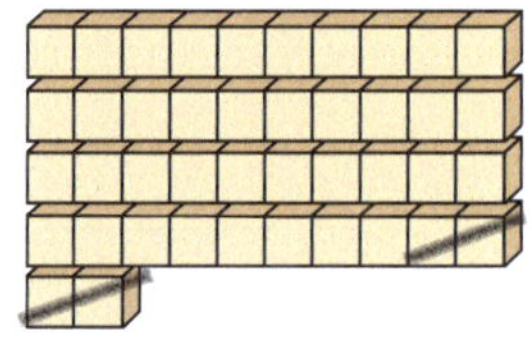
42 – 4 = ____

l) 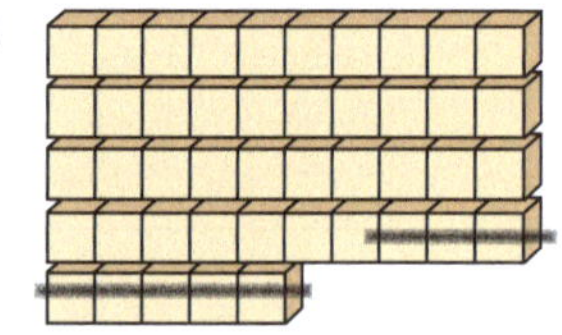
45 – 8 = ____

2 a) 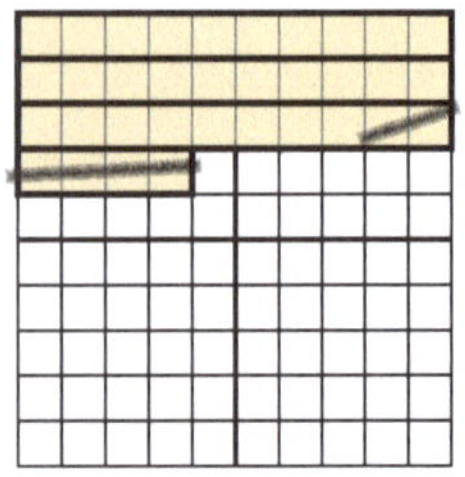
34 – 6 = ____

b) 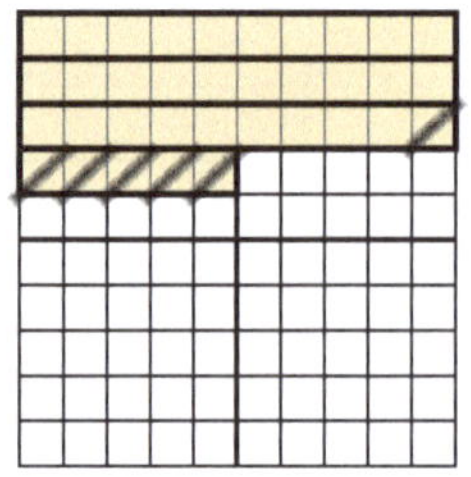
35 – 6 = ____

c) 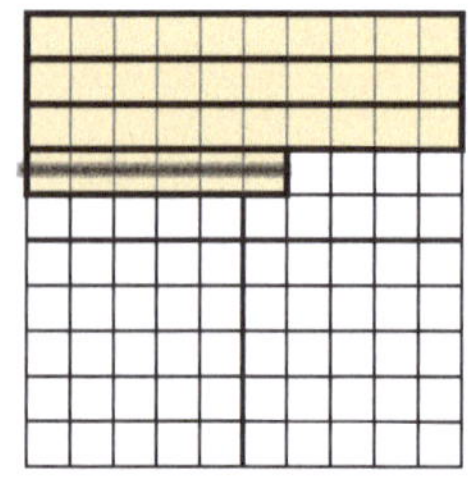
36 – 6 = ____

d) 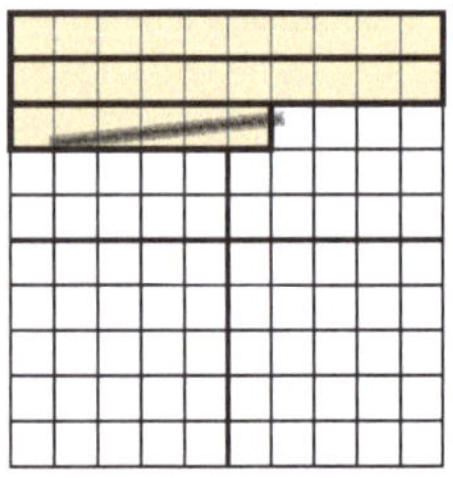
26 – 5 = ____

e) 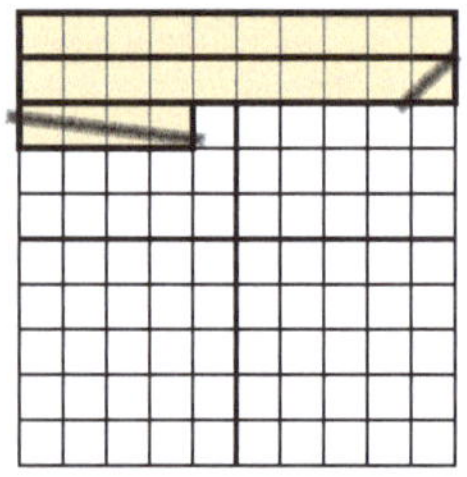
24 – 5 = ____

f) 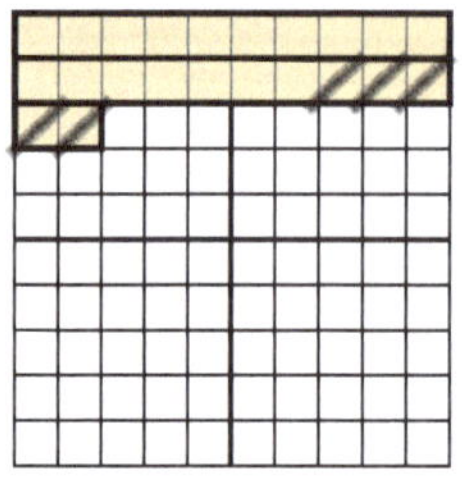
22 – 5 = ____

g) 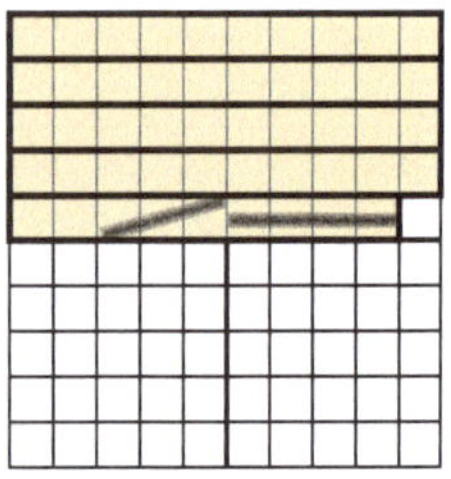
49 – 7 = ____

h) 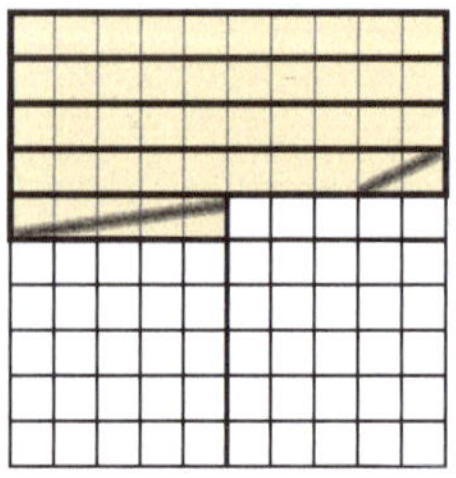
45 – 7 = ____

i) 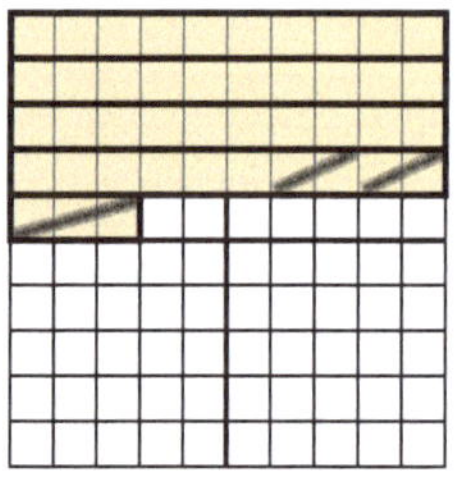
43 – 7 = ____

Evtl. Material (Zehnerstangen und Einzelne) legen.
Alternativ: Steckwürfel.

1 a)

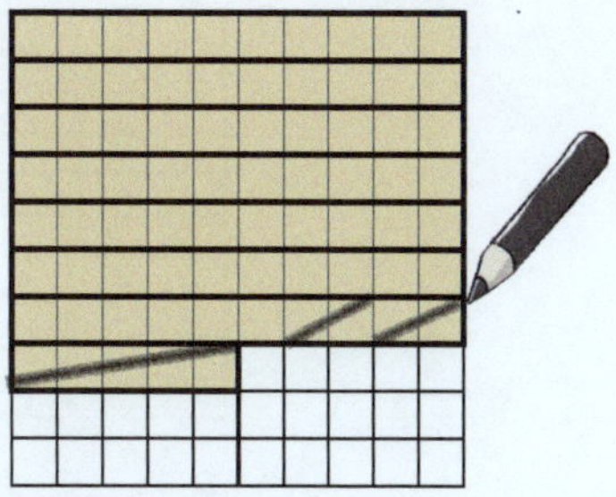

75 – 9 = ____

b)

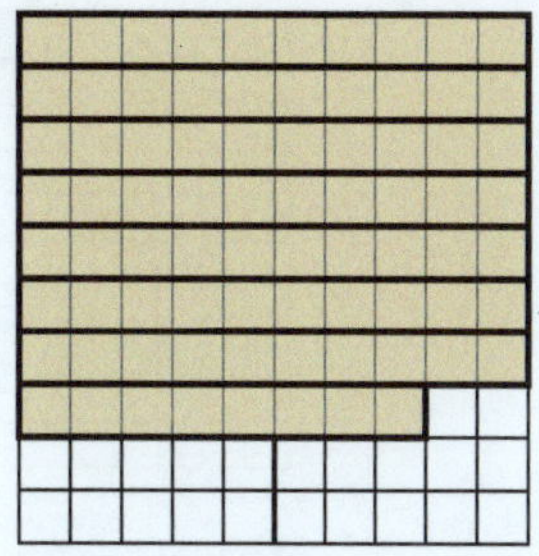

78 – 9 = ____

c)

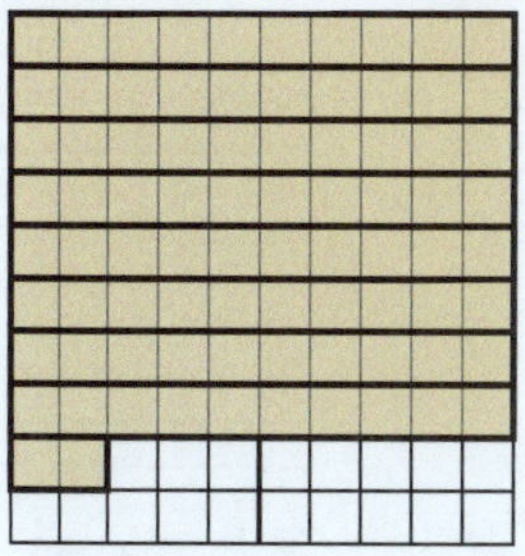

82 – 5 = ____

d)

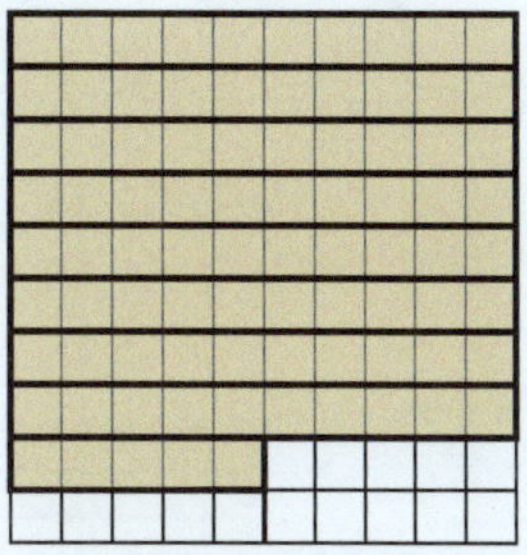

85 – 9 = ____

e)

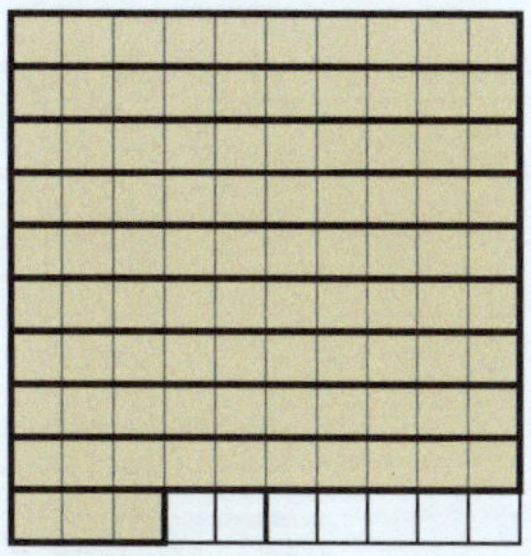

93 – 6 = ____

f)

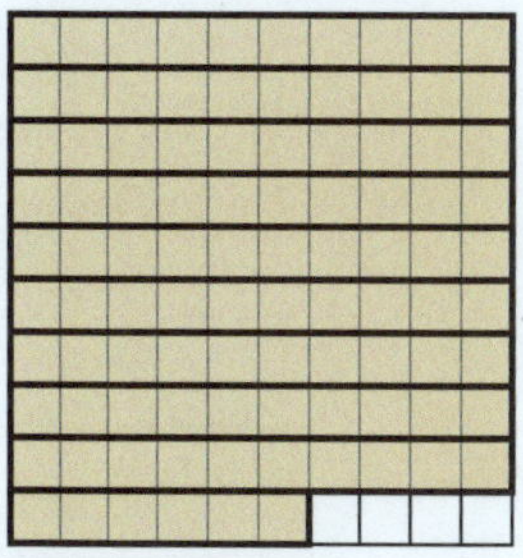

96 – 7 = ____

g)

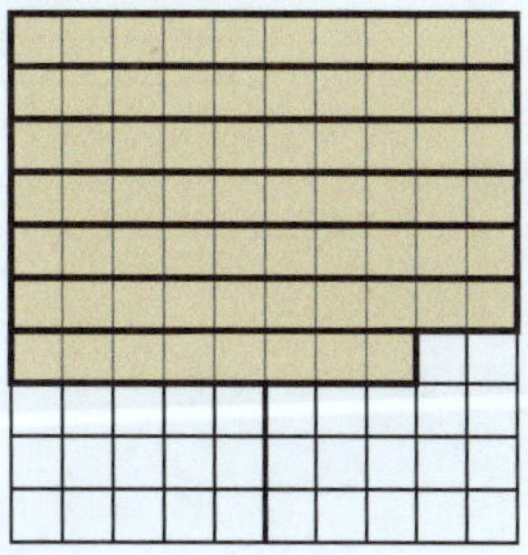

68 – 7 = ____

h)

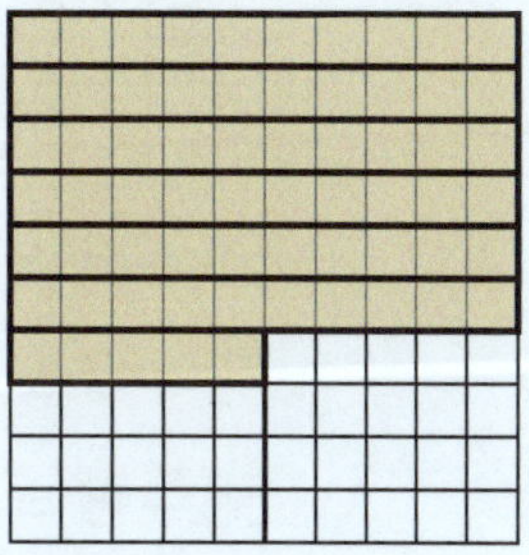

65 – 8 = ____

i)

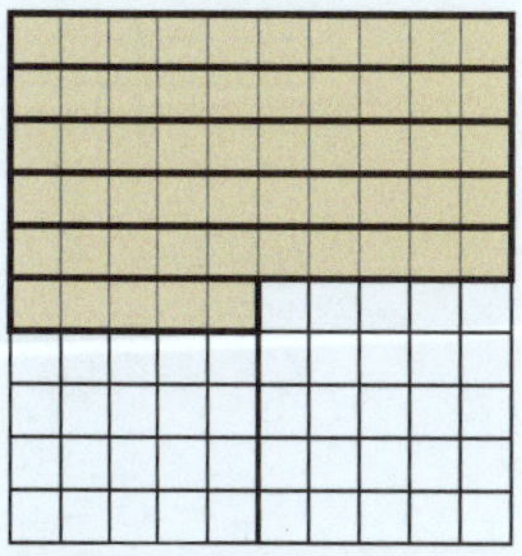

55 – 8 = ____

2 a)

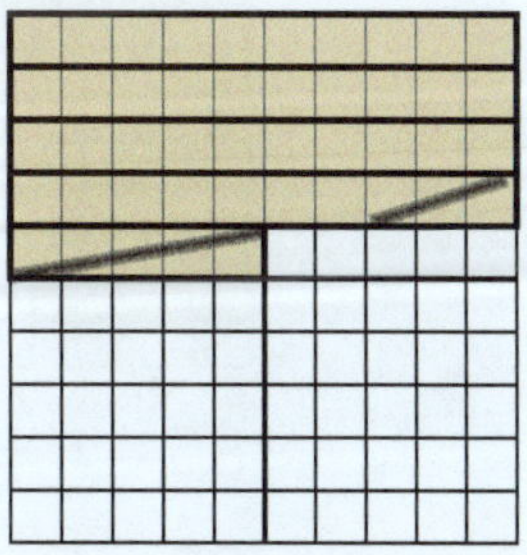

45 – 8 = ____

b)

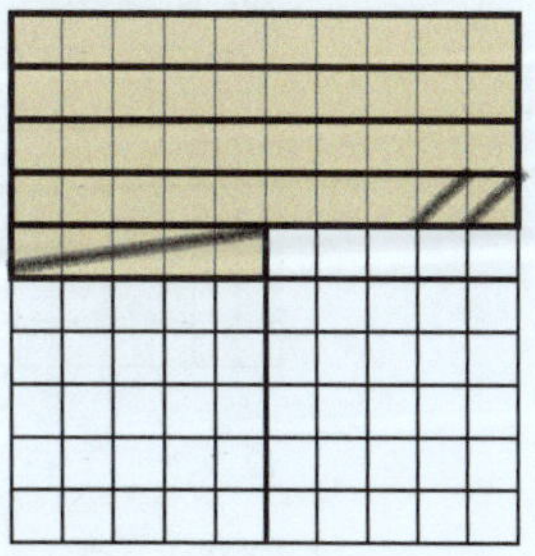

45 – ____ = ____

c)

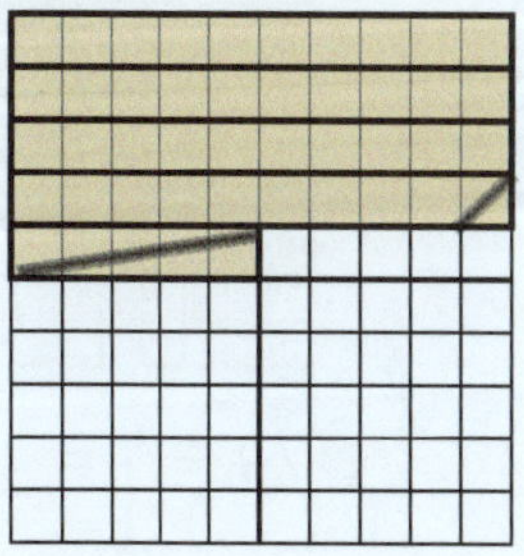

45 – ____ = ____

d)

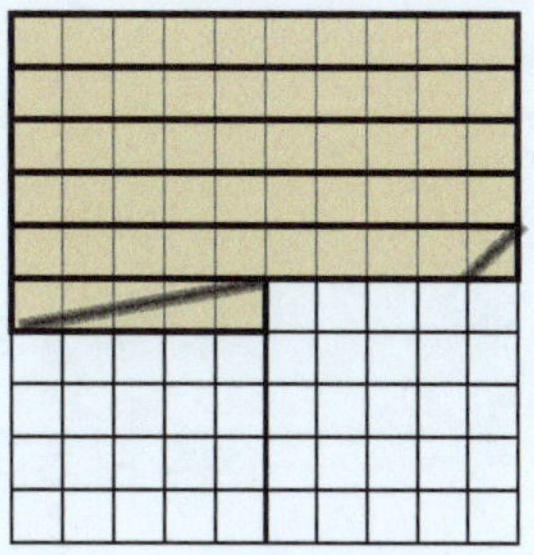

55 – ____ = ____

e)

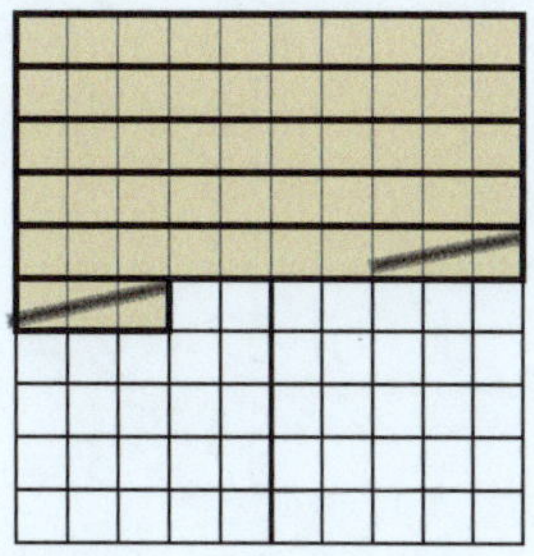

53 – ____ = ____

f)

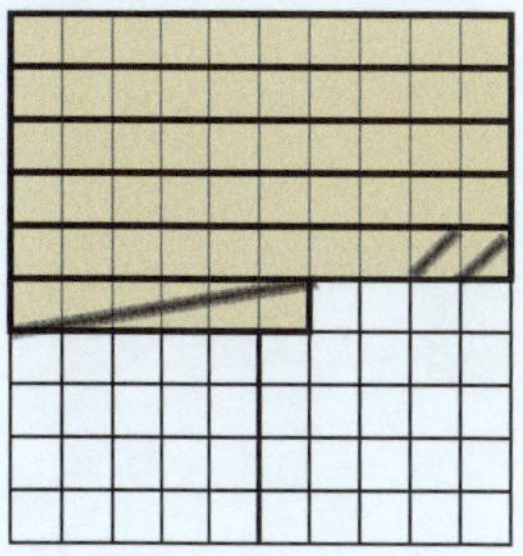

56 – ____ = ____

1 Durchstreichen und rechnen.

1 a)

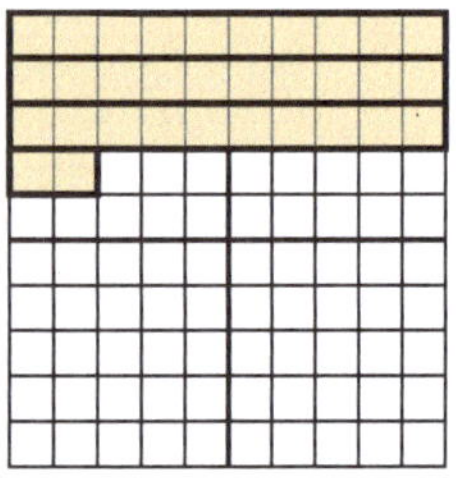

32 – 4 = ____
32 – 5 = ____
32 – 7 = ____
32 – 8 = ____

b)

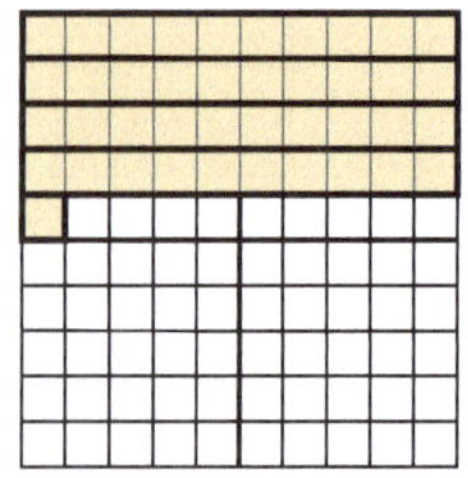

41 – 2 = ____
41 – 3 = ____
41 – 5 = ____
41 – 4 = ____

c)

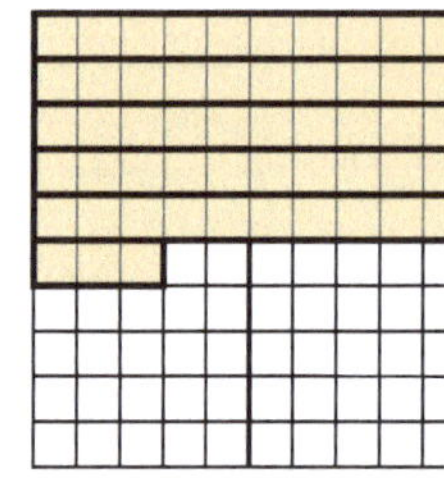

53 – 3 = ____
53 – 5 = ____
53 – 7 = ____
53 – 8 = ____

2 a)

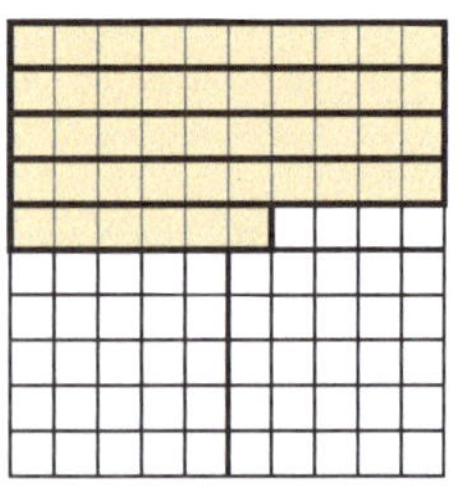

46 – 5 = ____
46 – 6 = ____
46 – 8 = ____
46 – 9 = ____

b)

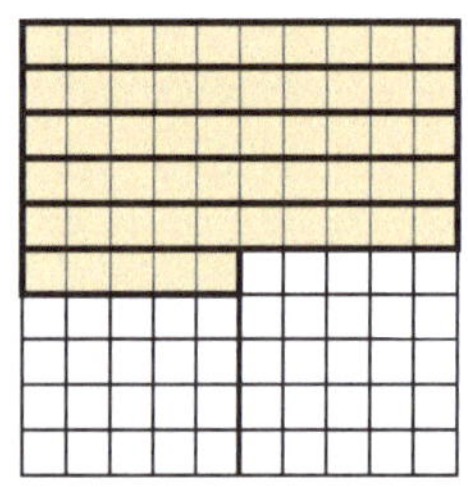

55 – 6 = ____
55 – 7 = ____
55 – 8 = ____
55 – 9 = ____

c)

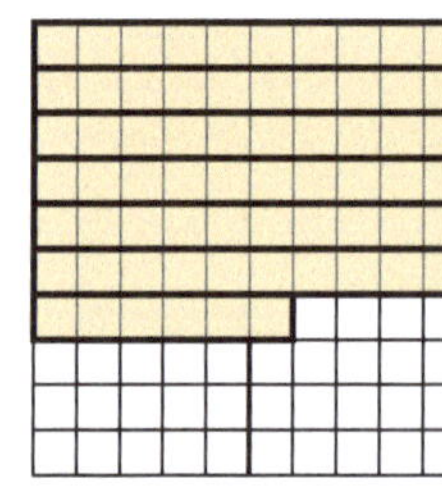

66 – 0 = ____
66 – 3 = ____
66 – 7 = ____
66 – 8 = ____

3 a)

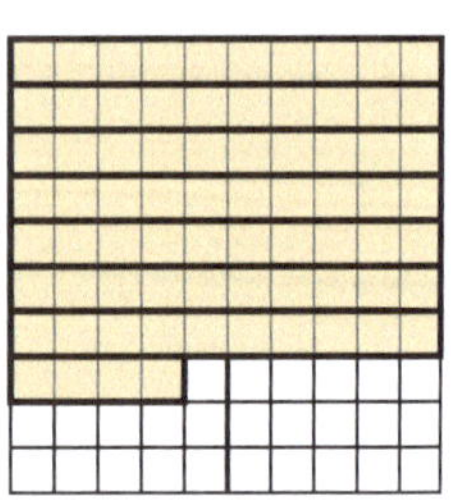

74 – 4 = ____
74 – 5 = ____
74 – 7 = ____
74 – 8 = ____

b)

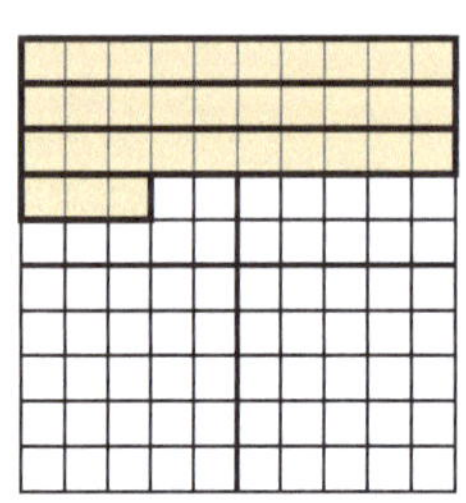

33 – 5 = ____
33 – 6 = ____
33 – 8 = ____
33 – 9 = ____

c)

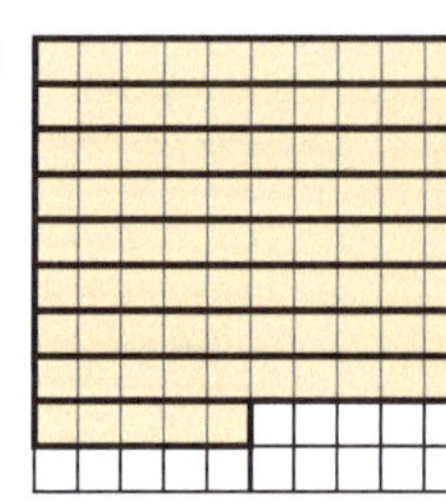

85 – 4 = ____
85 – 6 = ____
85 – 7 = ____
85 – 8 = ____

4 a) 63 – 4 = ____
63 – 5 = ____
63 – 7 = ____

b) 52 – 2 = ____
52 – 3 = ____
52 – 4 = ____

c) 44 – 3 = ____
44 – 6 = ____
44 – 9 = ____

1

a)	b)	c)	d)
7 – 5 = 2	9 – 4 = ____	12 – 2 = ____	14 – 3 = ____
17 – 5 = ____	19 – 4 = ____	11 – 2 = ____	14 – 7 = ____
8 – 5 = ____	6 – 4 = ____	13 – 2 = ____	15 – 1 = ____
18 – 5 = ____	16 – 4 = ____	10 – 2 = ____	15 – 9 = ____

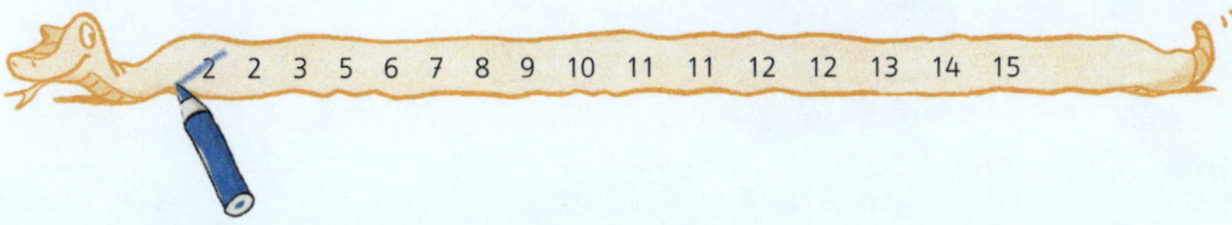

2

a)	b)	c)	d)
8 – 6 = ____	15 – 5 = ____	11 – 5 = ____	13 – 4 = ____
18 – 6 = ____	25 – 5 = ____	21 – 5 = ____	23 – 4 = ____
6 – 3 = ____	18 – 7 = ____	14 – 9 = ____	12 – 4 = ____
16 – 3 = ____	28 – 7 = ____	24 – 9 = ____	22 – 4 = ____

3

a)	b)	c)	d)
21 – 2 = ____	41 – 3 = ____	62 – 4 = ____	53 – 6 = ____
21 – 3 = ____	41 – 4 = ____	62 – 5 = ____	53 – 7 = ____
21 – 10 = ____	41 – 10 = ____	62 – 10 = ____	53 – 10 = ____
21 – 9 = ____	41 – 9 = ____	62 – 9 = ____	53 – 9 = ____

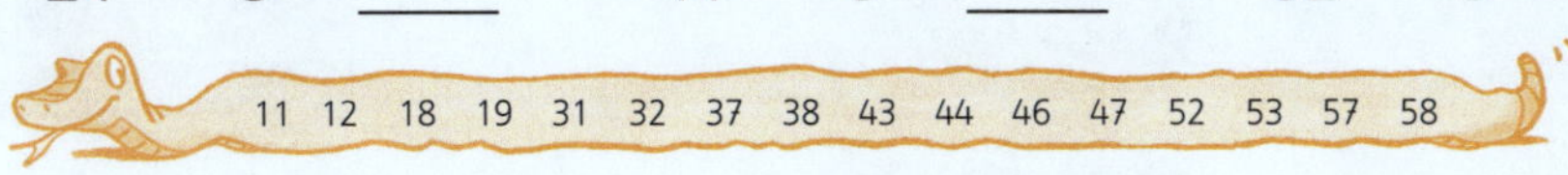

4

a) (2)

oben	unten links	unten rechts
8	6	
11	6	
13	6	
15	6	

b)

oben	unten links	unten rechts
12	7	
22	7	
16	7	
36	7	

c)

oben	unten links	unten rechts
21	8	
34	8	
42	5	
53	5	

Evtl. Material legen. **4** Ergänzen oder subtrahieren.

1

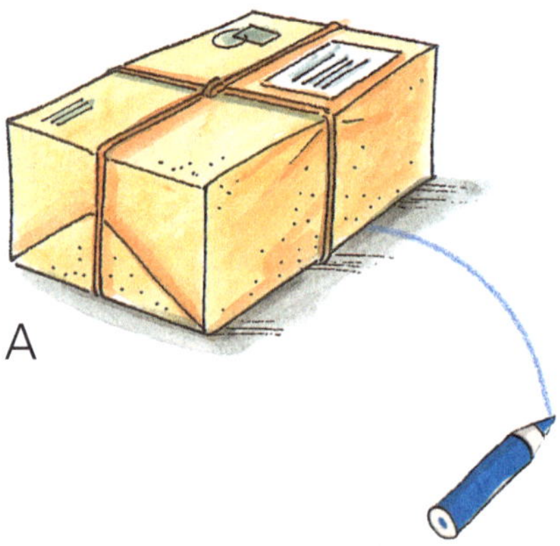

A

B

C

Quader

D

Würfel

E

F

Kugel

G

H

I

J

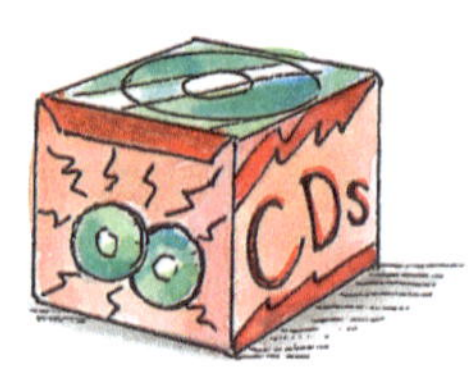

2

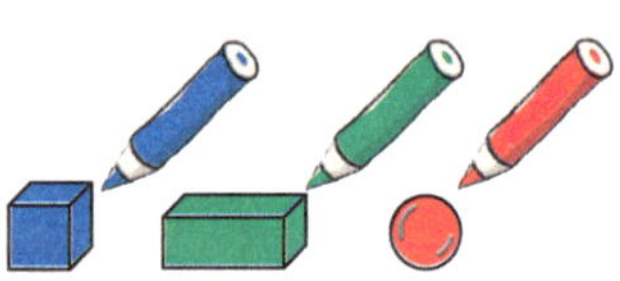

A

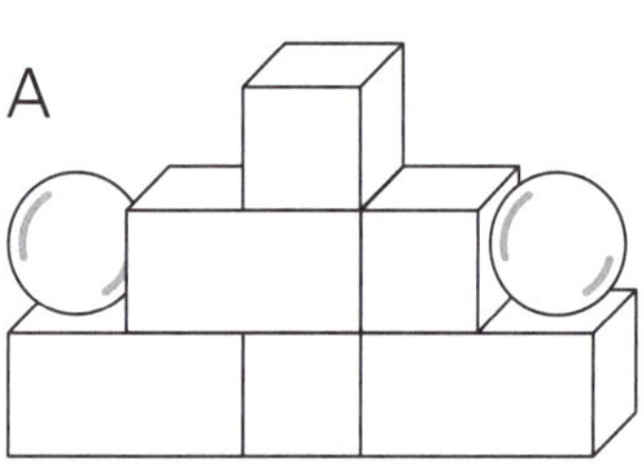

B

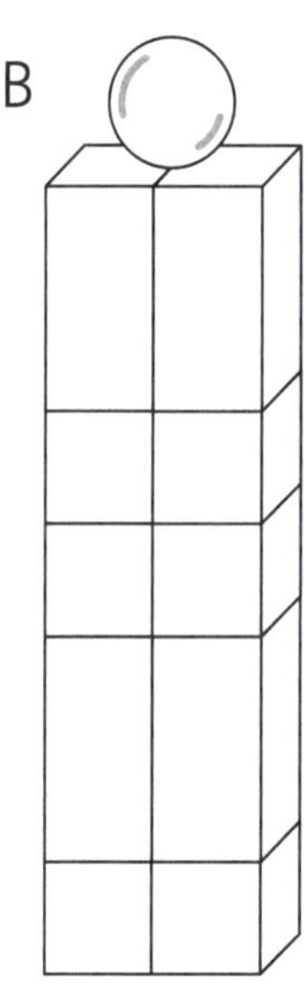

C

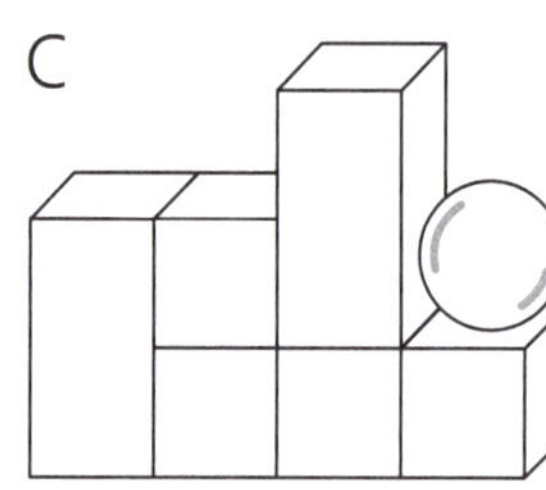

D

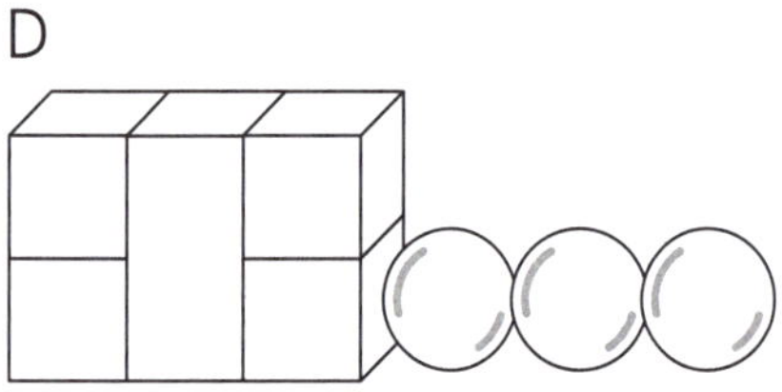

E

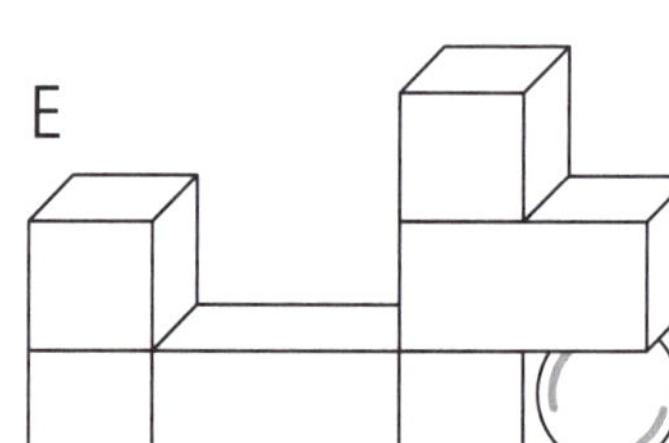

1 Gegenstände aus der Umwelt den Körperformen zuordnen.
2 Körper in den passenden Farben anmalen.

1 a)

Plusaufgabe: 2 + 2 + 2 = ______

Malaufgabe: 3 · 2 = ______

b)

Plusaufgabe: ______

Malaufgabe: ______

c)

Plusaufgabe: ______

Malaufgabe: ______

d)

Plusaufgabe: ______

Malaufgabe: ______

e)

Plusaufgabe: ______

Malaufgabe: ______

f)

Plusaufgabe: ______

Malaufgabe: ______

g)

Plusaufgabe: ______

Malaufgabe: ______

h)

Plusaufgabe: ______

Malaufgabe: ______

Passende Plus- und Malaufgabe notieren.

1

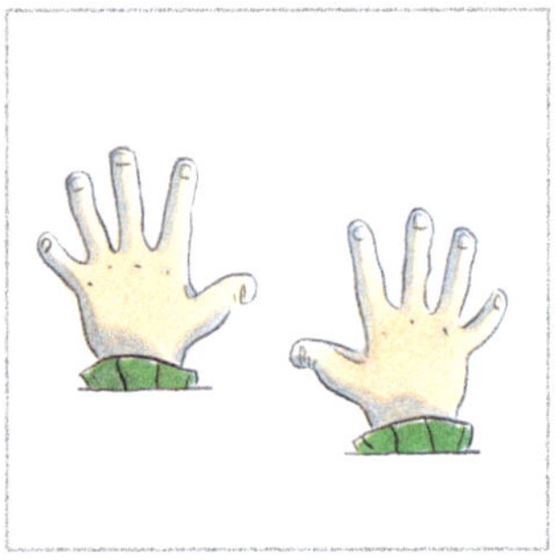

2 + 2 + 2 = ____
3 · 2 = ____

5 + 5 = ____
2 · 5 = ____

7 + 7 + 7 = ____
3 · 7 = ____

3 + 3 + 3 + 3 + 3 = ____
5 · 3 = ____

2

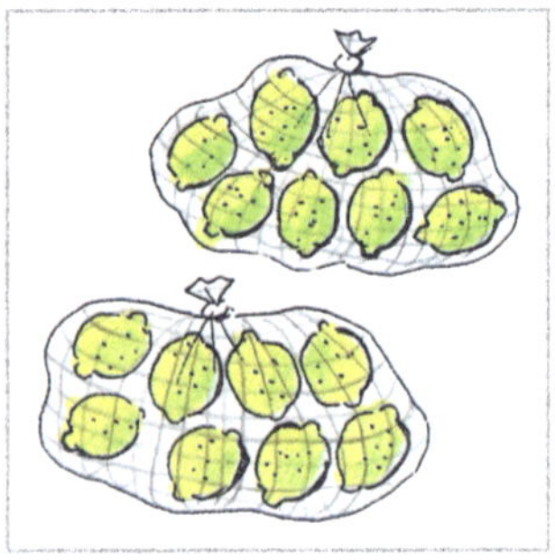

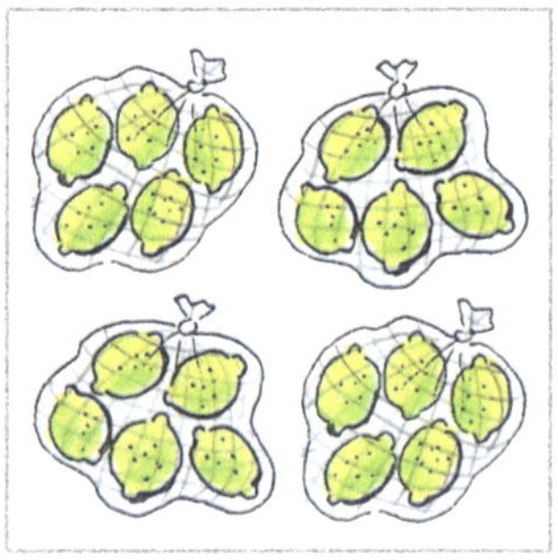

4 + 4 + 4 + 4 = ____
4 · 4 = ____

3 + 3 + 3 + 3 + 3 + 3 = ____
____ · 3 = ____

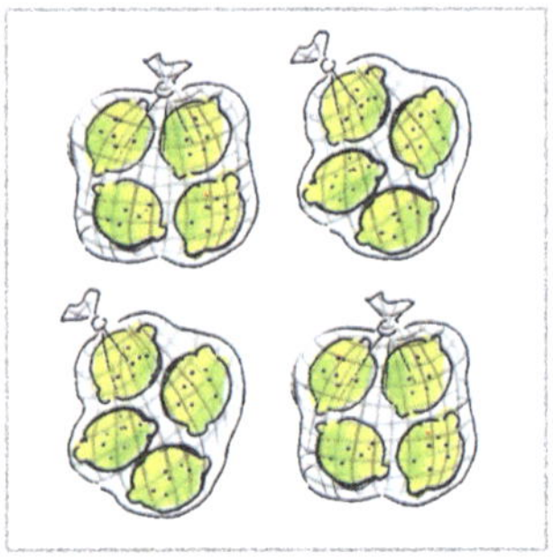

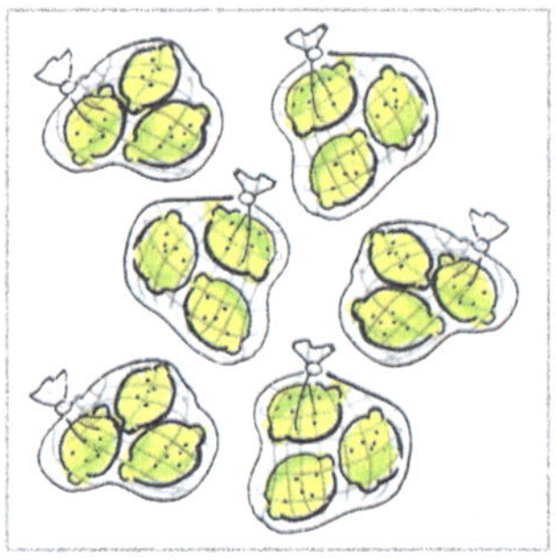

8 + 8 = ____
____ · 8 = ____

5 + 5 + 5 + 5 = ____
____ · 5 = ____

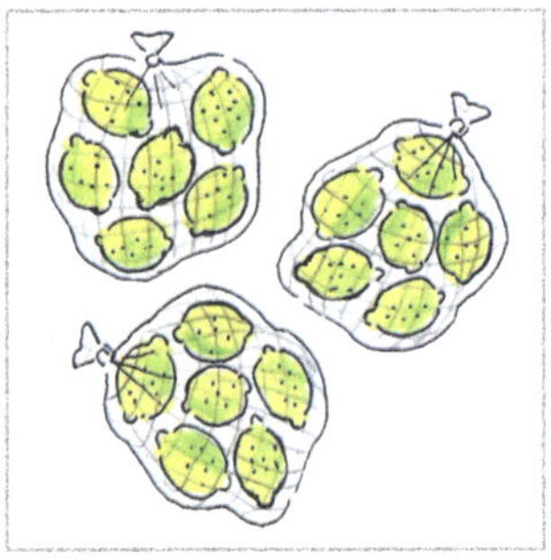

6 + 6 + 6 = ____
____ · 6 = ____

2 + 2 + 2 + 2 + 2 = ____
____ · 2 = ____

Passende Darstellungen verbinden. Ergebnisse eintragen.

$2 \cdot 5 =$ ____

$4 \cdot 3 =$ ____

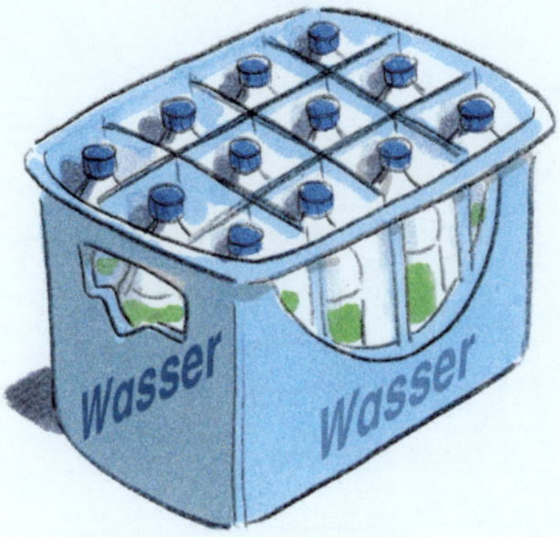

$3 \cdot 4 =$ ____

$3 \cdot 5 =$ ____

$2 \cdot 3 =$ ____

$2 \cdot 2 =$ ____

$2 \cdot 6 =$ ____

$3 \cdot 3 =$ ____

$5 \cdot 2 =$ ____

$3 \cdot 2 =$ ____

Passende Darstellungen verbinden. Ergebnisse eintragen.

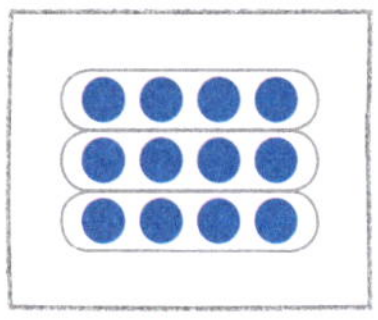

2 · 5 = ____

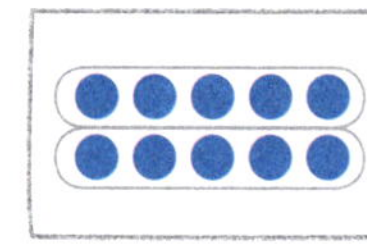

3 · 4 = ____

4 · 5 = ____

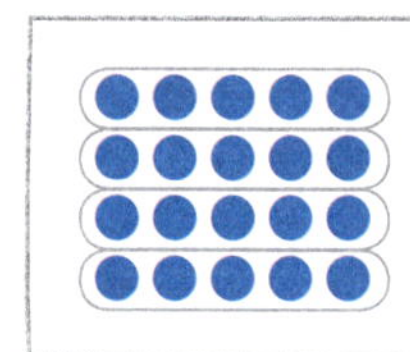

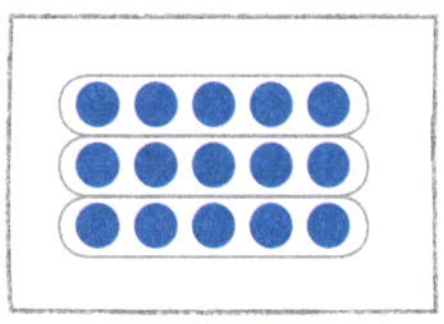

3 · 5 = ____

2 · 6 = ____

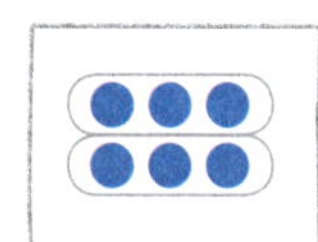

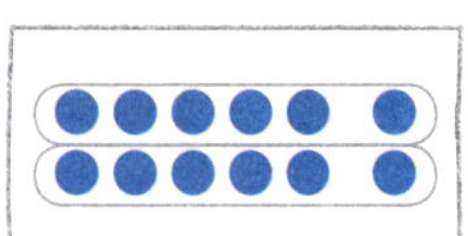

2 · 3 = ____

2 · 2 = ____

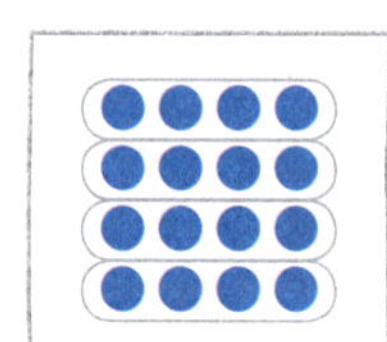

4 · 4 = ____

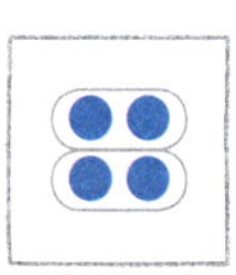

2 · 10 = ____

2 · 7 = ____

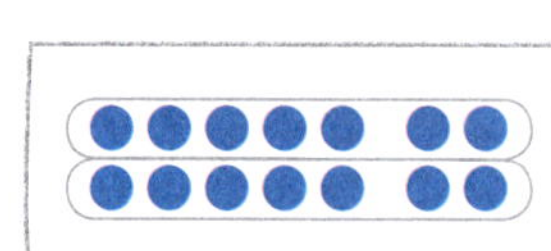

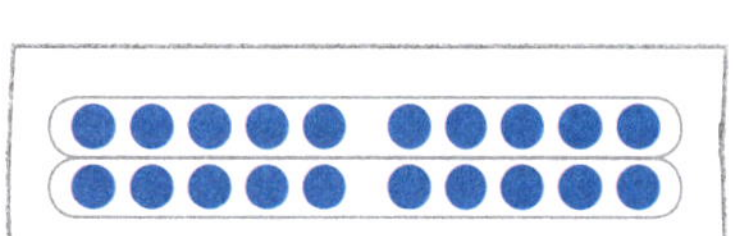

Passende Darstellungen verbinden. Ergebnisse eintragen.

1 a) $2 \cdot 4 =$ ____ b) $3 \cdot 4 =$ ____ c) $4 \cdot 4 =$ ____ d) $5 \cdot 4 =$ ____

e) $4 \cdot 3 =$ ____ f) $3 \cdot 3 =$ ____ g) $2 \cdot 3 =$ ____ h) $1 \cdot 3 =$ ____

2 a) $5 \cdot 5 =$ ____ b) $4 \cdot 5 =$ ____ c) $3 \cdot 5 =$ ____ d) $2 \cdot 5 =$ ____

e) $3 \cdot 2 =$ ____ f) $4 \cdot 2 =$ ____ g) $5 \cdot 2 =$ ____ h) $6 \cdot 2 =$ ____

i) $2 \cdot 6 =$ ____ j) $3 \cdot 7 =$ ____ k) $2 \cdot 9 =$ ____

Punktefelder zu den Malaufgaben zeichnen.

1 a) 1 · 5 = ____
5 · 1 = ____

b) 2 · 5 = ____
5 · 2 = ____

c) 5 · 3 = ____
3 · 5 = ____

d) 10 · 5 = ____
5 · 10 = ____

e) 10 · 7 = ____
7 · 10 = ____

f) 1 · 9 = ____
9 · 1 = ____

g) 10 · 2 = ____
2 · 10 = ____

h) 10 · 3 = ____
3 · 10 = ____

i) 10 · 4 = ____
4 · 10 = ____

j) 10 · 5 = ____
5 · 10 = ____

2 a) 1 · 2 = ____
2 · 1 = ____

b) 2 · 4 = ____
4 · 2 = ____

c) 2 · 3 = ____
3 · 2 = ____

d) 2 · 6 = ____
6 · 2 = ____

e) 5 · 8 = ____
8 · 5 = ____

f) 1 · 7 = ____
7 · 1 = ____

g) 2 · 9 = ____
9 · 2 = ____

h) 2 · 8 = ____
8 · 2 = ____

i) 10 · 9 = ____
9 · 10 = ____

j) 5 · 6 = ____
6 · 5 = ____

3 a) 1 · 8 = ____
8 · 1 = ____

b) 10 · 2 = ____
2 · 10 = ____

c) 5 · 5 = ____
5 · 5 = ____

d) 5 · 8 = ____
8 · 5 = ____

e) 5 · 4 = ____
4 · 5 = ____

f) 10 · 1 = ____
1 · 10 = ____

g) 5 · 7 = ____
7 · 5 = ____

h) 5 · 9 = ____
9 · 5 = ____

i) 9 · 8 = ____
8 · 9 = ____

j) 4 · 3 = ____
3 · 4 = ____

1

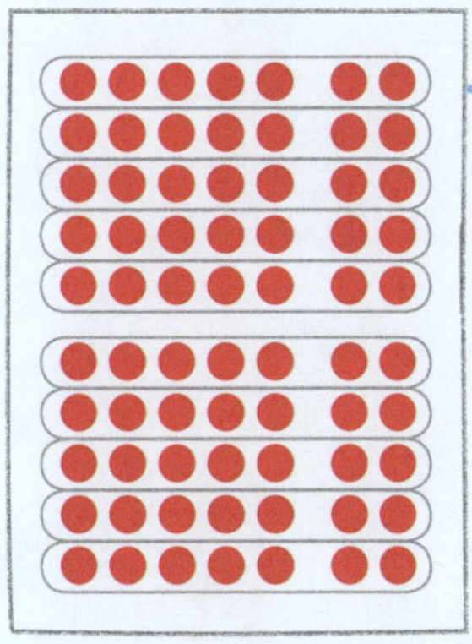

1 · 7 = ____

2 · 7 = ____

5 · 7 = ____

10 · 7 = ____

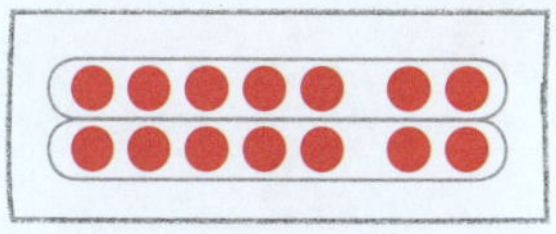

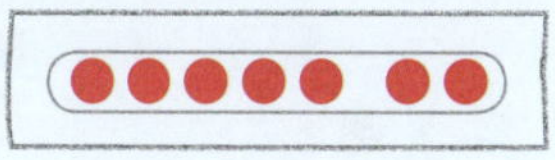

2

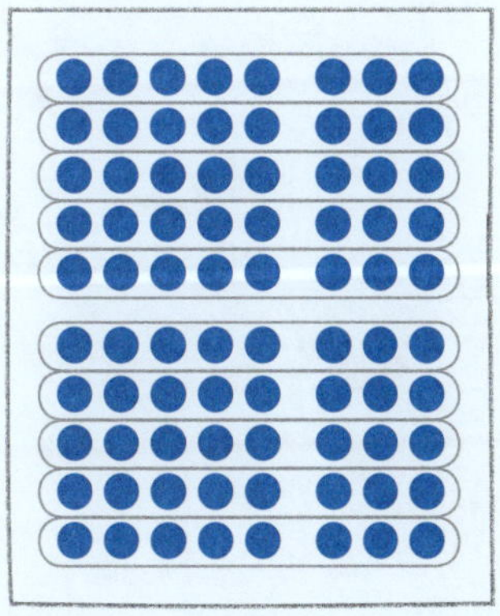

1 · 8 = ____

2 · 8 = ____

5 · 8 = ____

10 · 8 = ____

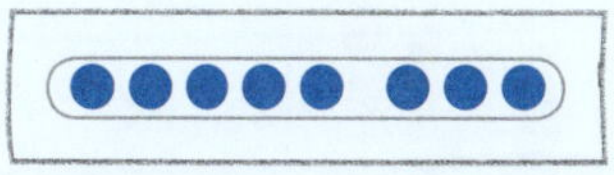

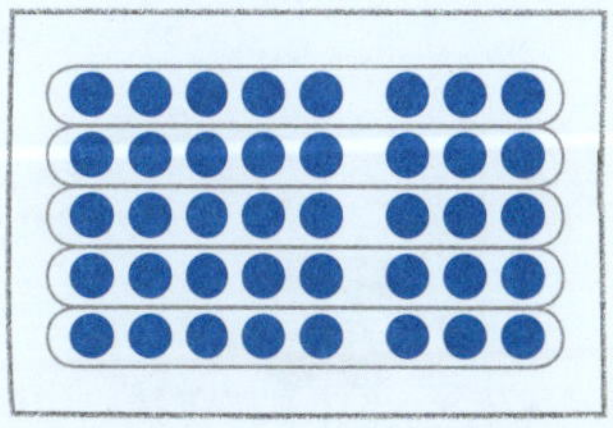

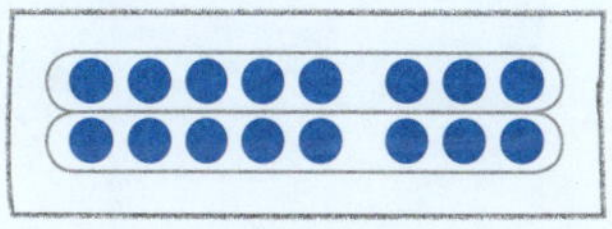

3

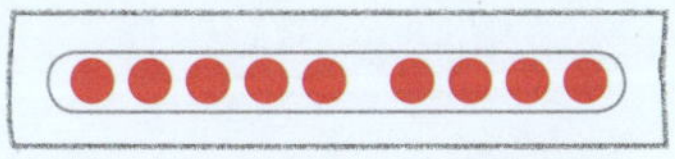

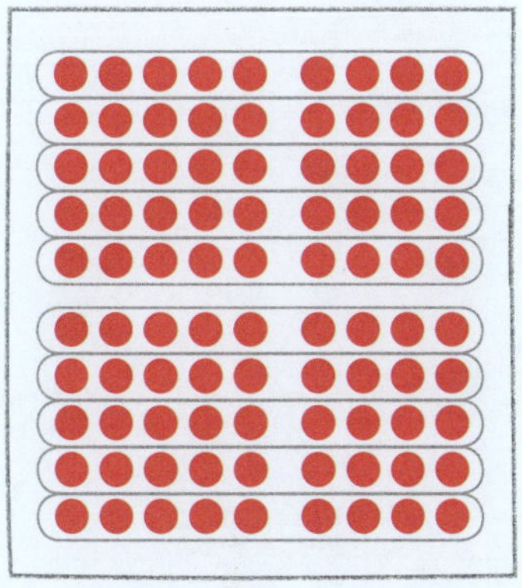

1 · 9 = ____

2 · 9 = ____

5 · 9 = ____

10 · 9 = ____

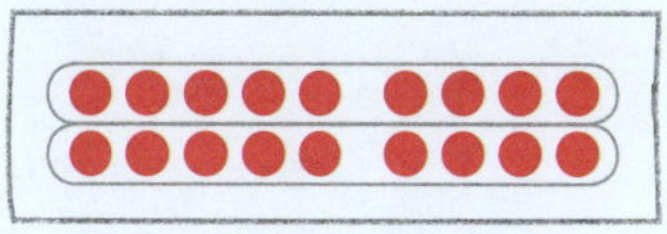

Passende Darstellungen verbinden. Ergebnisse eintragen.

1

5 · 2 = ____	**2 · 2 = ____**
10 · 2 = ____	**1 · 2 = ____**
9 · 2 = ____	6 · 2 = ____
8 · 2 = ____	7 · 2 = ____
4 · 2 = ____	3 · 2 = ____

2 a) 2 · 2 = ____ b) 4 · 2 = ____ c) 5 · 2 = ____ d) 6 · 2 = ____

e) 7 · 2 = ____ f) 10 · 2 = ____ g) 9 · 2 = ____ h) 8 · 2 = ____

3

Kernaufgaben:

1 · 2 = ____ 2 · 2 = ____ 5 · 2 = ____ 10 · 2 = ____

1 Passende Darstellungen verbinden.
2 Punktefelder zu den Malaufgaben zeichnen.

1 a)

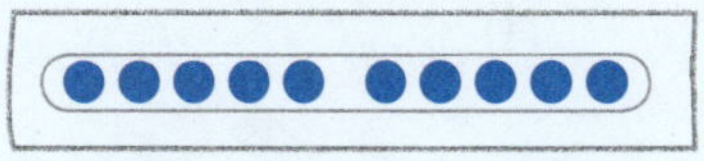

1 · 10 = 10

b)

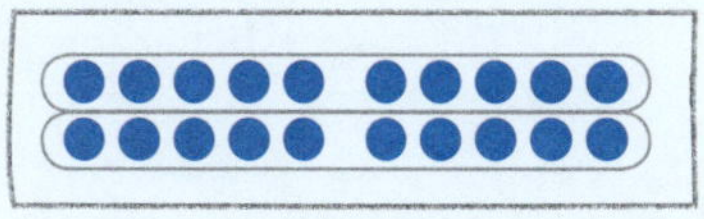

___ · ___ = ___

c)

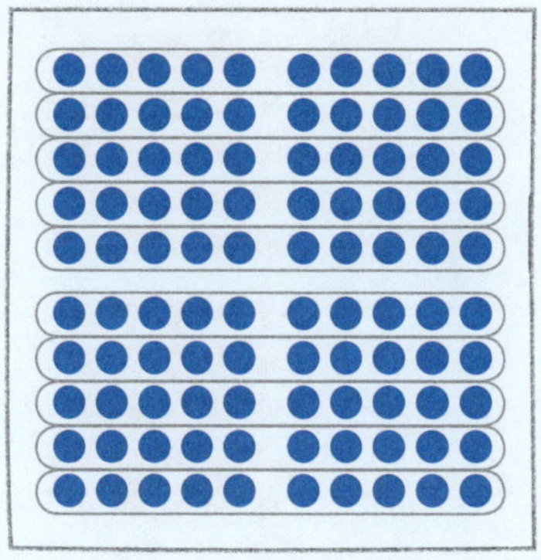

___ · ___ = ___

d)

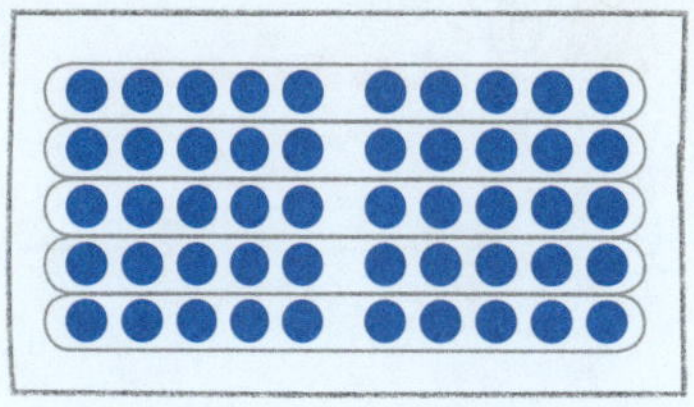

___ · ___ = ___

2 a)

___ · ___ = ___

b)

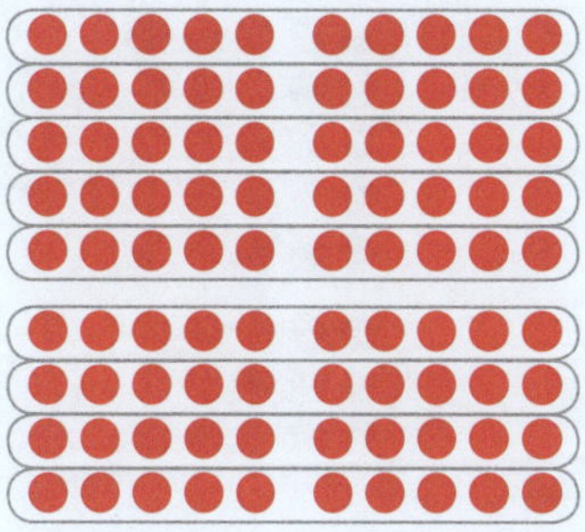

___ · ___ = ___

c)

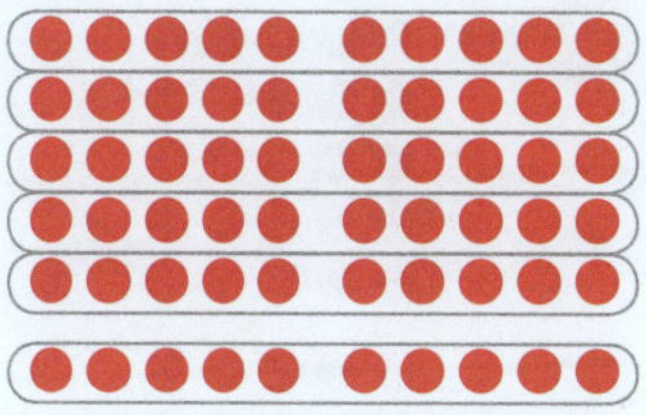

___ · ___ = ___

3 a) 2 · 10 = ___

b) 3 · 10 = ___

c) 4 · 10 = ___

d) 5 · 10 = ___

e) 6 · 10 = ___

f) 7 · 10 = ___

4

Kernaufgaben:

1 · 10 = ___ 2 · 10 = ___ 5 · 10 = ___ 10 · 10 = ___

und 2 Aufgaben eintragen.
Punktefelder zu den Malaufgaben zeichnen. Ergebnisse eintragen.

1 a) 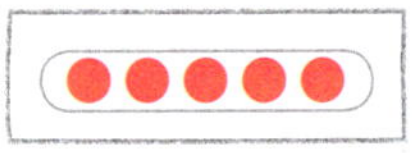

___ · 5 = ___

b) 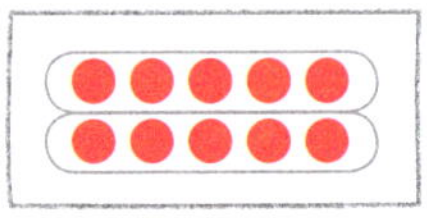

___ · 5 = ___

c) 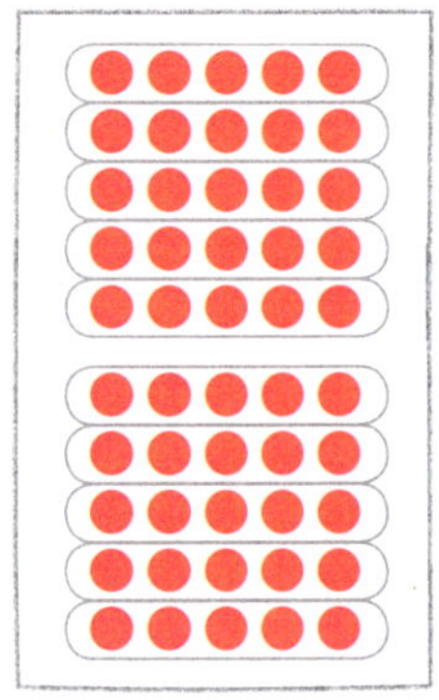

___ · 5 = ___

d) 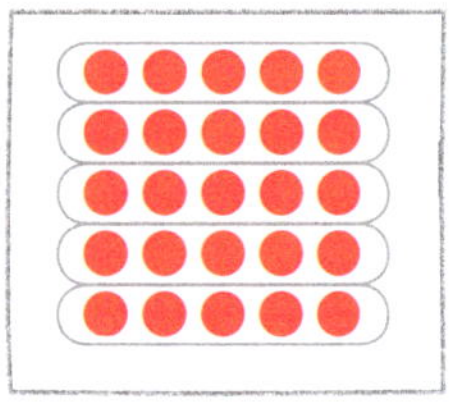

___ · 5 = ___

2 a) 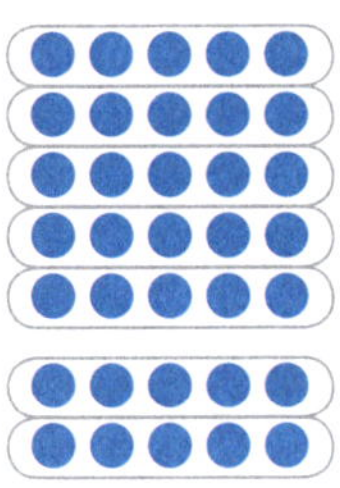

___ · ___ = ___

b) 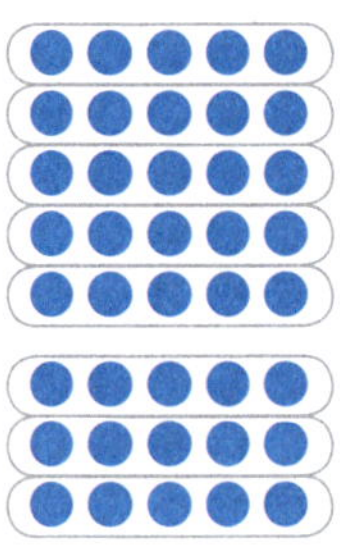

___ · ___ = ___

c) 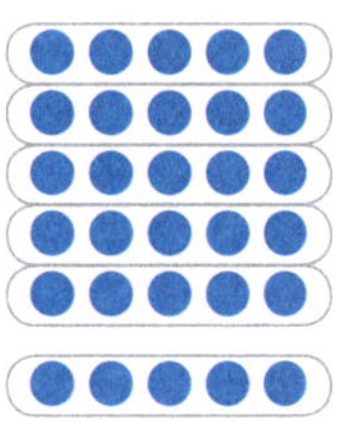

___ · ___ = ___

3 a) 2 · 5 = ___

b) 3 · 5 = ___

c) 4 · 5 = ___

d) 5 · 5 = ___

e) 6 · 5 = ___

f) 7 · 5 = ___

4 

Kernaufgaben:

1 · 5 = ___   2 · 5 = ___   5 · 5 = ___   10 · 5 = ___

1 und **2** Aufgaben eintragen

3 Punktefelder zu den Malaufgaben zeichnen. Ergebnisse eintragen.

1 a)

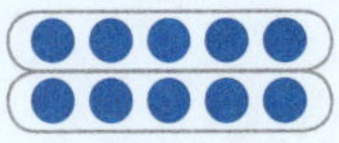

$2 \cdot 5 =$ ____

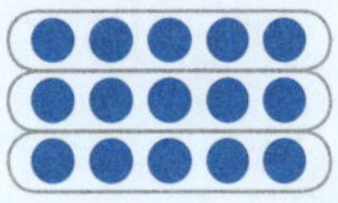

$3 \cdot 5 =$ ____

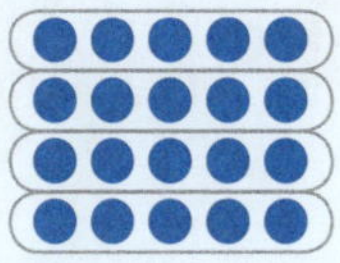

$4 \cdot 5 =$ ____

b)

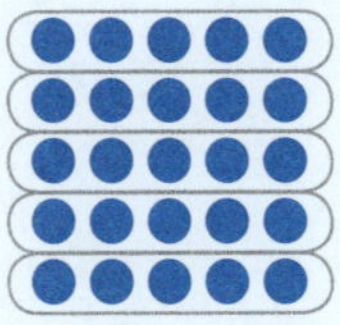

$5 \cdot 5 =$ ____

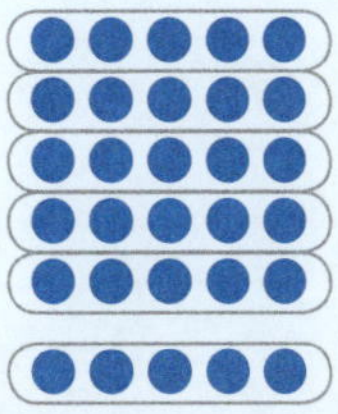

$6 \cdot 5 =$ ____

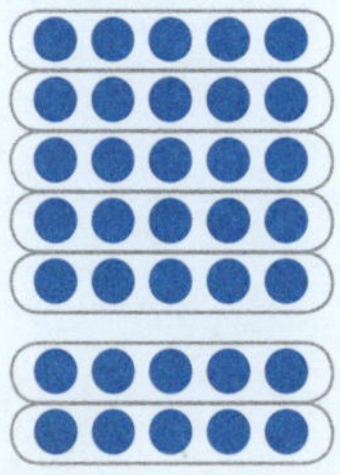

$7 \cdot 5 =$ ____

2

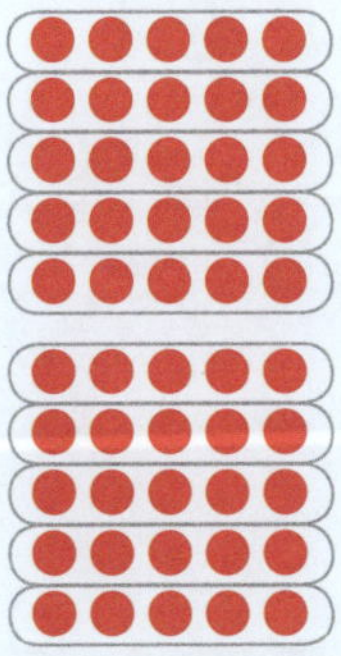

$10 \cdot 5 =$ ____

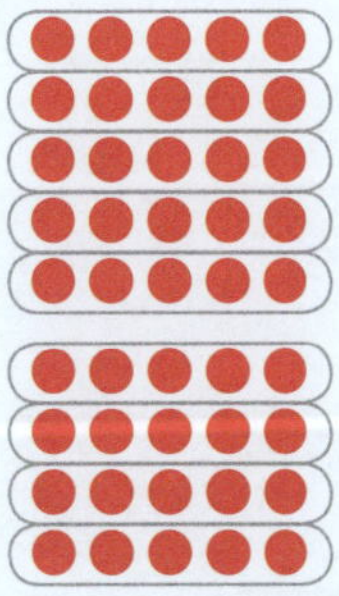

$9 \cdot 5 =$ ____

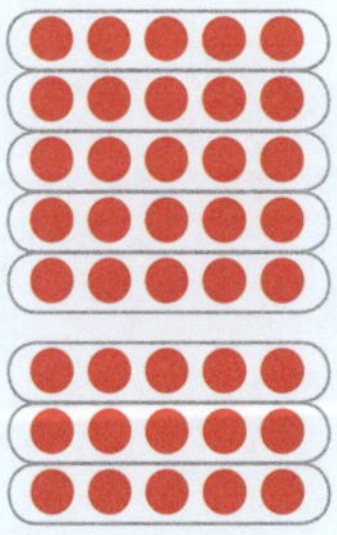

$8 \cdot 5 =$ ____

3 a)

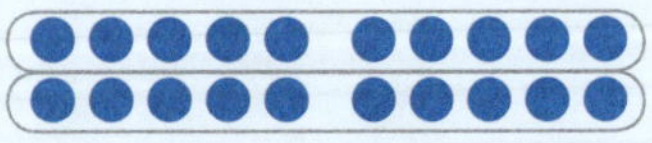

$2 \cdot 10 =$ ____

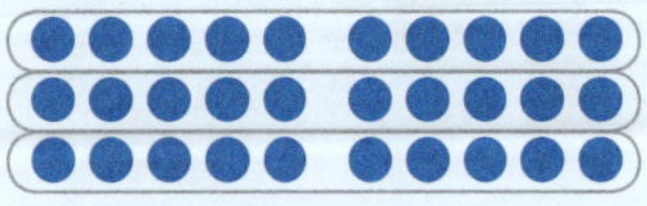

$3 \cdot 10 =$ ____

b)

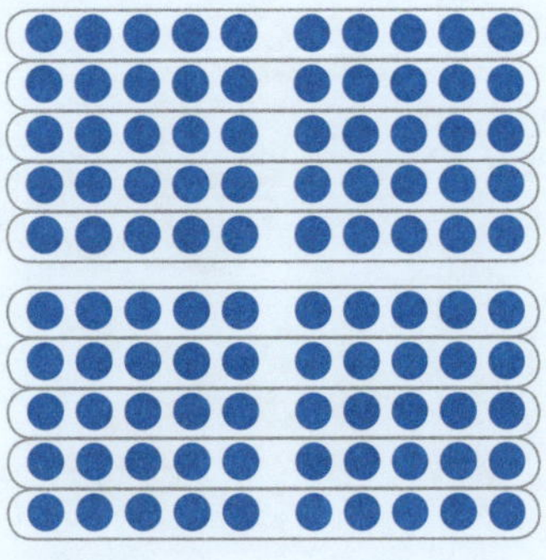

$10 \cdot 10 =$ ____

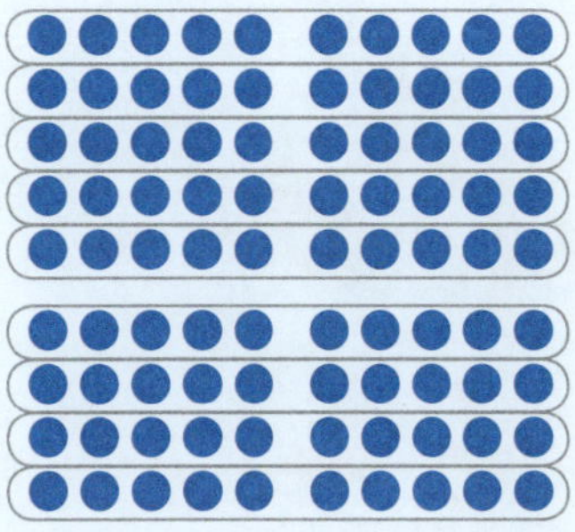

$9 \cdot 10 =$ ____

1 a)

6 : 2 = 3

b)

8 : 2 = ___

c)

9 : 3 = ___

d)

12 : 3 = ___

e)

12 : 2 = ___

f)

16 : 4 = ___

2 a)

6 : 3 = ___

b)

10 : 2 = ___

c)

15 : 3 = ___

d)

14 : 2 = ___

e)

16 : 2 = ___

f)

18 : 6 = ___

Kindergruppen einkreisen.

1

a) 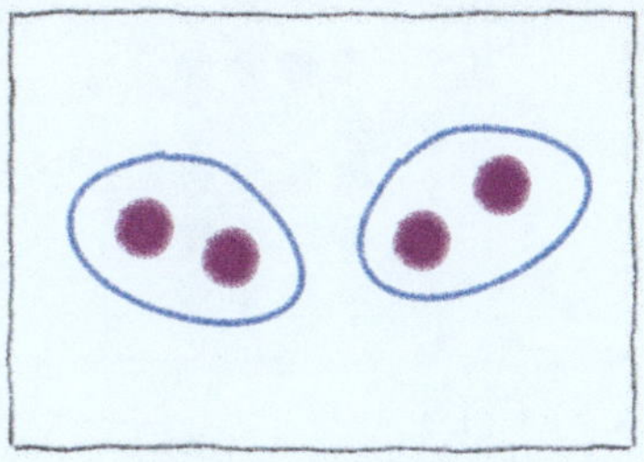

4 : 2 = 2

b) 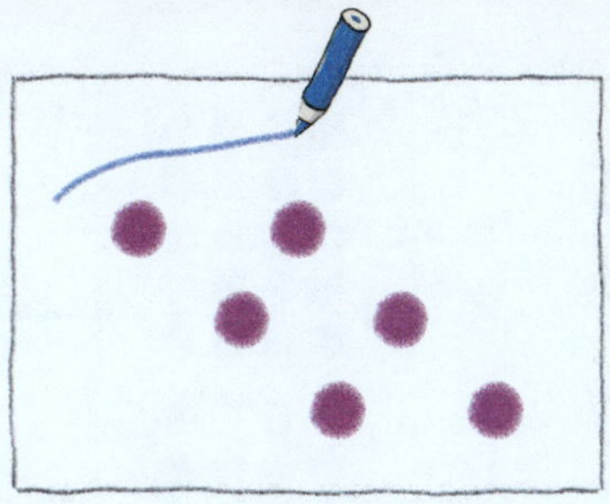

6 : 2 = ___

c) 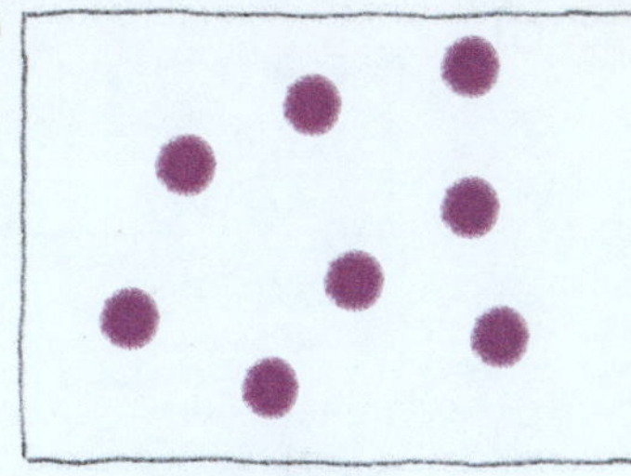

8 : 2 = ___

d) 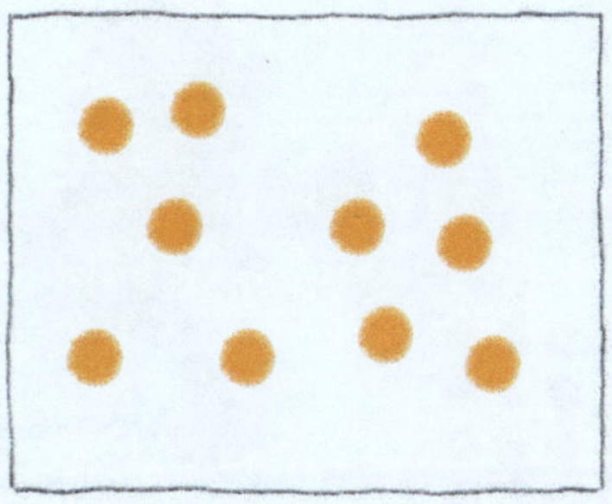

10 : 5 = ___

e) 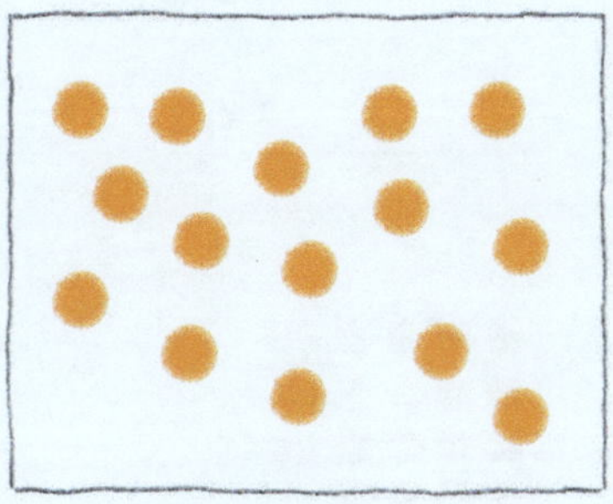

15 : 5 = ___

f) 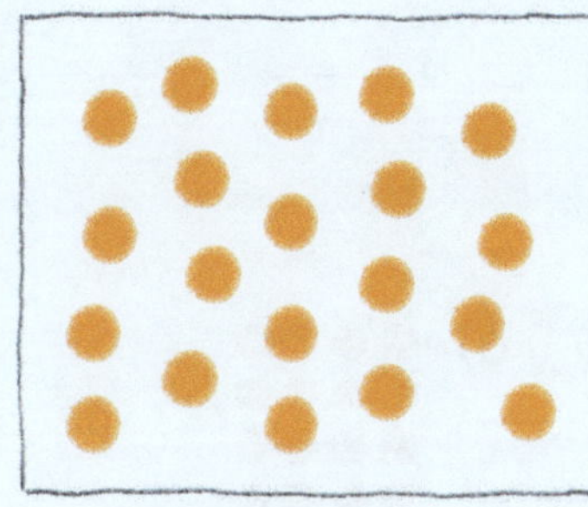

20 : 5 = ___

g) 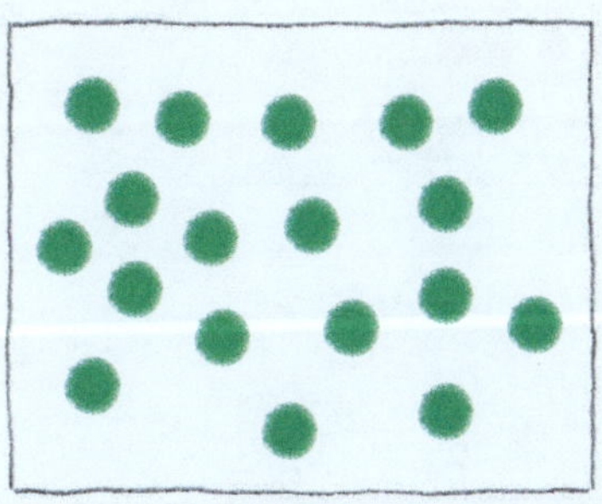

18 : 3 = ___

h) 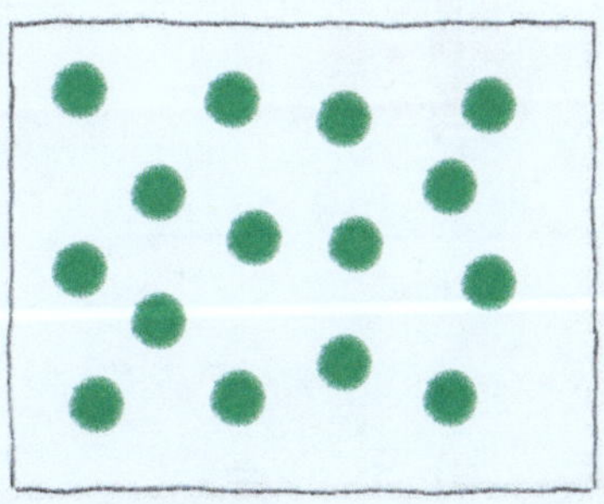

15 : 3 = ___

i) 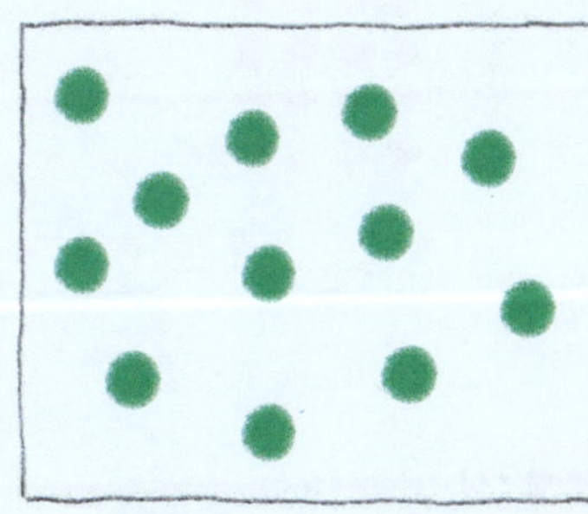

12 : 3 = ___

2

a) 

8 : 8 = ___

b) 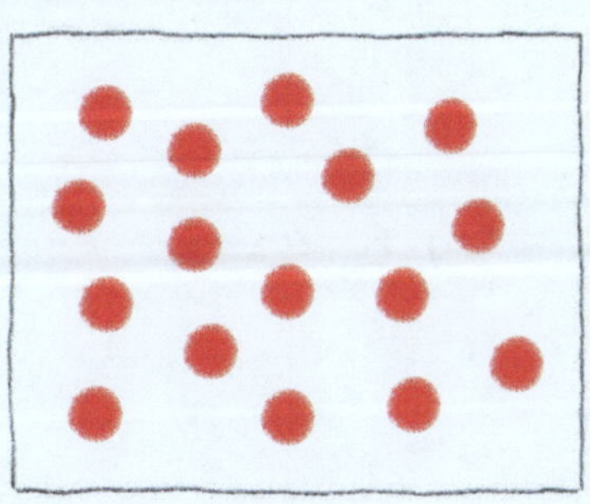

16 : 8 = ___

c) 

24 : 8 = ___

d) 

8 : 4 = ___

e) 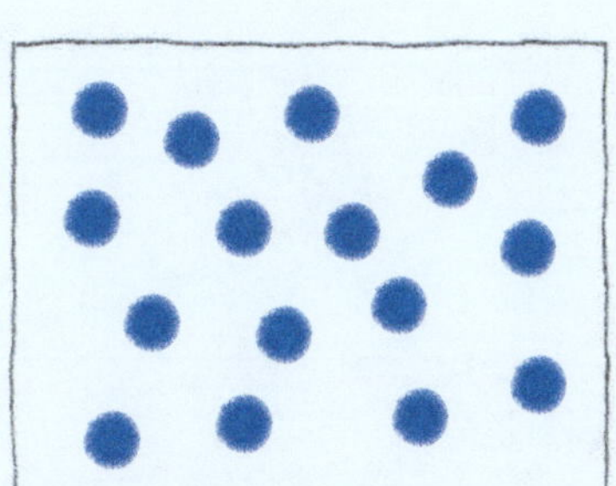

16 : 4 = ___

f) 

24 : 4 = ___

unktemengen einkreisen.

1 a)

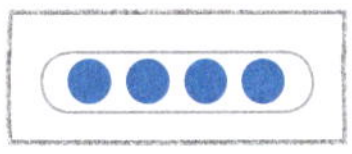

___ · 4 = ___

b)

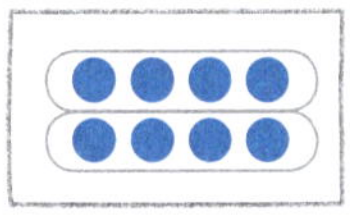

___ · 4 = ___

c)

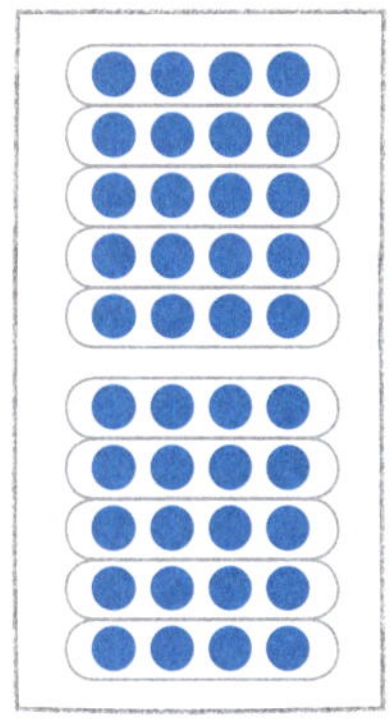

___ · 4 = ___

d)

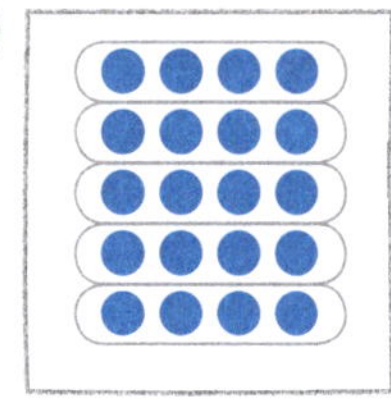

___ · 4 = ___

2 a)

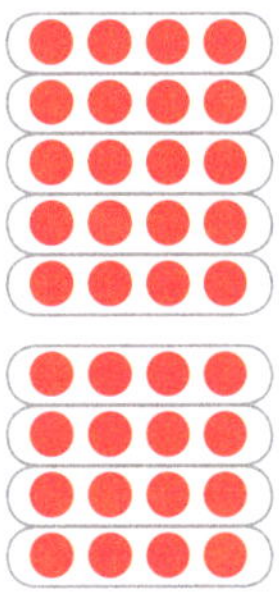

___ · 4 = ___

b)

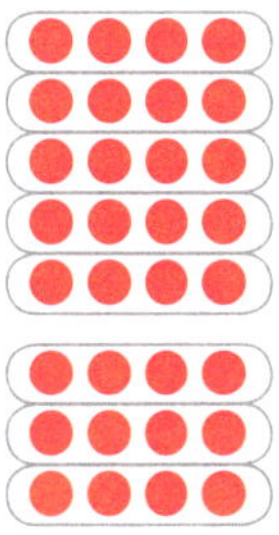

___ · 4 = ___

c)

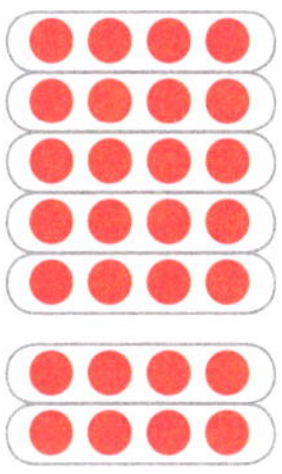

___ · 4 = ___

3 a) 2 · 4 = ___

b) 3 · 4 = ___

c) 4 · 4 = ___

d) 5 · 4 = ___

e) 6 · 4 = ___

f) 7 · 4 = ___

4

Kernaufgaben:

1 · 4 = ___ 2 · 4 = ___ 5 · 4 = ___ 10 · 4 = ___

1 und 2 Aufgaben eintragen
3 Punktefelder zu den Malaufgaben zeichnen. Ergebnisse eintragen

1

a) 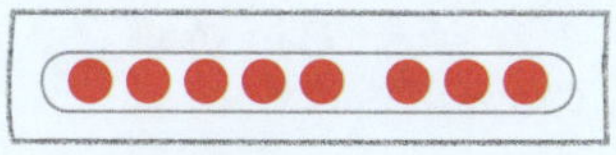

___ · 8 = ___

b) 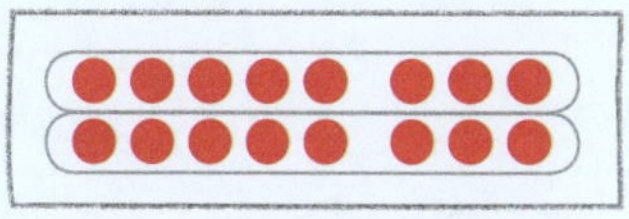

___ · 8 = ___

c) 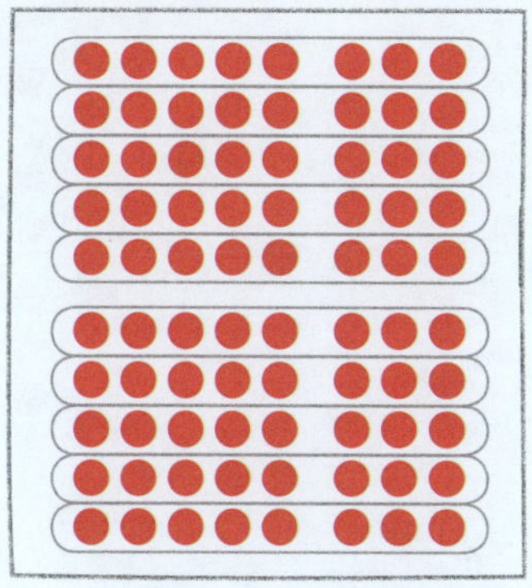

___ · 8 = ___

d) 

___ · 8 = ___

2

a) 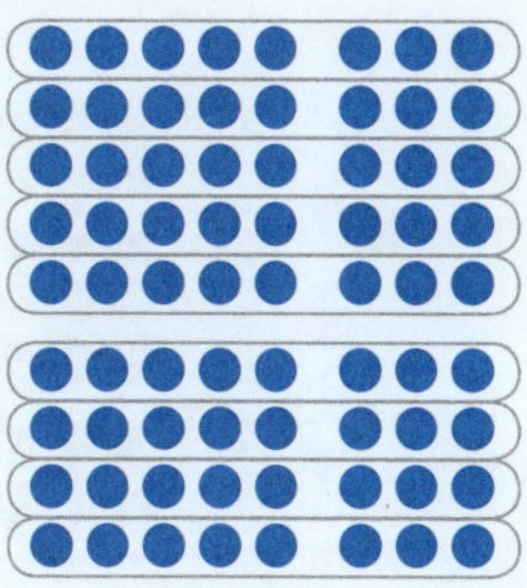

___ · 8 = ___

b) 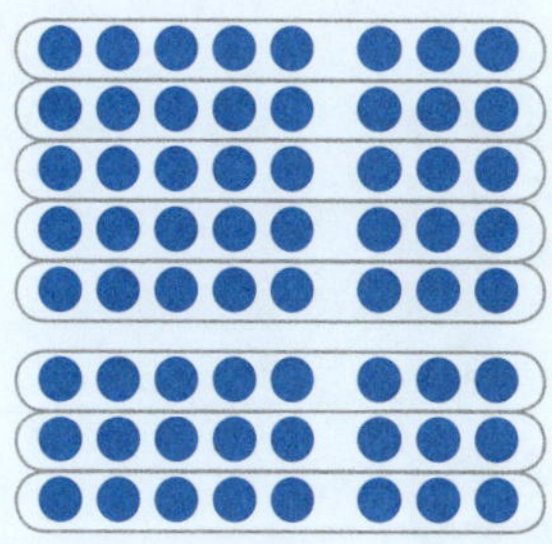

___ · 8 = ___

c) 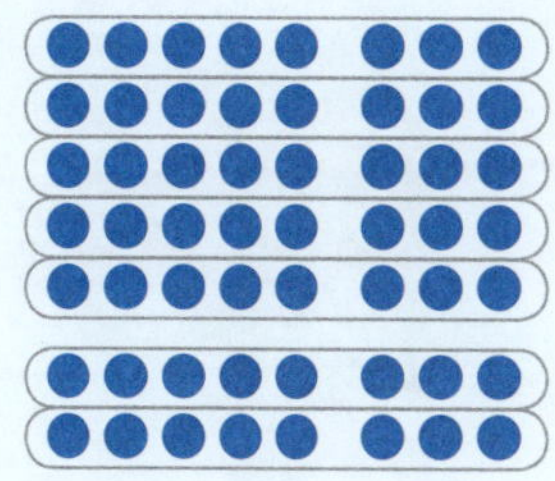

___ · 8 = ___

3

a) 2 · 8 = ___

b) 3 · 8 = ___

c) 4 · 8 = ___

d) 5 · 8 = ___

e) 6 · 8 = ___

f) 7 · 8 = ___

4

Kernaufgaben:

1 · 8 = ___ 2 · 8 = ___ 5 · 8 = ___ 10 · 8 = ___

und 2 Aufgaben eintragen.
Punktefelder zu den Malaufgaben zeichnen. Ergebnisse eintragen

Von den Kernaufgaben zu den Nachbaraufgaben
Einmaleins mit 2, 4 und 8

1 a) 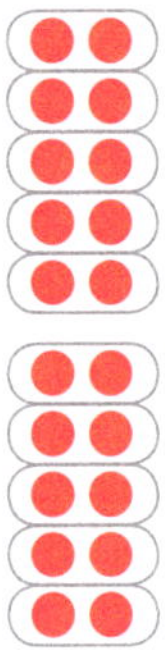

___ · 2 = ___

b) 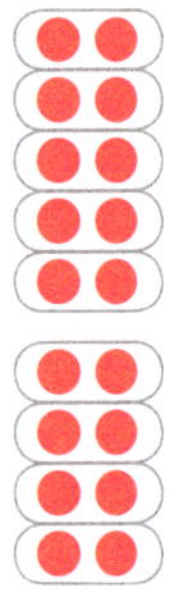

___ · 2 = ___

c) 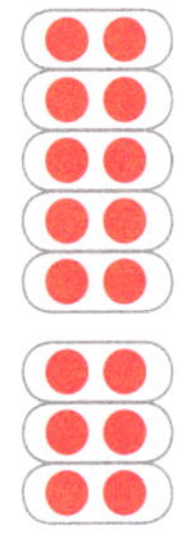

___ · ___ = ___

d) 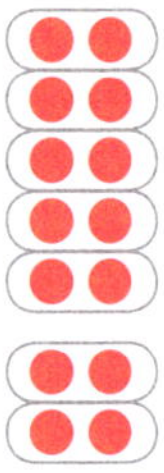

___ · ___ = ___

Immer 2 weniger.

2 a) 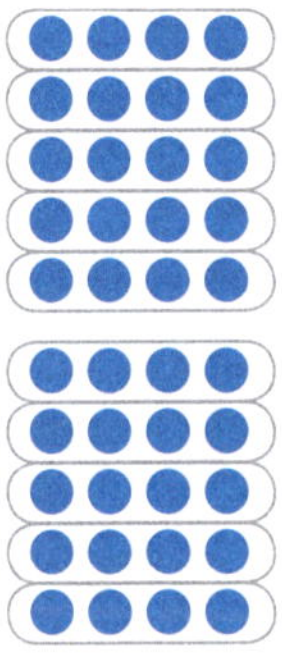

___ · ___ = ___

b) 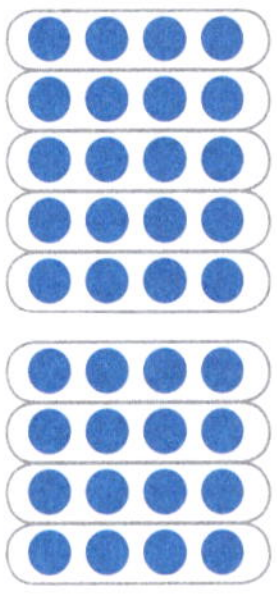

___ · ___ = ___

c) 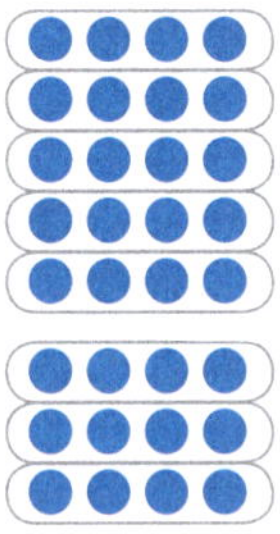

___ · ___ = ___

d) 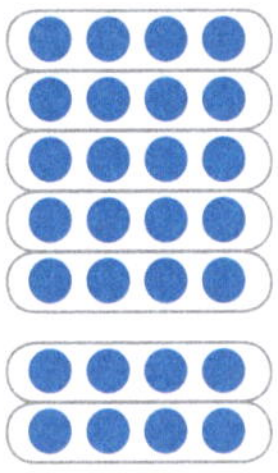

___ · ___ = ___

Immer 4 weniger.

3 a) 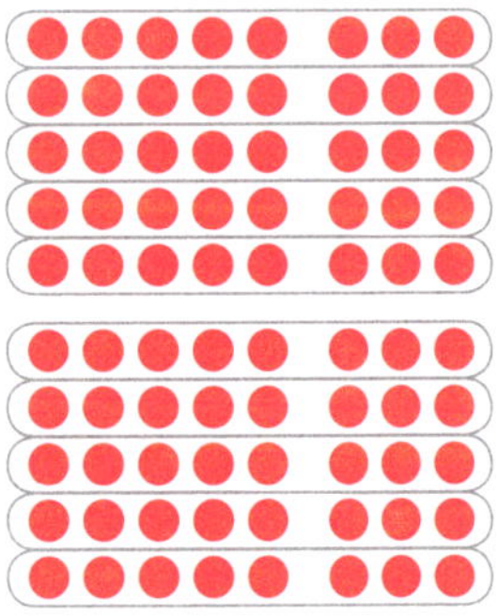

___ · ___ = ___

b) 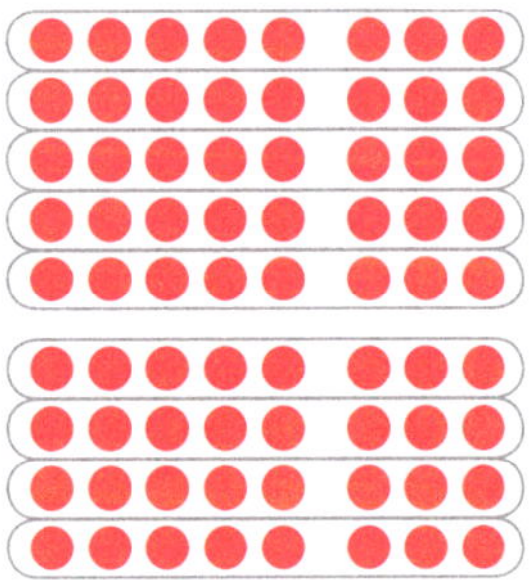

___ · ___ = ___

c) 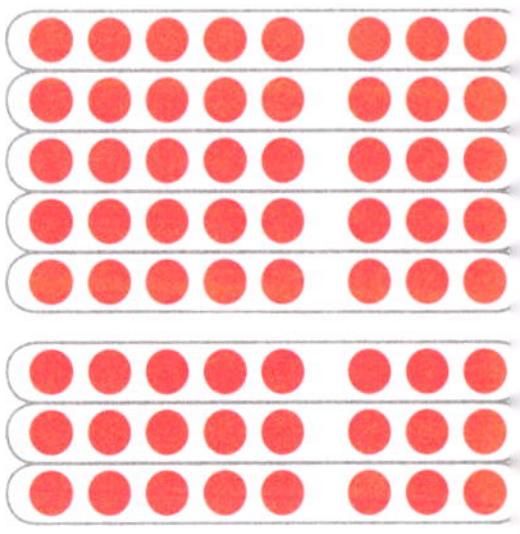

___ · ___ = ___

Immer 8 weniger.

4 a)
1 · 2 = ___
2 · 2 = ___
5 · 2 = ___
10 · 2 = ___

b)
1 · 4 = ___
2 · 4 = ___
5 · 4 = ___
10 · 4 = ___

c)
1 · 8 = ___
2 · 8 = ___
5 · 8 = ___
10 · 8 = ___

1 bis **3** Passende Malaufgaben schreiben. Nachbaraufgaben erkennen. Rechnen

1

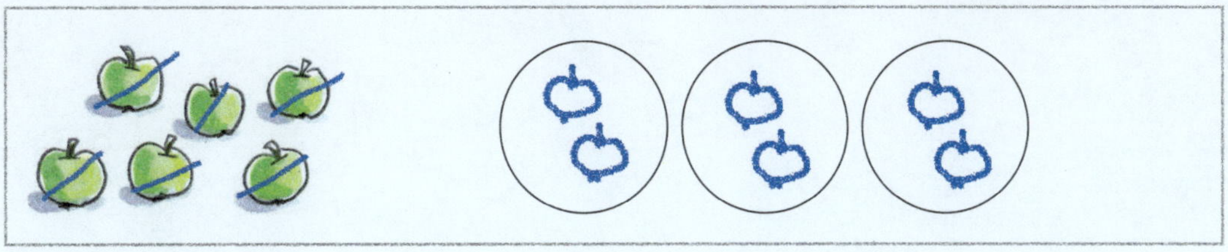

$6 : 3 =$ 2

2

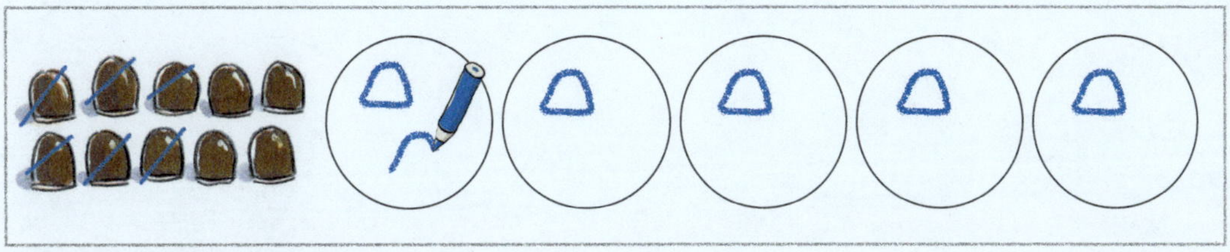

$10 : 5 =$ ____

3

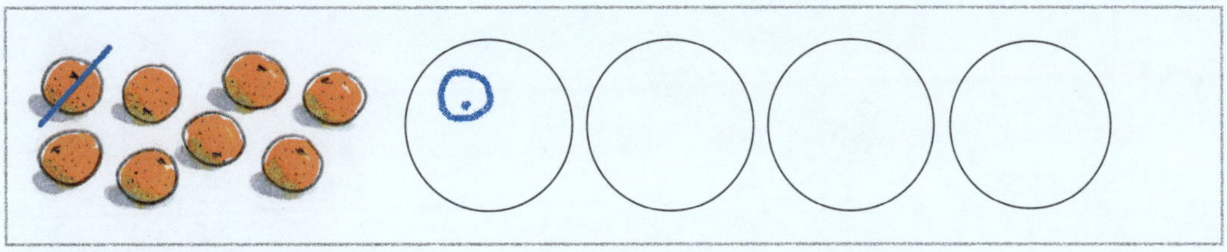

$8 : 4 =$ ____

4

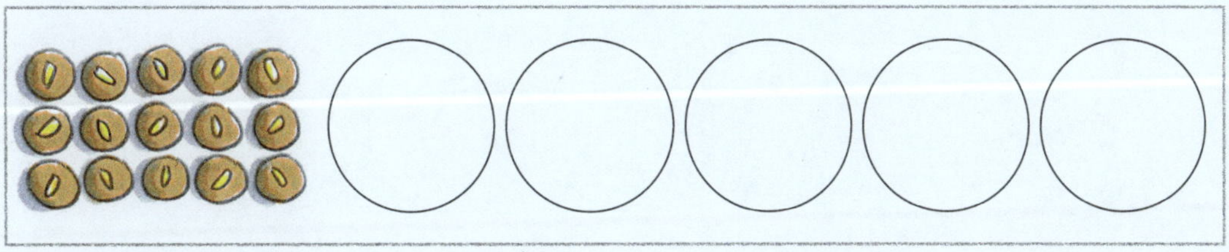

$15 : 5 =$ ____

5

$12 : 3 =$ ____

6

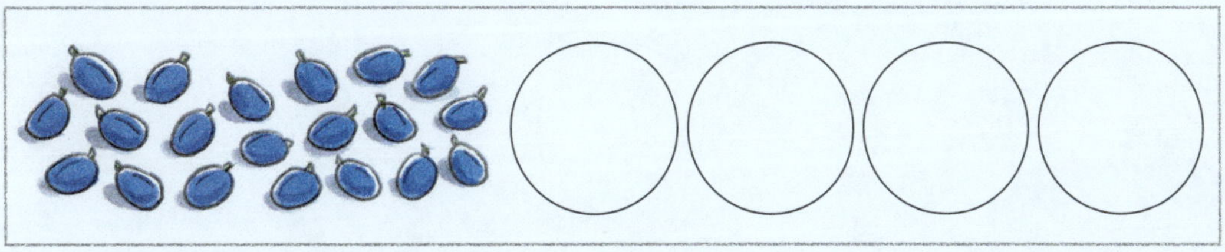

$20 : 4 =$ ____

7

$16 : 4 =$ ____

Durchstreichen und gleichmäßig verteilen.

1
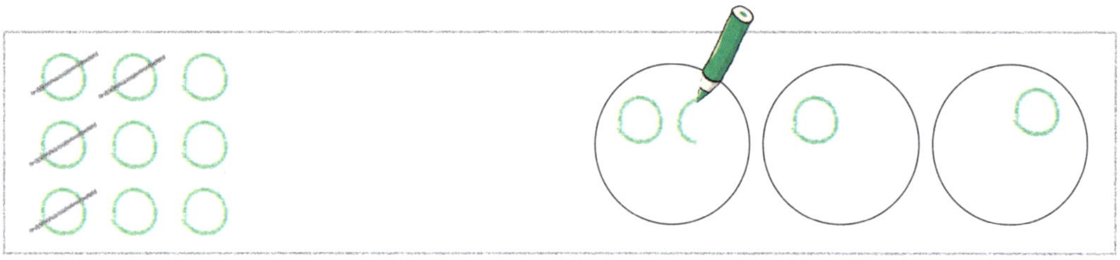
9 : 3 = __

2

10 : 2 = __

3
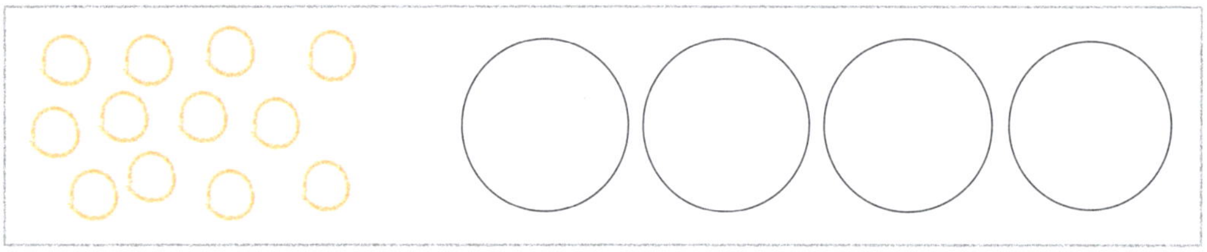
12 : 4 = __

4
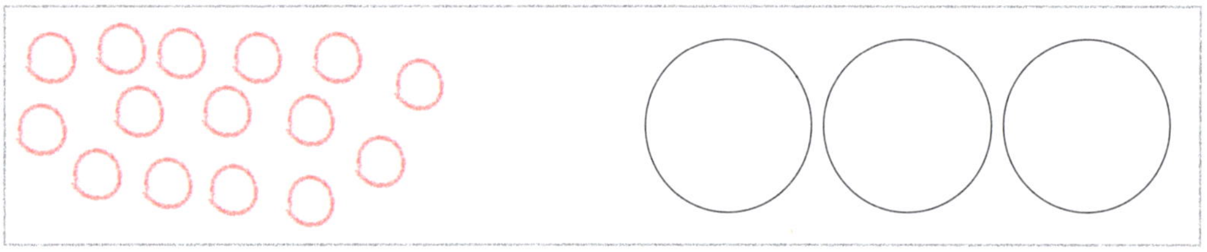
15 : 3 = __

5
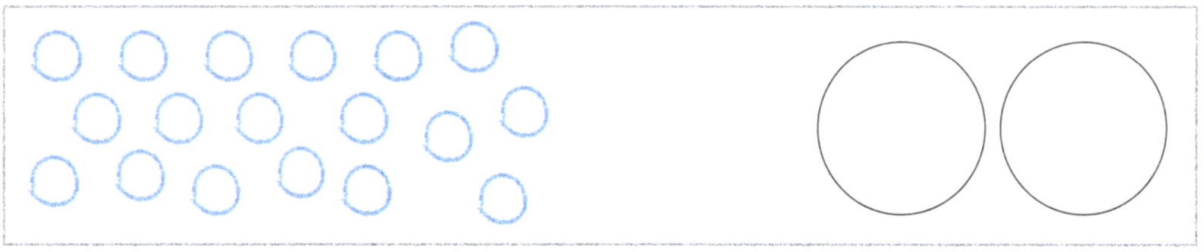
18 : 2 = __

6
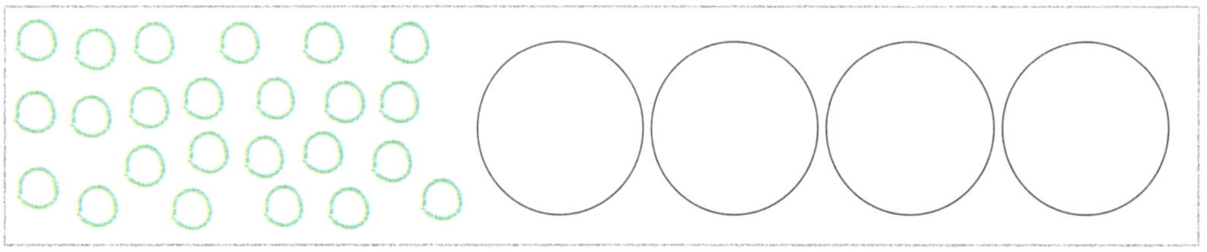
24 : 4 = __

7
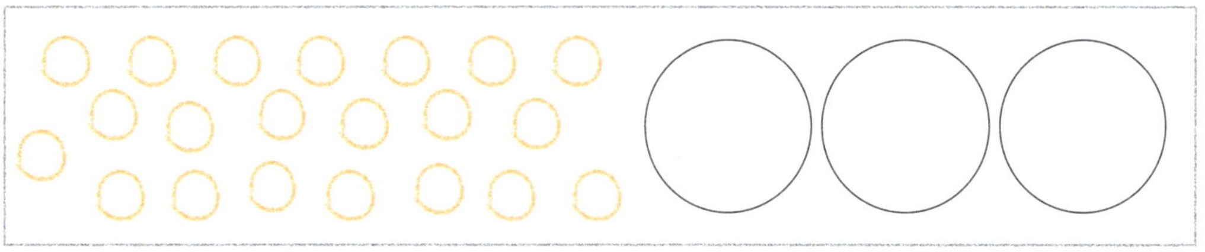
21 : 3 = __

Durchstreichen und gleichmäßig verteilen

1 a) 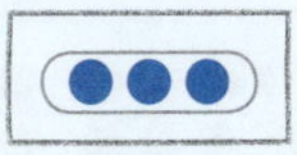

___ · 3 = ___

b) 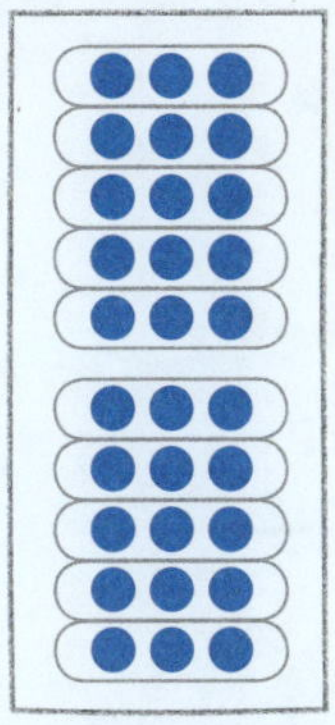

___ · 3 = ___

c) 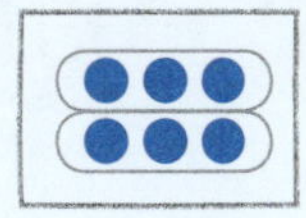

___ · 3 = ___

d) 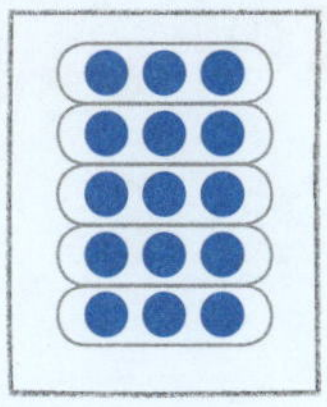

___ · 3 = ___

2 a) 

2 · 3 = ___

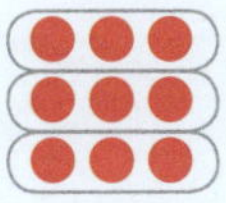

3 · 3 = ___

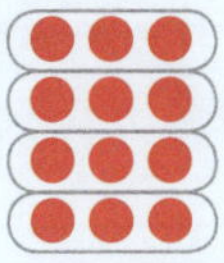

4 · 3 = ___

b) 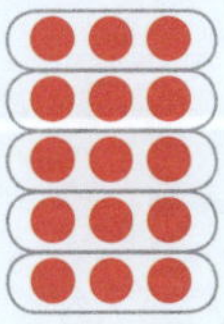

5 · 3 = ___

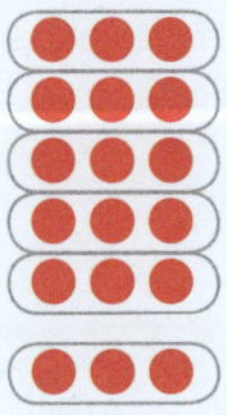

6 · 3 = ___

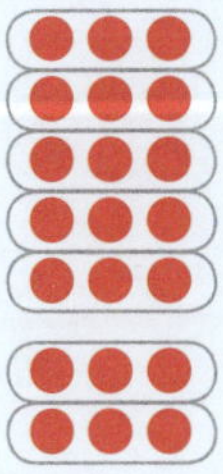

7 · 3 = ___

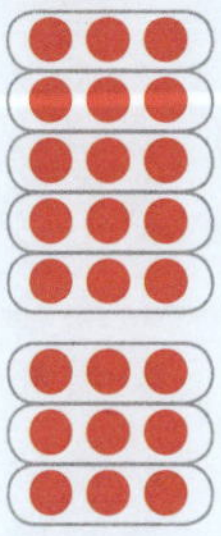

8 · 3 = ___

c) 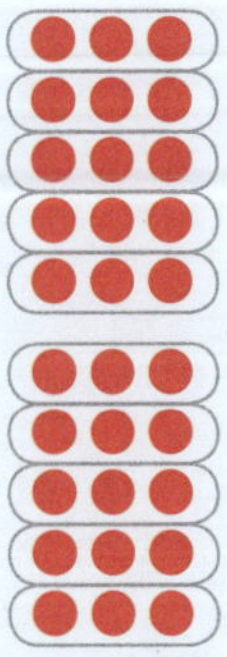

10 · 3 = ___

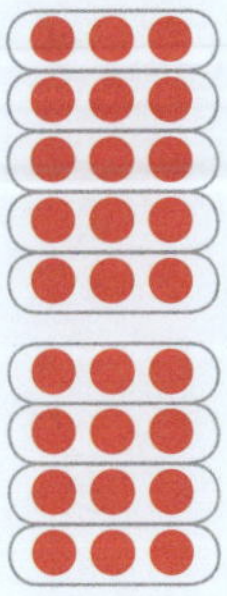

9 · 3 = ___

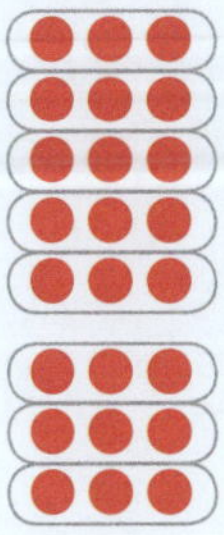

8 · 3 = ___

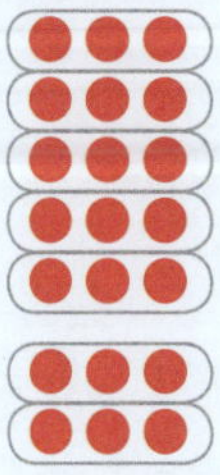

7 · 3 = ___

3 

Kernaufgaben:

1 · 3 = ___   2 · 3 = ___   5 · 3 = ___   10 · 3 = ___

1 und 3 Kernaufgaben.
2 Nachbaraufgaben.

1

a) 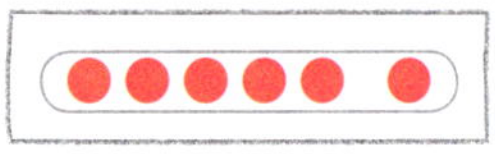

1 · 6 = ____

b) 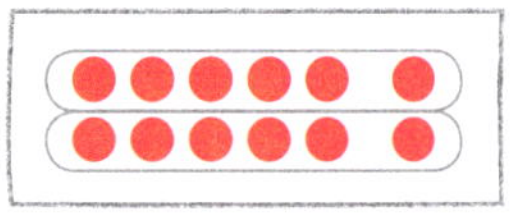

____ · 6 = ____

c) 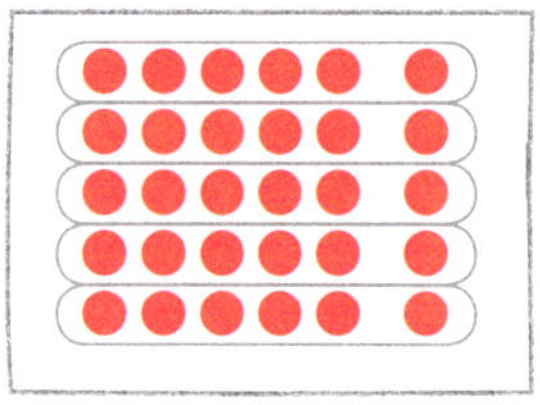

____ · 6 = ____

d) 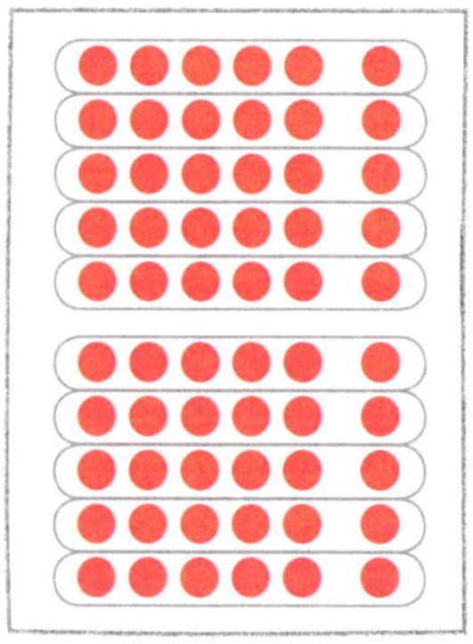

____ · 6 = ____

2

a) 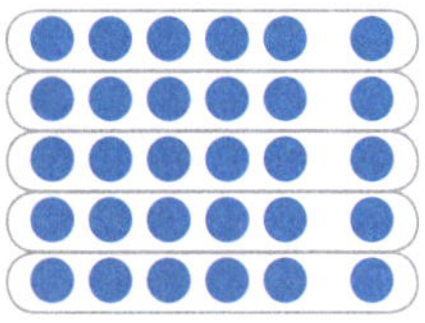

____ · 6 = ____

b) 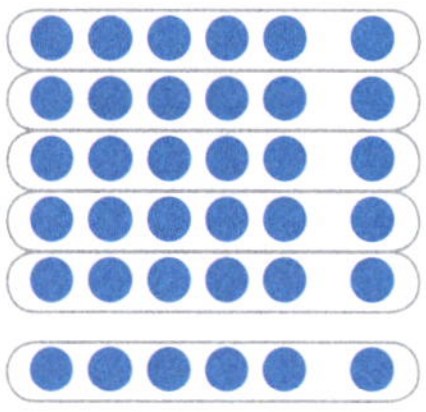

____ · 6 = ____

c) 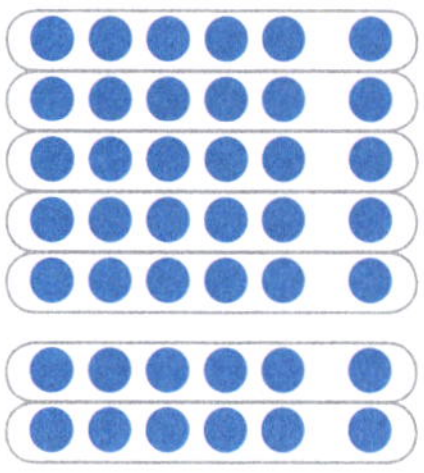

____ · 6 = ____

d) 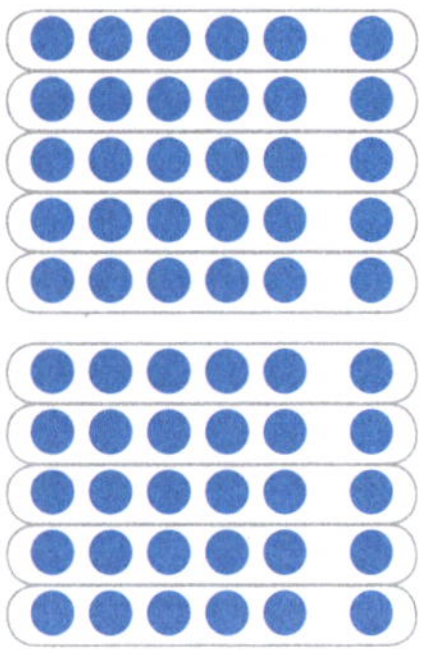

____ · 6 = ____

e) 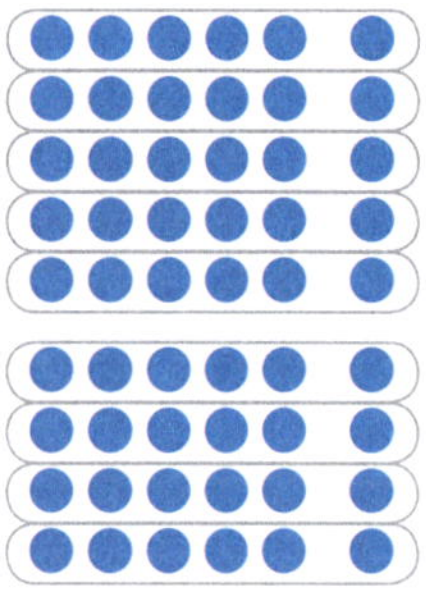

____ · 6 = ____

f) 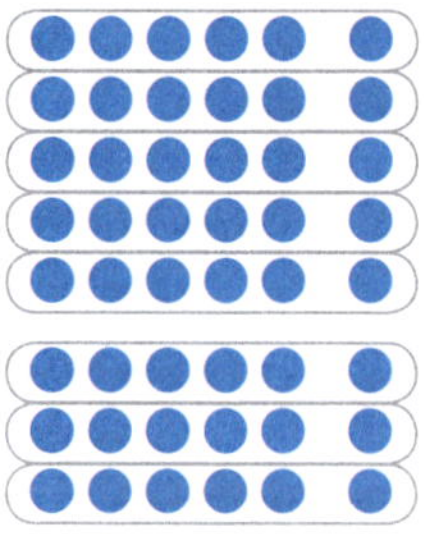

____ · 6 = ____

3

a) 1 · 6 = ____
2 · 6 = ____
3 · 6 = ____
4 · 6 = ____

b) 4 · 6 = ____
5 · 6 = ____
6 · 6 = ____
7 · 6 = ____

c) 10 · 6 = ____
9 · 6 = ____
8 · 6 = ____
7 · 6 = ____

4

Kernaufgaben:

1 · 6 = ____ 2 · 6 = ____ 5 · 6 = ____ 10 · 6 = ____

1 und 4 Kernaufgaben
2 und 3 Nachbaraufgabe

1 a) 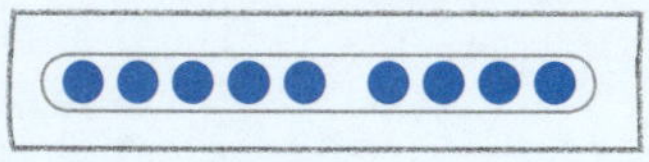

___ · 9 = ___

b) 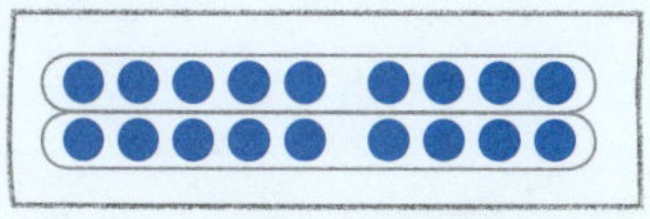

___ · ___ = ___

c) 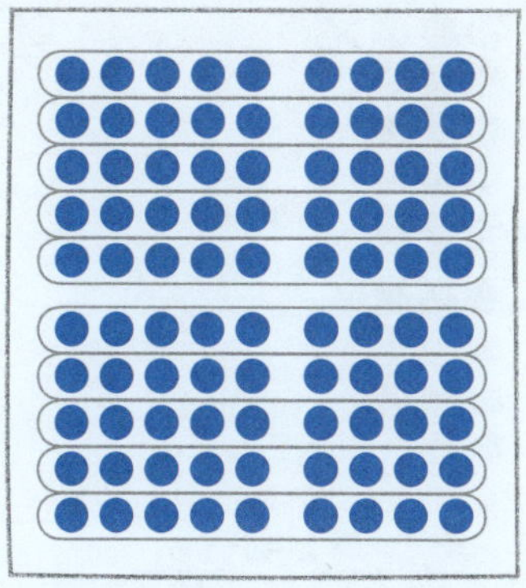

___ · ___ = ___

d) 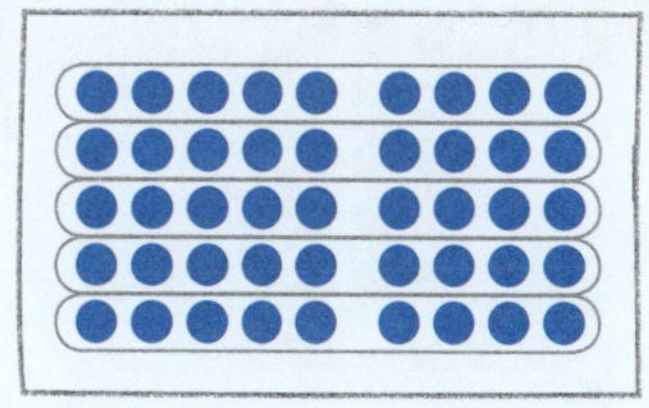

___ · ___ = ___

2 a) 

___ · ___ = ___

b) 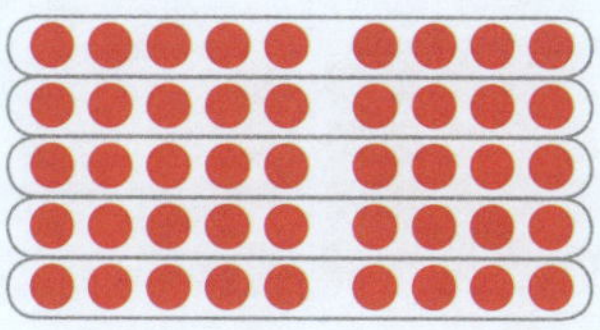

___ · ___ = ___

c) 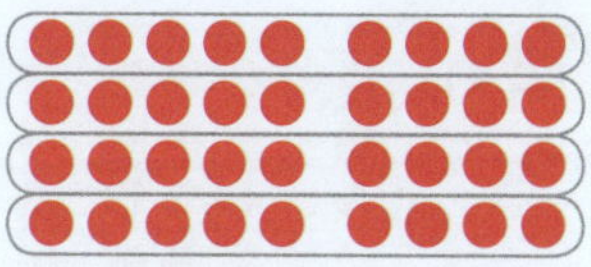

___ · ___ = ___

d) 

___ · ___ = ___

e) 

___ · ___ = ___

f) 

___ · ___ = ___

g) 

___ · ___ = ___

3 

Kernaufgaben:

1 · 9 = ___ 2 · 9 = ___ 5 · 9 = ___ 10 · 9 = ___

und **3** Kernaufgaben.
Nachbaraufgaben.

1 a) 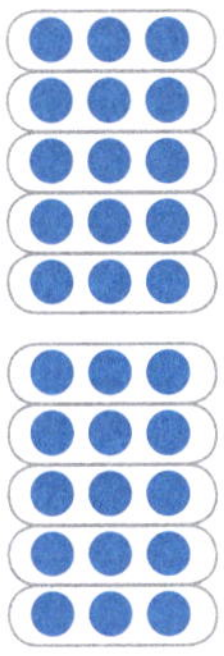

____ · 3 = ____

b) 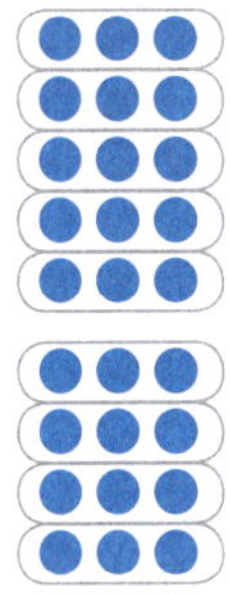

____ · ____ = ____

c) 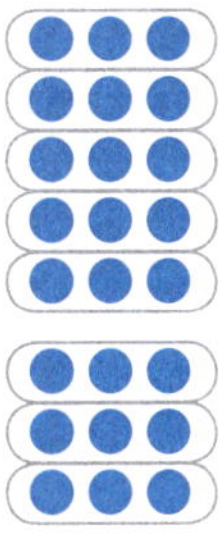

____ · ____ = ____

d) 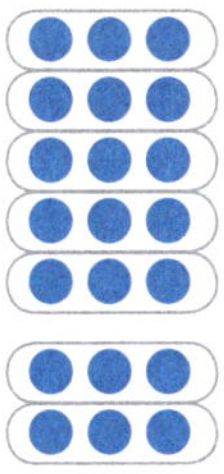

____ · ____ = ____

Immer 3 ____.

2 a) 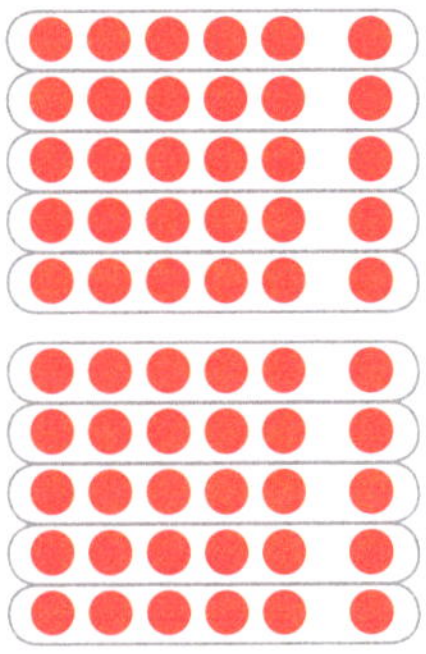

____ · ____ = ____

b) 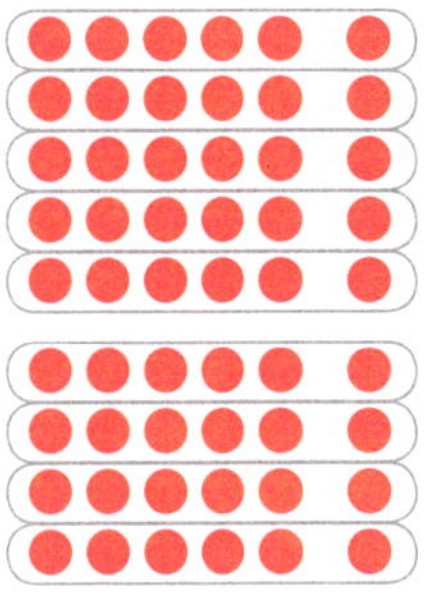

____ · ____ = ____

c) 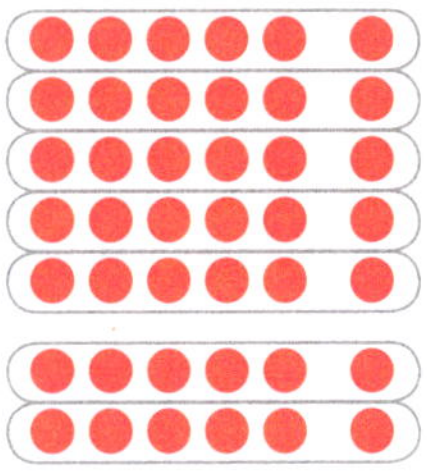

____ · ____ = ____

d) 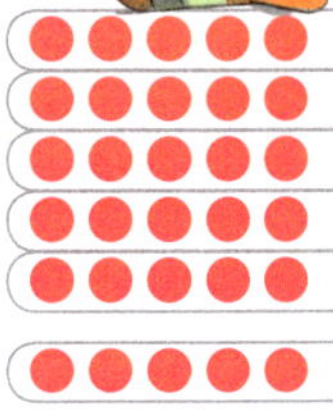

____ · ____ = ____

3 a) 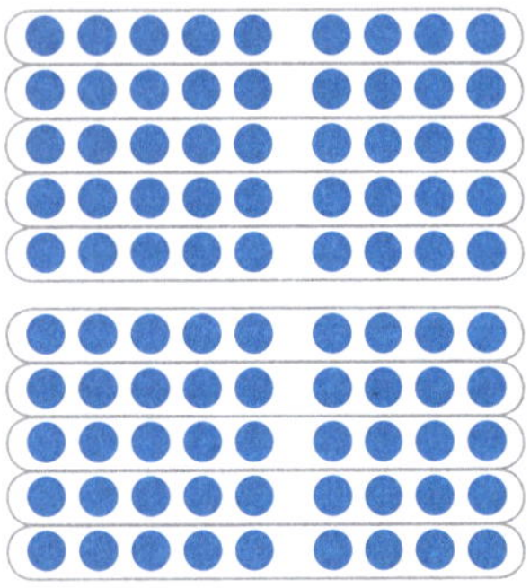

____ · ____ = ____

b) 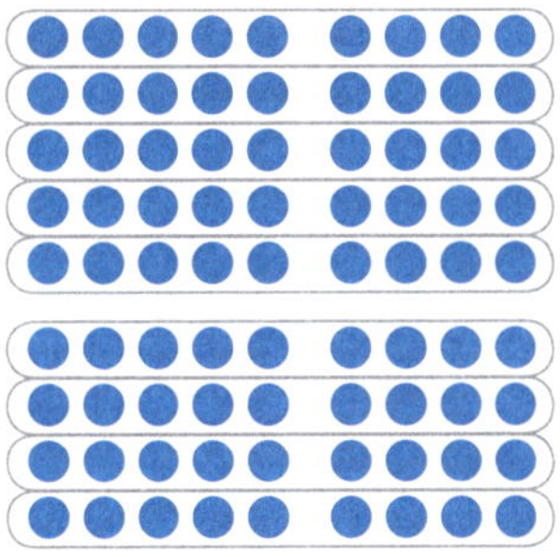

____ · ____ = ____

c) 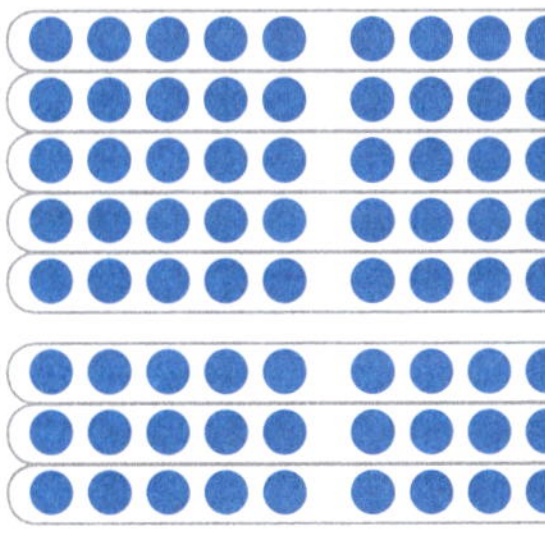

____ · ____ = ____

4

a)	b)	c)
1 · 3 = ____	1 · 6 = ____	1 · 9 = ____
2 · 3 = ____	2 · 6 = ____	2 · 9 = ____
5 · 3 = ____	5 · 6 = ____	5 · 9 = ____
10 · 3 = ____	10 · 6 = ____	10 · 9 = ____
9 · 3 = ____	9 · 6 = ____	9 · 9 = ____
8 · 3 = ____	8 · 6 = ____	8 · 9 = ____

1 bis 3 Passende Malaufgaben schreiben. Nachbaraufgaben erkennen. Rechner

1 a)

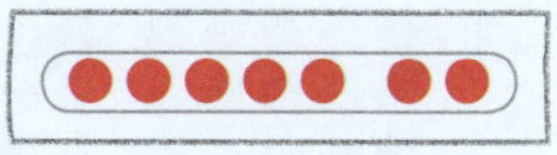

___ · 7 = ___

b)

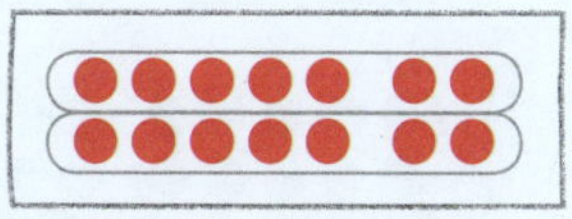

___ · ___ = ___

c)

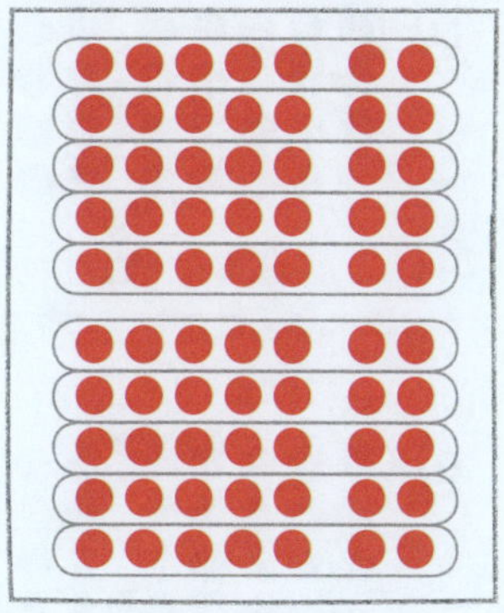

___ · ___ = ___

d)

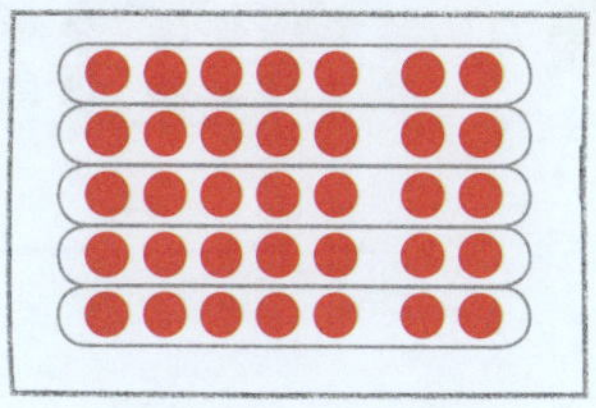

___ · ___ = ___

2 a)

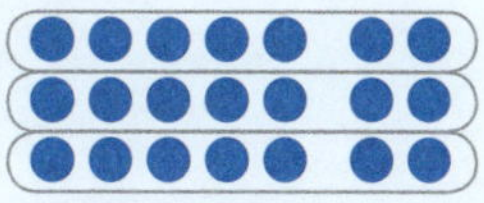

___ · ___ = ___

b)

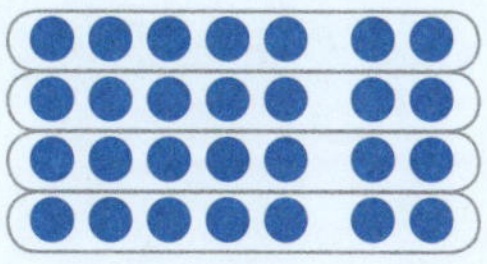

___ · ___ = ___

c)

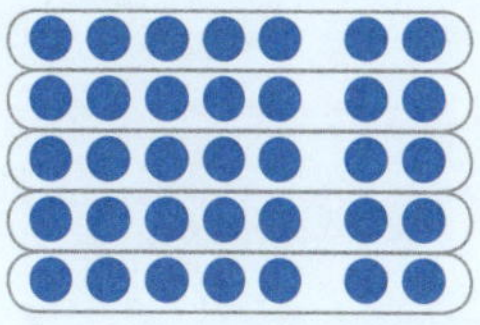

___ · ___ = ___

d)

___ · ___ = ___

e)

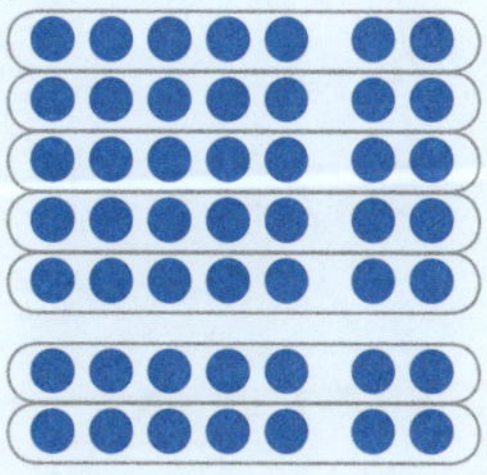

___ · ___ = ___

f)

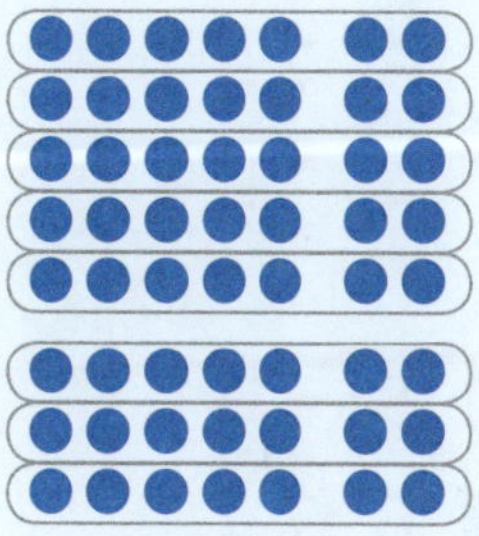

___ · ___ = ___

g)

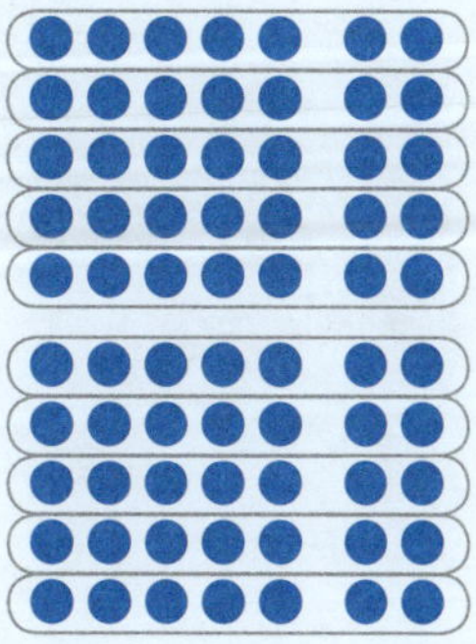

___ · ___ = ___

h)

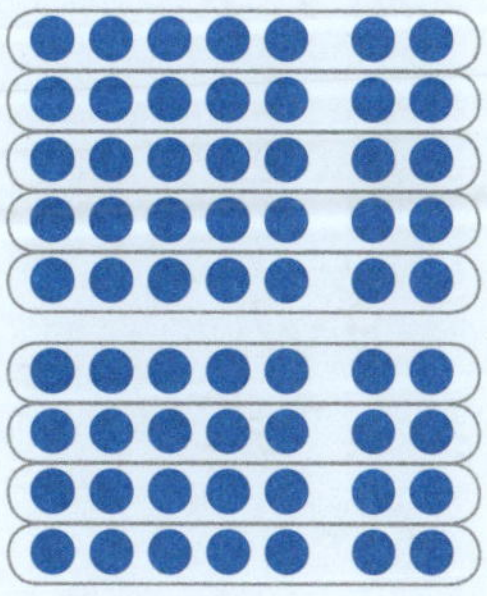

___ · ___ = ___

i)

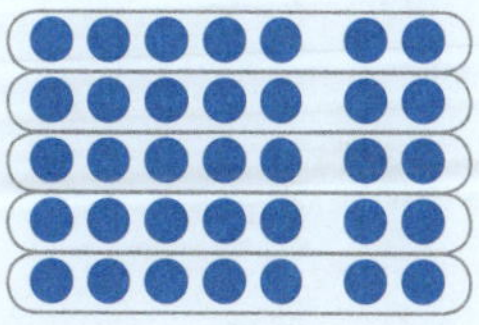

___ · ___ = ___

3

Kernaufgaben:

1 · 7 = ___ 2 · 7 = ___ 5 · 7 = ___ 10 · 7 = ___

und 3 Kernaufgaben.
Nachbaraufgaben.

1

a) 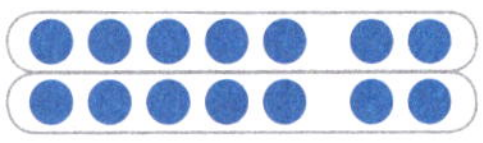

___ · ___ = ___

b) 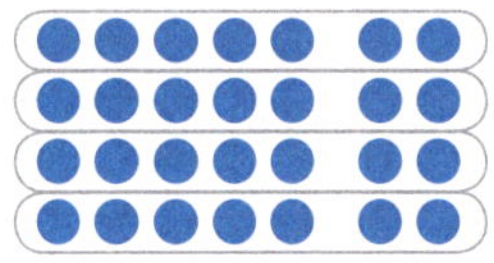

___ · ___ = ___

c) 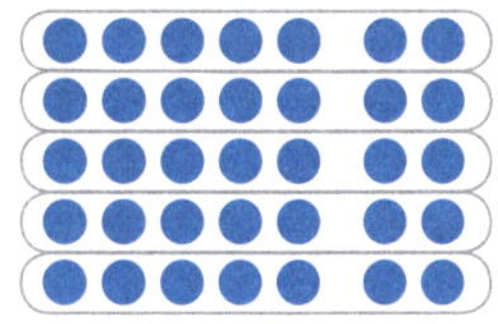

___ · ___ = ___

d) 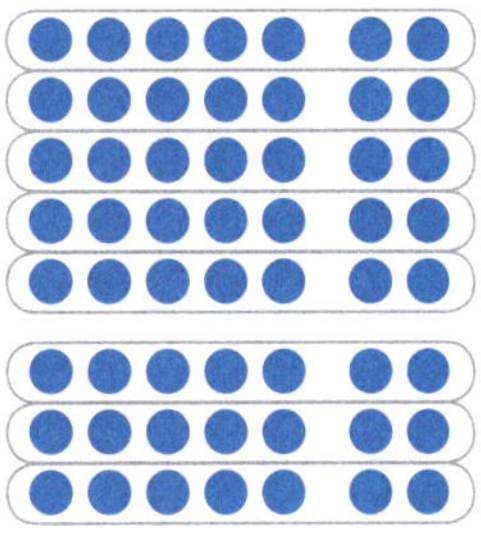

___ · ___ = ___

e) 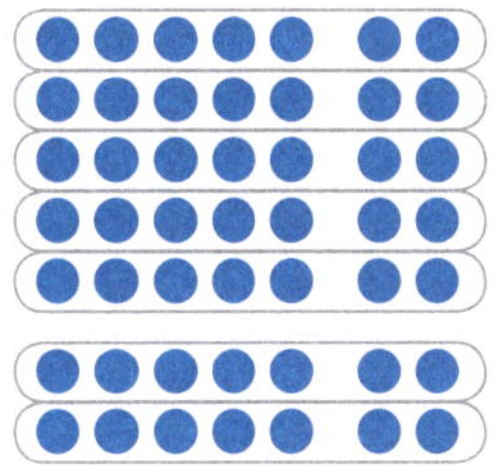

___ · ___ = ___

f) 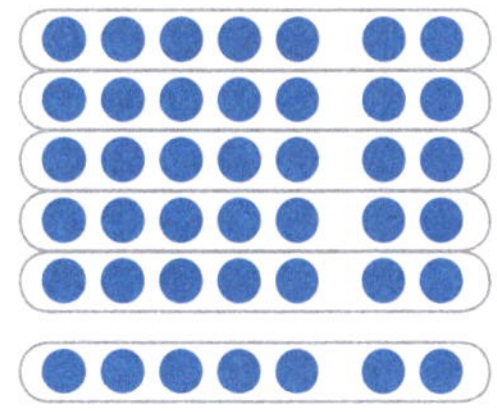

___ · ___ = ___

2

a)
1 · 7 = ___
2 · 7 = ___
3 · 7 = ___
4 · 7 = ___

b)
2 · 7 = ___
3 · 7 = ___
4 · 7 = ___
5 · 7 = ___

c)
3 · 7 = ___
4 · 7 = ___
5 · 7 = ___
6 · 7 = ___

d)
5 · 7 = ___
6 · 7 = ___
7 · 7 = ___
8 · 7 = ___

e)
4 · 7 = ___
5 · 7 = ___
6 · 7 = ___
7 · 7 = ___

f)
6 · 7 = ___
7 · 7 = ___
8 · 7 = ___
9 · 7 = ___

g)
5 · 7 = ___
4 · 7 = ___
3 · 7 = ___

h)
10 · 7 = ___
9 · 7 = ___
8 · 7 = ___

i)
8 · 7 = ___
7 · 7 = ___
6 · 7 = ___

3

2 · 7 = ___ | 5 · 7 = ___ | 3 · 7 = ___ | 10 · 7 = ___

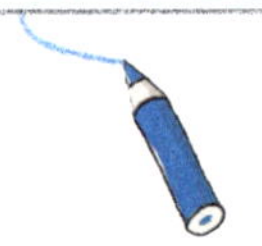

35 | 14 | 70 | 21

7 · 2 = ___ | 7 · 5 = ___ | 7 · 3 = ___ | 7 · 10 = ___

2 Nachbaraufgabe
3 Immer zwei Aufgaben mit dem gleichen Ergebnis verbinde

1

1 · 2 = ____
2 · 2 = ____
5 · 2 = ____
10 · 2 = ____

1 · 3 = ____
2 · 3 = ____
5 · 3 = ____
10 · 3 = ____

1 · 4 = ____
2 · 4 = ____
5 · 4 = ____
10 · 4 = ____

1 · 5 = ____
2 · 5 = ____
5 · 5 = ____
10 · 5 = ____

1 · 6 = ____
2 · 6 = ____
5 · 6 = ____
10 · 6 = ____

1 · 7 = ____
2 · 7 = ____
5 · 7 = ____
10 · 7 = ____

1 · 8 = ____
2 · 8 = ____
5 · 8 = ____
10 · 8 = ____

1 · 9 = ____
2 · 9 = ____
5 · 9 = ____
10 · 9 = ____

2

a)	b)	c)	d)
2 · 2 = ____	2 · 5 = ____	2 · 10 = ____	2 · 1 = ____
3 · 2 = ____	3 · 5 = ____	3 · 10 = ____	3 · 1 = ____
4 · 2 = ____	4 · 5 = ____	4 · 10 = ____	4 · 1 = ____
5 · 2 = ____	5 · 5 = ____	5 · 10 = ____	5 · 1 = ____
6 · 2 = ____	6 · 5 = ____	6 · 10 = ____	6 · 1 = ____
7 · 2 = ____	7 · 5 = ____	7 · 10 = ____	7 · 1 = ____
8 · 2 = ____	8 · 5 = ____	8 · 10 = ____	8 · 1 = ____
9 · 2 = ____	9 · 5 = ____	9 · 10 = ____	9 · 1 = ____
10 · 2 = ____	10 · 5 = ____	10 · 10 = ____	10 · 1 = ____

3

a)	b)	c)	d)
10 · 5 = ____	9 · 2 = ____	9 · 1 = ____	10 · 10 = ____
9 · 5 = ____	8 · 2 = ____	8 · 1 = ____	9 · 10 = ____
8 · 5 = ____	7 · 2 = ____	7 · 1 = ____	8 · 10 = ____
7 · 5 = ____	6 · 2 = ____	6 · 1 = ____	7 · 10 = ____
6 · 5 = ____	5 · 2 = ____	5 · 1 = ____	6 · 10 = ____

Kernaufgaben lösen. Evtl. auf vorhergehende Seiten zurückgreifen.

1 a)

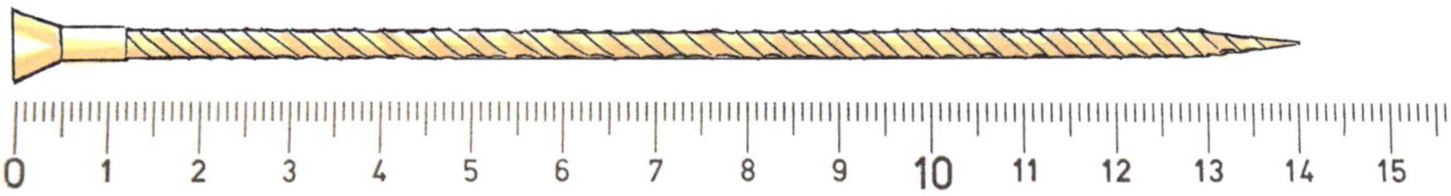

14 cm

b)

___ cm

c)

___ cm

d)

___ cm

e)

___ cm

f)

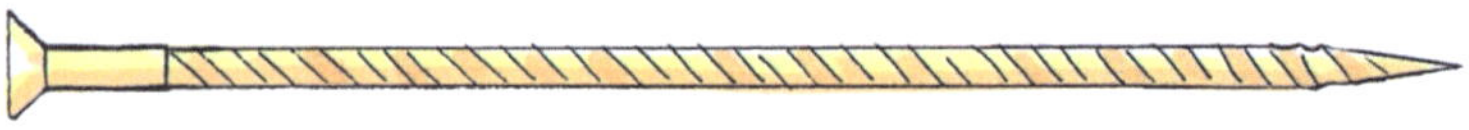

___ cm

g)

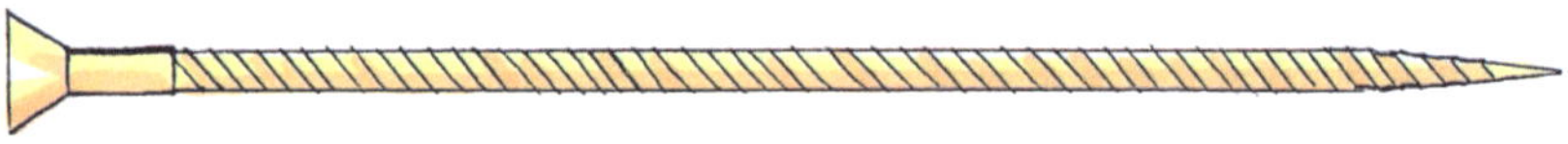

___ cm

h)

___ cm

i)

___ cm

j)

___ cm

k)

___ cm

l)

___ cm

2 a)

3 cm

___ cm  ___ cm

___ cm

b)

___ cm

___ cm  ___ cm

___ cm

c)

___ cm

___ cm  ___ cm

___ cm

d)

___ cm

___ cm  ___ cm

___ cm

2 Die Länge aller vier Seiten der Rechtecke messen.

1 Zeichne Strecken.

a) 13 cm

b) 10 cm

c) 5 cm

d) 8 cm

e) 9 cm

f) 12 cm

g) 14 cm

2 Zeichne Quadrate.

a) Seitenlänge 2 cm

b) Seitenlänge 3 cm

c) Seitenlänge 4 cm

d) Seitenlänge 5 cm

Mit spitzem Bleistift genau und sorgfältig zeichnen.

1 Kreuze an.

a)

	Kann ich beantworten.	Kann ich nicht beantworten.	Ergebnis
A Wie viel kostet der Eintritt für Erwachsene?	⊗	○	15 €
B Wie viel Geld ist in der Kasse?	○	⊗	/
C Wie teuer ist der Eintritt für ein Kind?	○	○	______
D Wie viele Affen sind im Zoo?	○	○	______

b)

	Kann ich beantworten.	Kann ich nicht beantworten.	Ergebnis
A Wie teuer ist ein Zoobesuch?	○	○	______
B Wie viel Geld bekommt sie zurück?	○	○	______
C Wie viel kostet ein Eis?	○	○	______
D Wie viel Geld hat sie?	○	○	______

2

	Kann ich beantworten.	Kann ich nicht beantworten.	Ergebnis
A Wie viele Kinder sind im Zoo?	○	○	______
B Wie viel Geld hat Greta?	○	○	______
C Wie teuer ist der Eintritt für alle zusammen?	○	○	______
D Wie alt sind die Kinder?	○	○	______

Ankreuzen, ob die Fragen mit den Angaben beantwortet werden können. Rechner

1

a)

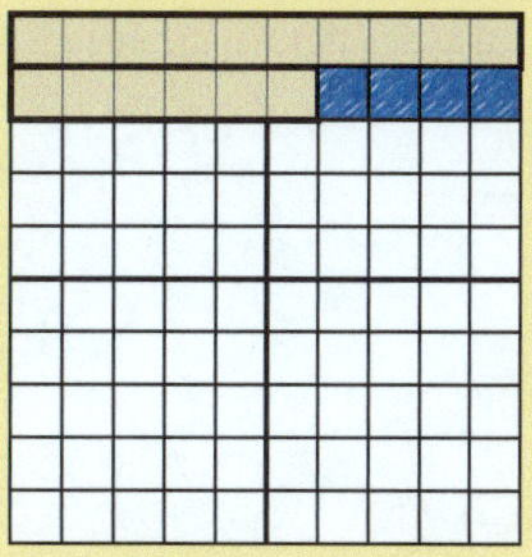

16 + 4 = ____

b)

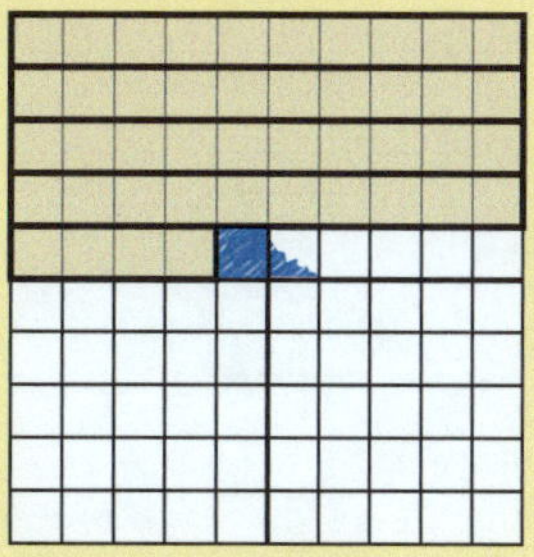

44 + 8 = ____

c)

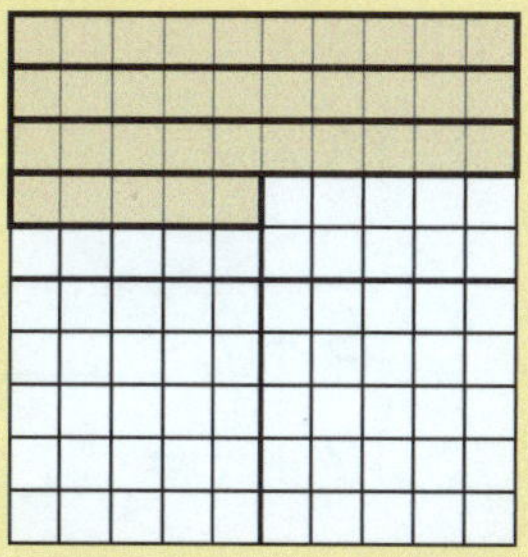

35 + 7 = ____

d)

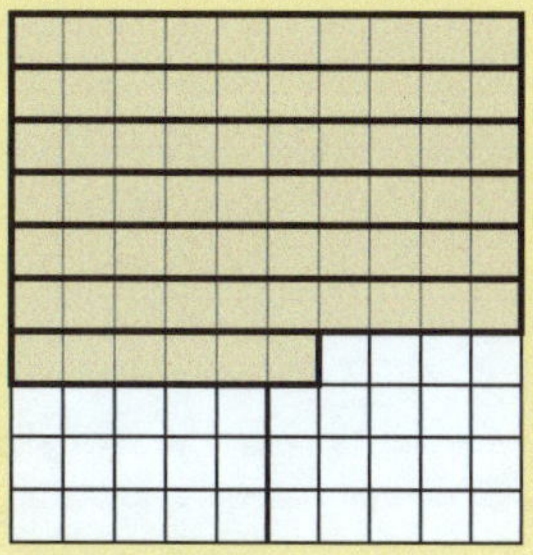

66 + 7 = ____

e)

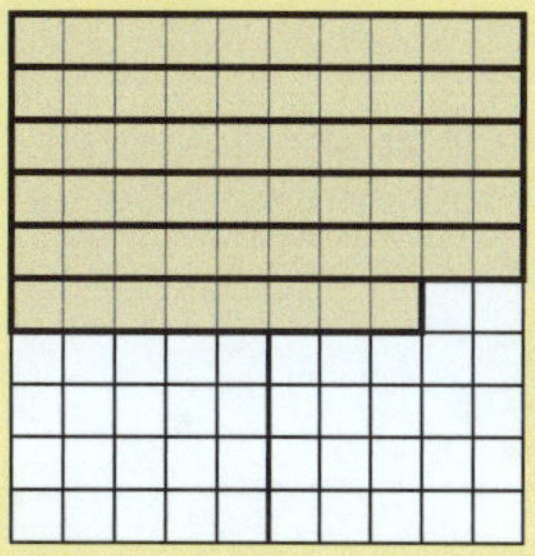

58 + 9 = ____

f)

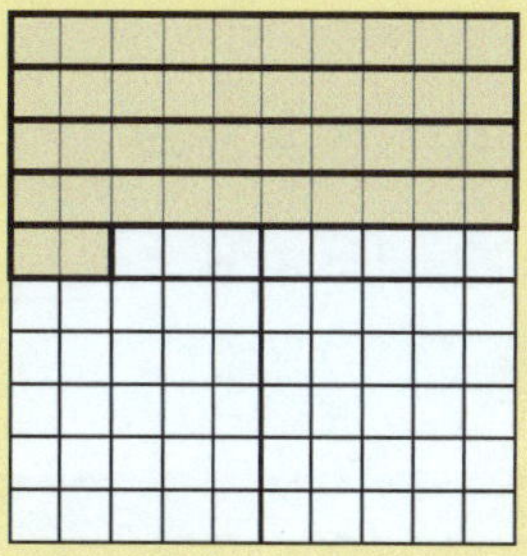

42 + 9 = ____

2

a)

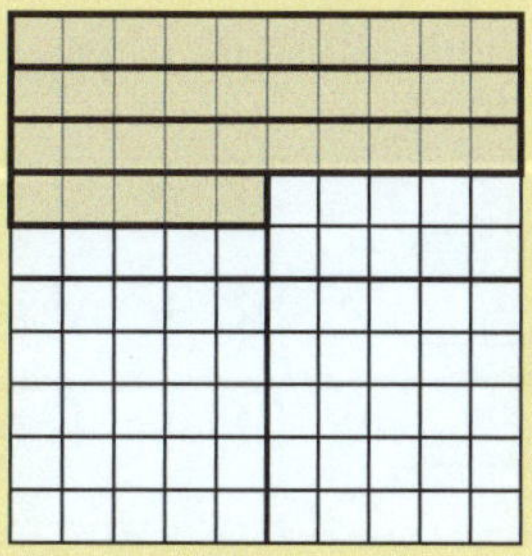

35 + 3 = ____
35 + 5 = ____
35 + 7 = ____
35 + 9 = ____

b)

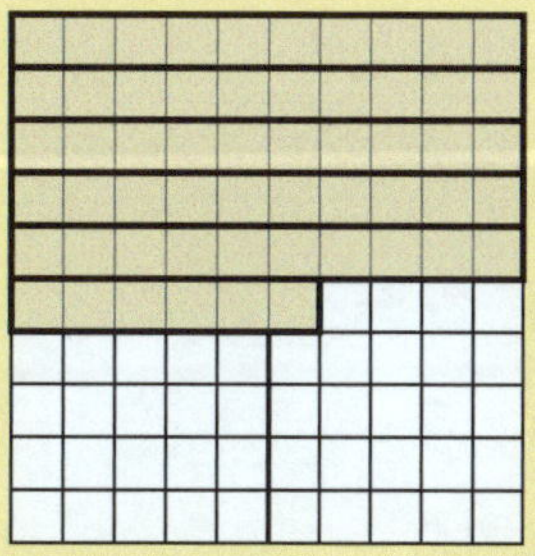

56 + 5 = ____
56 + 6 = ____
56 + 8 = ____
56 + 9 = ____

c)

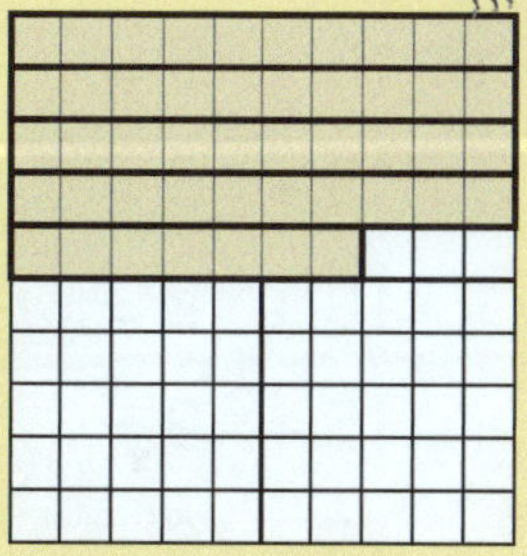

47 + 4 = ____
47 + 6 = ____
47 + 8 = ____
47 + 9 = ____

d)

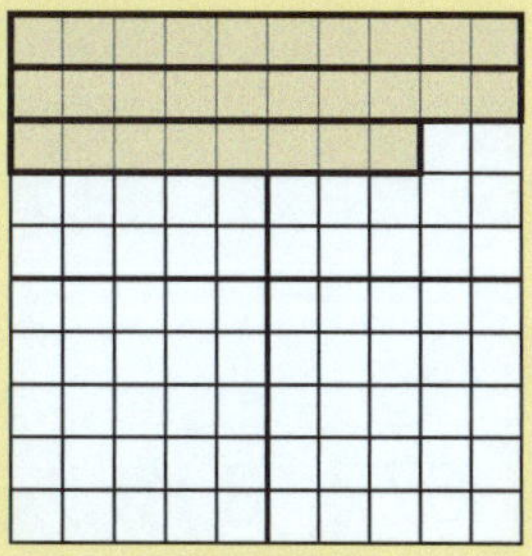

28 + 3 = ____
28 + 4 = ____
28 + 6 = ____
28 + 7 = ____

e)

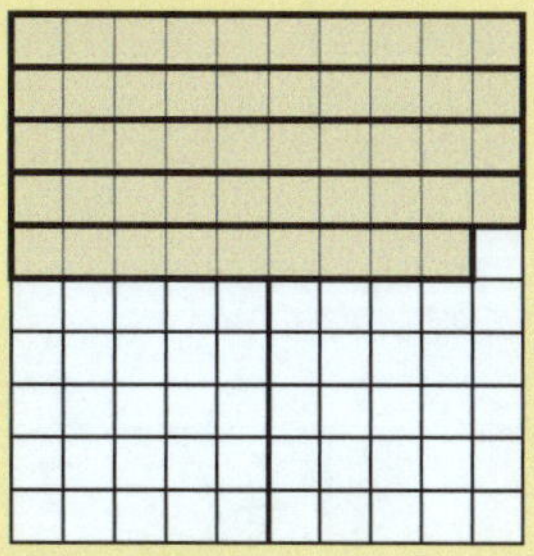

49 + 4 = ____
49 + 5 = ____
49 + 7 = ____
49 + 8 = ____

f)

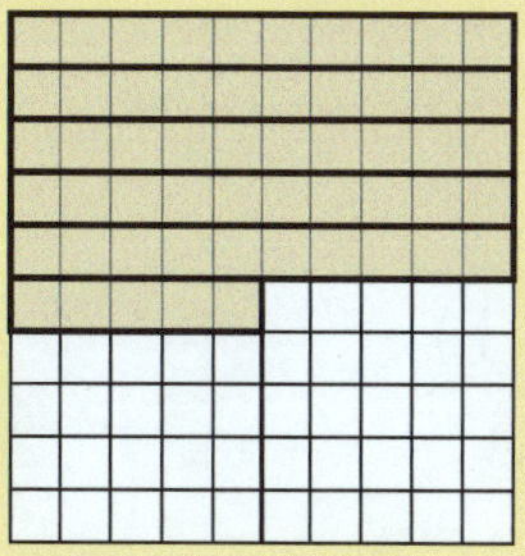

55 + 0 = ____
55 + 4 = ____
55 + 6 = ____
55 + 8 = ____

Für den zweiten Summanden Kästchen ausmalen.

1

a) 8 + 7 = 15
18 + 7 = ____

9 + 7 = ____
19 + 7 = ____

b) 7 + 6 = ____
17 + 6 = ____

8 + 6 = ____
18 + 6 = ____

c) 5 + 7 = ____
15 + 7 = ____

4 + 7 = ____
14 + 7 = ____

d) 9 + 8 = ____
19 + 8 = ____

7 + 8 = ____
17 + 8 = ____

11 12 13 14 ~~15~~ 15 16 17 21 22 23 24 25 25 26 27

2

a) 6 + 8 = ____
16 + 8 = ____

8 + 7 = ____
18 + 7 = ____

b) 6 + 9 = ____
26 + 9 = ____

5 + 9 = ____
25 + 9 = ____

c) 6 + 6 = ____
36 + 6 = ____

5 + 6 = ____
35 + 6 = ____

d) 8 + 5 = ____
48 + 5 = ____

7 + 5 = ____
47 + 5 = ____

11 12 12 13 14 14 15 15 24 25 34 35 41 42 52 53

3

a) 15 + 5 = ____
15 + 6 = ____
15 + 8 = ____
15 + 9 = ____
15 + 10 = ____

b) 26 + 4 = ____
26 + 6 = ____
26 + 7 = ____
26 + 9 = ____
26 + 10 = ____

c) 37 + 10 = ____
37 + 9 = ____
37 + 8 = ____
37 + 6 = ____
37 + 3 = ____

d) 58 + 10 = ____
58 + 9 = ____
58 + 7 = ____
58 + 8 = ____
58 + 5 = ____

20 21 23 24 25 30 32 33 35 36 40 43 45 46 47 63 65 66 67 68

4

a)
10 / 7, 3
____ / 7, 13
____ / 7, 14
____ / 7, 16

b)
____ / 17, 5
____ / 47, 7
____ / 67, 8

c)
____ / 18, 5
____ / 38, 6
____ / 58, 8
____ / 28, 4

Evtl. Material lege

1

a) 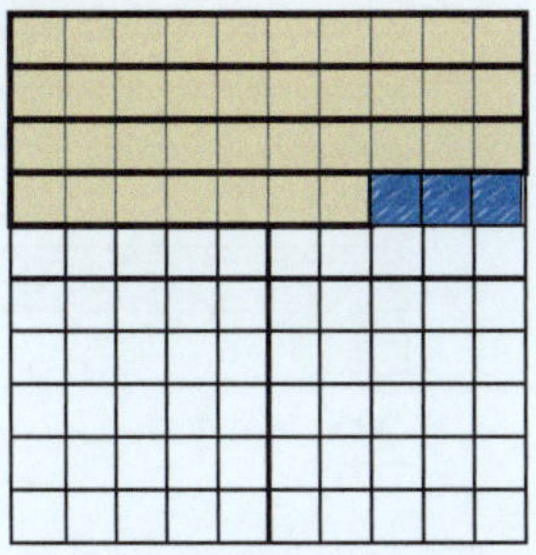

37 + ____ = 40

b) 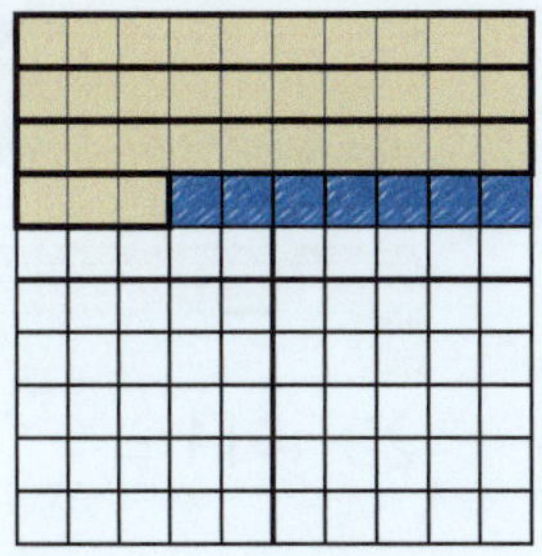

33 + ____ = 40

c) 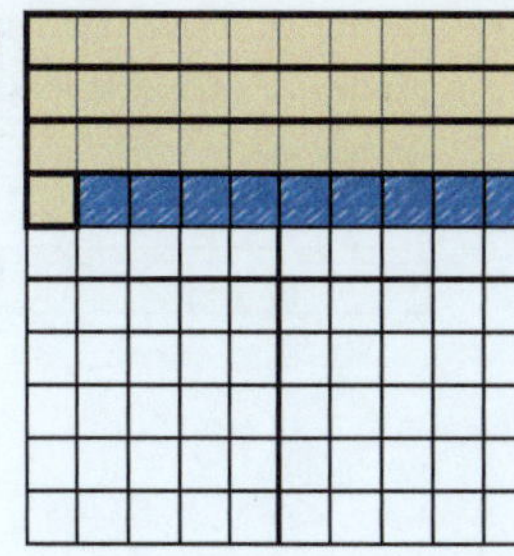

31 + ____ = 40

d) 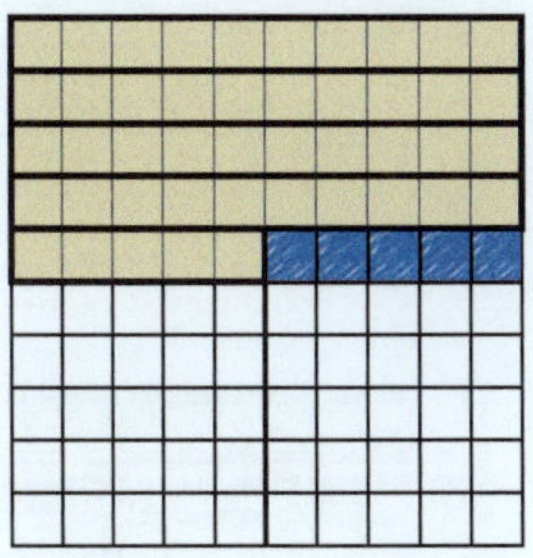

45 + ____ = 50

e) 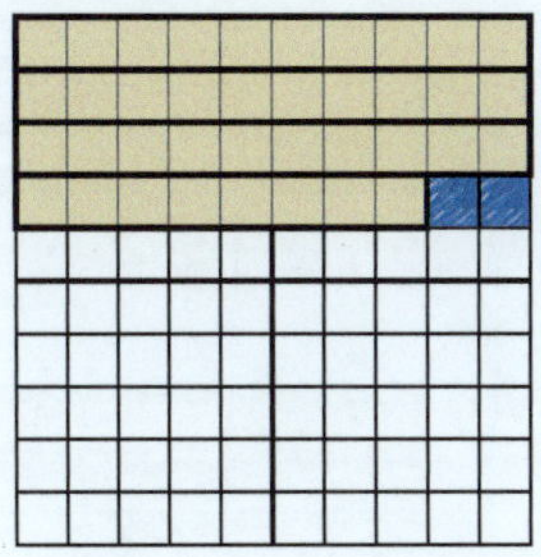

38 + ____ = 40

f) 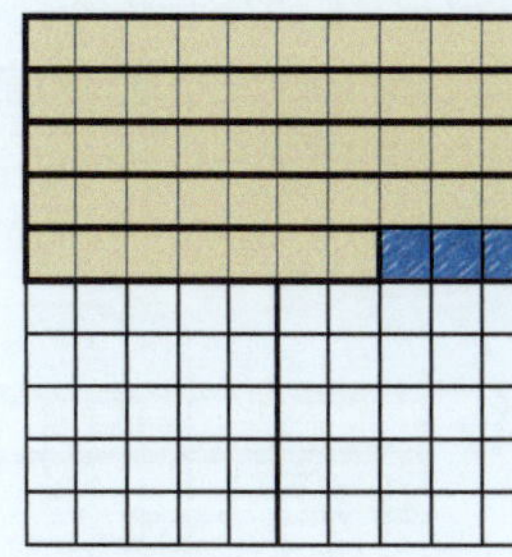

47 + ____ = 50

2

a) 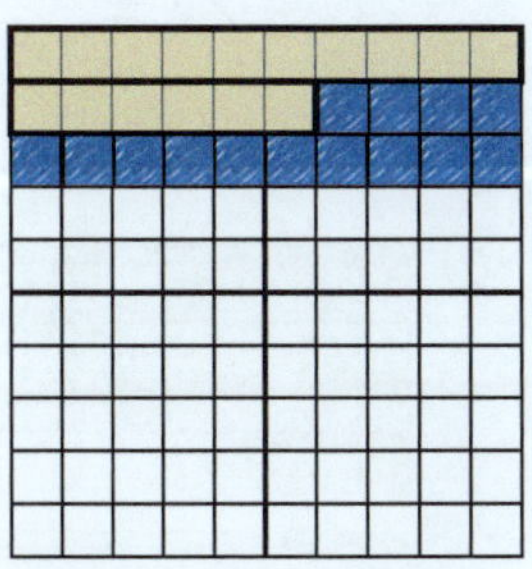

16 + ____ = 30

b) 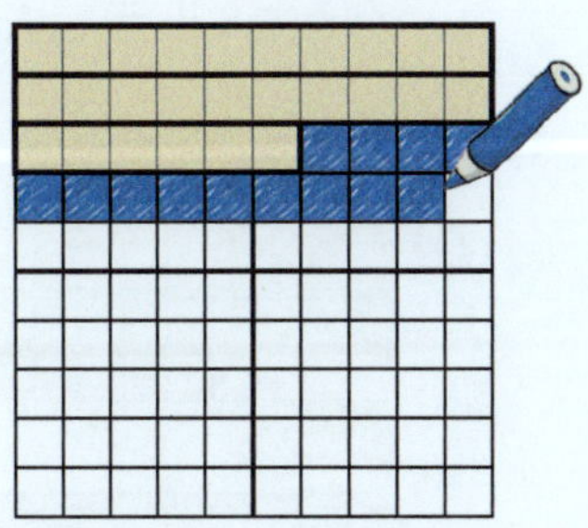

26 + ____ = 40

c) 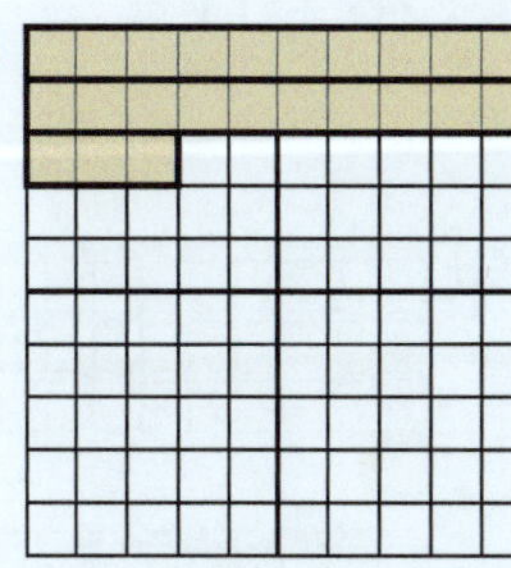

23 + ____ = 40

d) 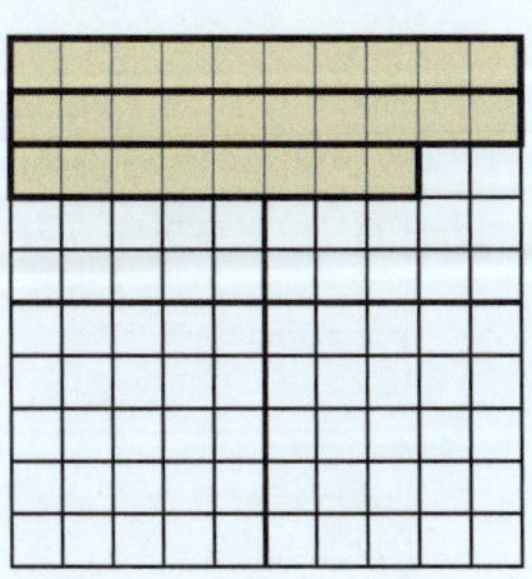

28 + ____ = 50

e) 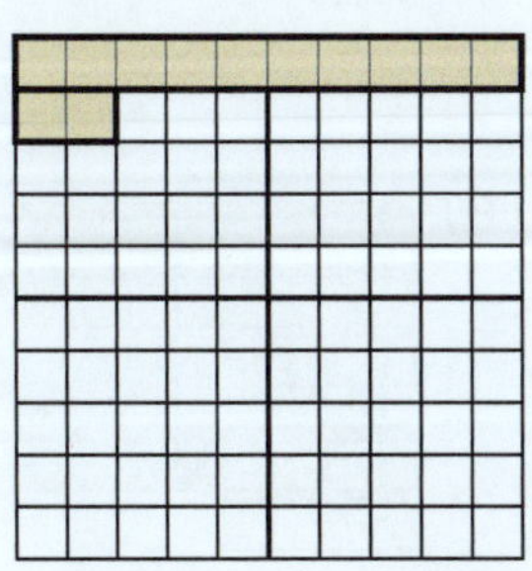

12 + ____ = 30

f) 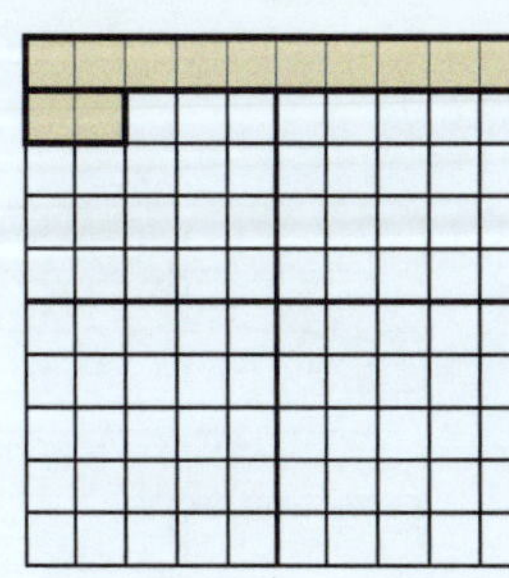

12 + ____ = 40

g) 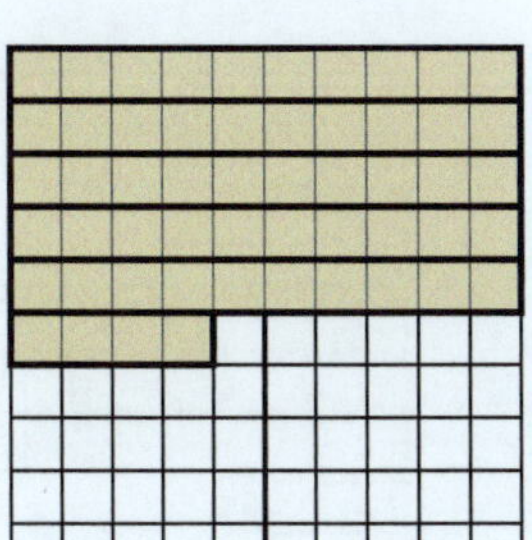

54 + ____ = 60

h) 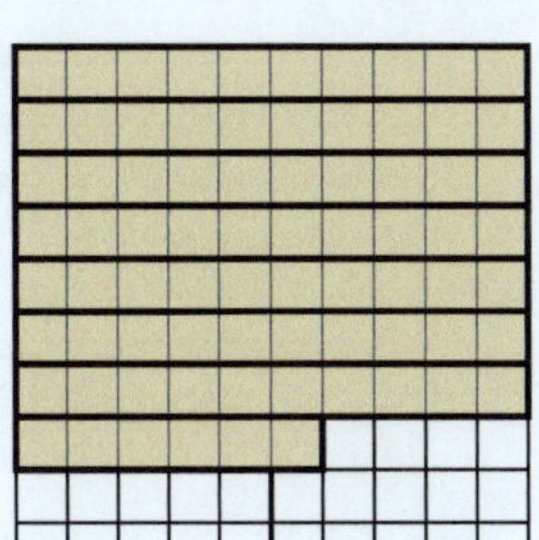

76 + ____ = 90

i) 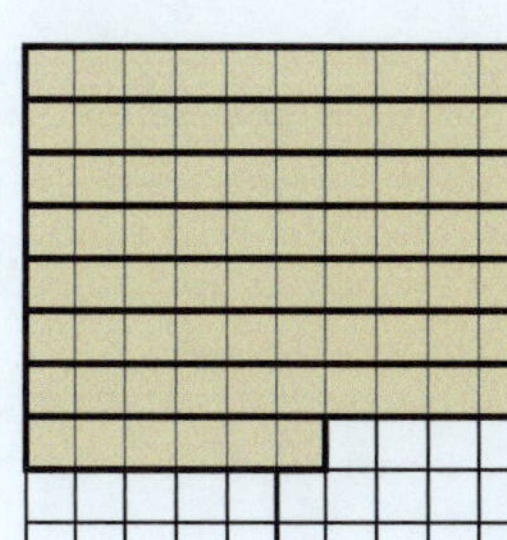

76 + ____ = 100

Ablesen und eintragen, wie viele Einzelne zum vollen Zehner fehlen.
Kästchen ausmalen, bis die angegebene Zehnerzahl erreicht ist.

1 a) 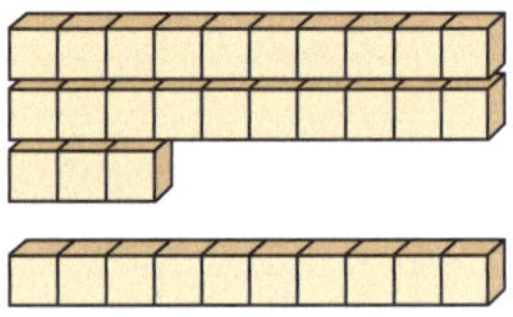

23 + 10 = ____

b) 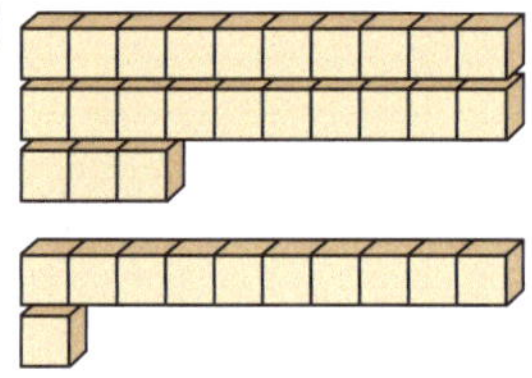

23 + 11 = ____

c) 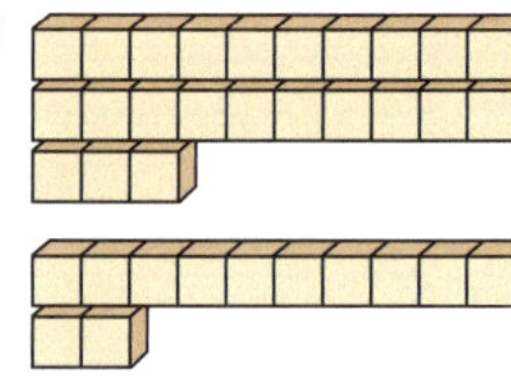

23 + 12 = ____

d) 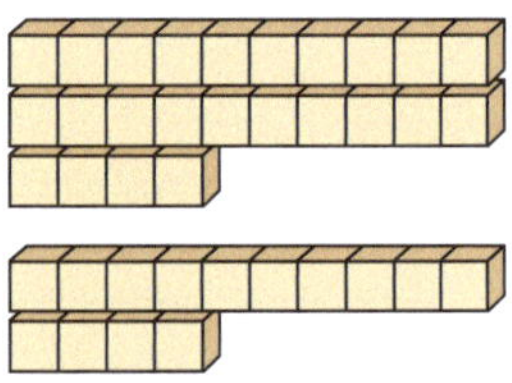

24 + 14 = ____

e) 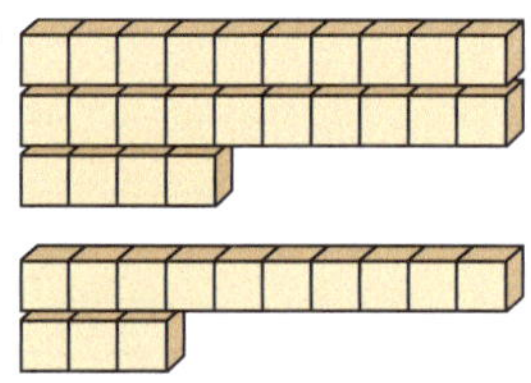

24 + 13 = ____

f) 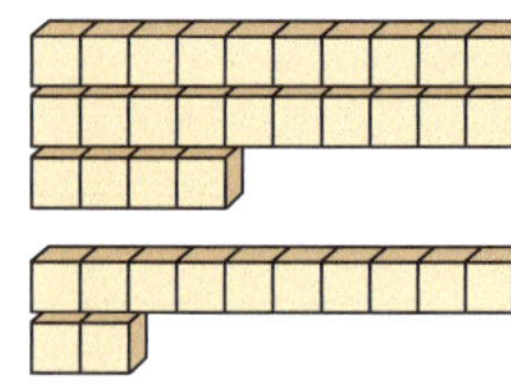

24 + 12 = ____

g) 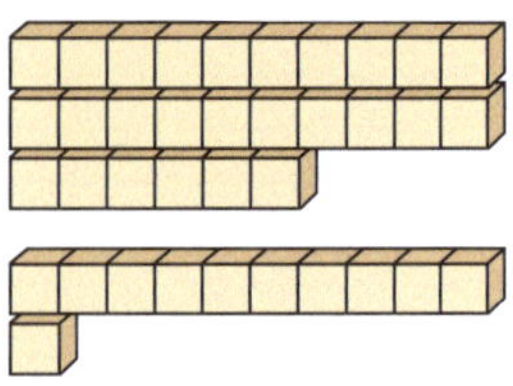

26 + 11 = ____

h) 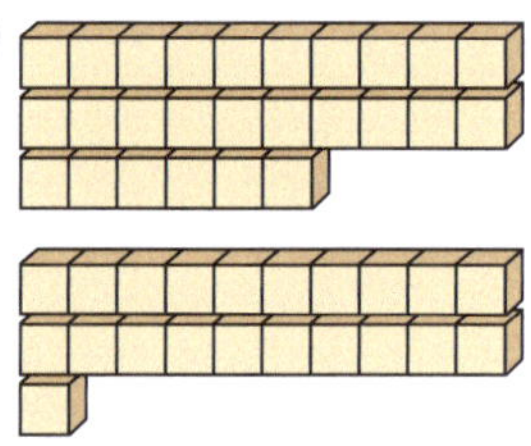

26 + 21 = ____

i) 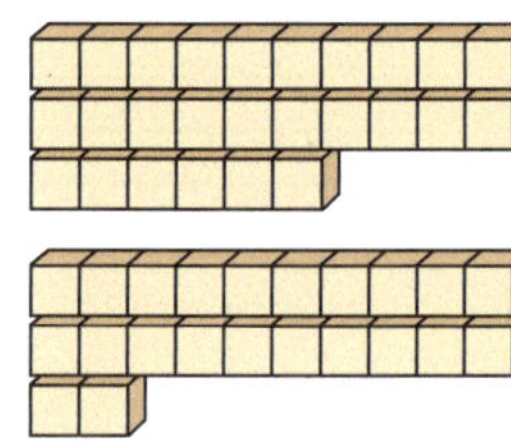

26 + 22 = ____

2 a) 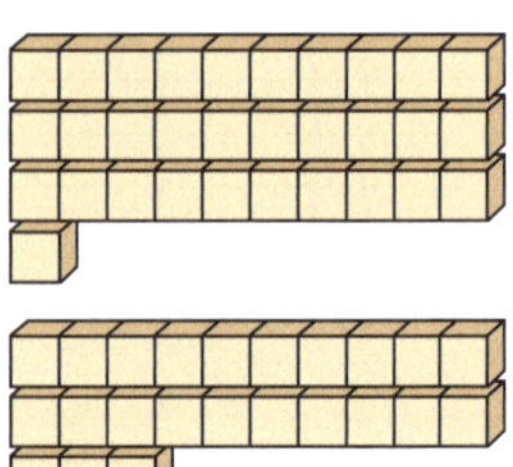

31 + 23 = ____

b) 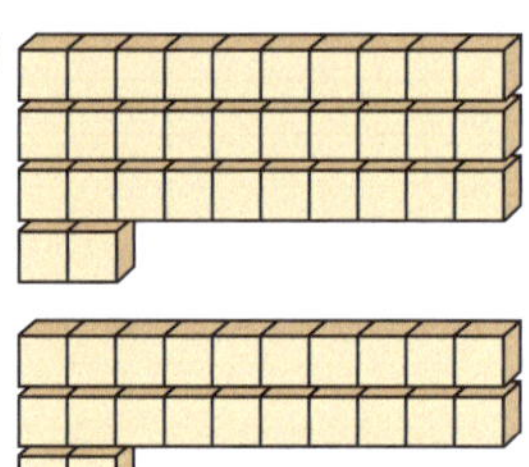

32 + 22 = ____

c) 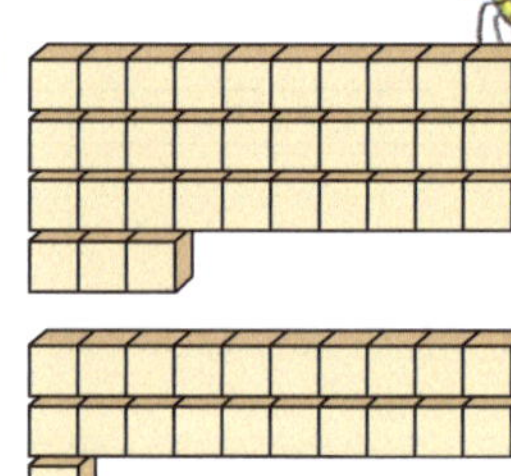

33 + 21 = ____

d) 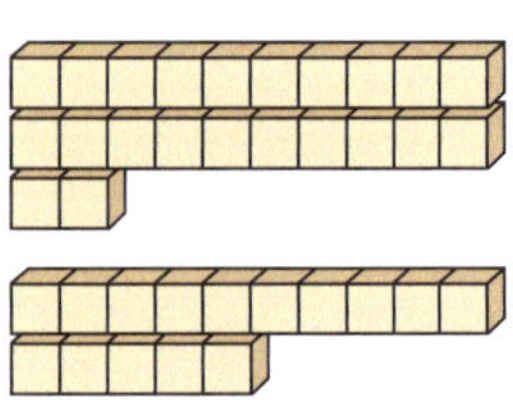

22 + 15 = ____

e) 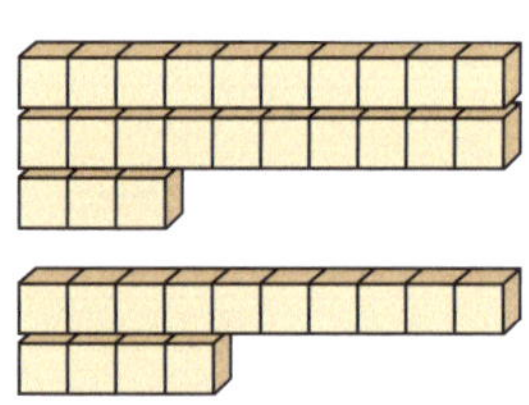

23 + 14 = ____

f) 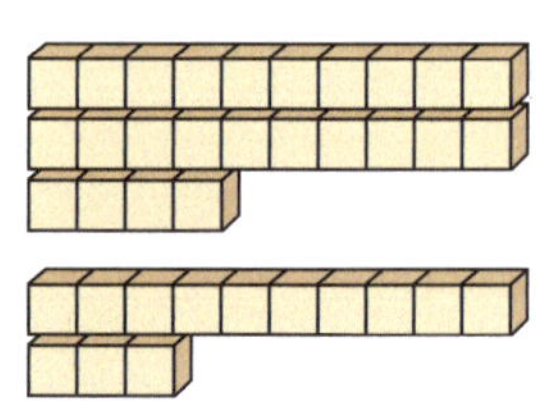

24 + 13 = ____

g) 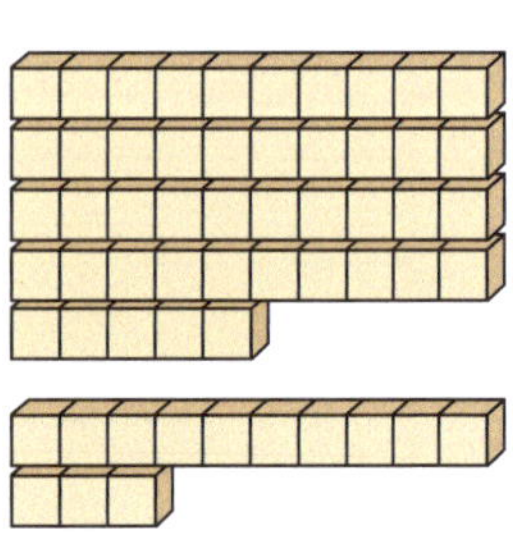

45 + 13 = ____

h) 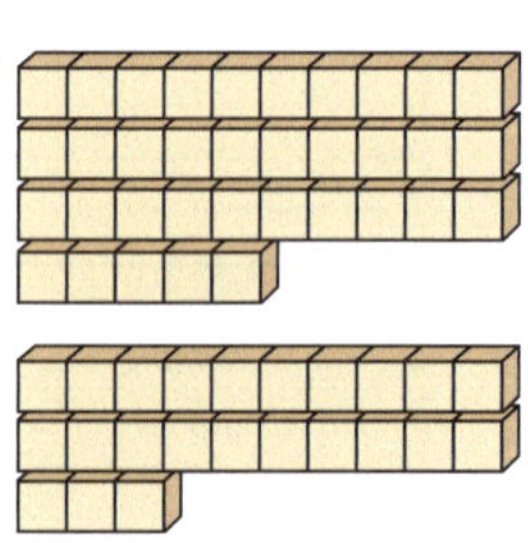

35 + 23 = ____

i) 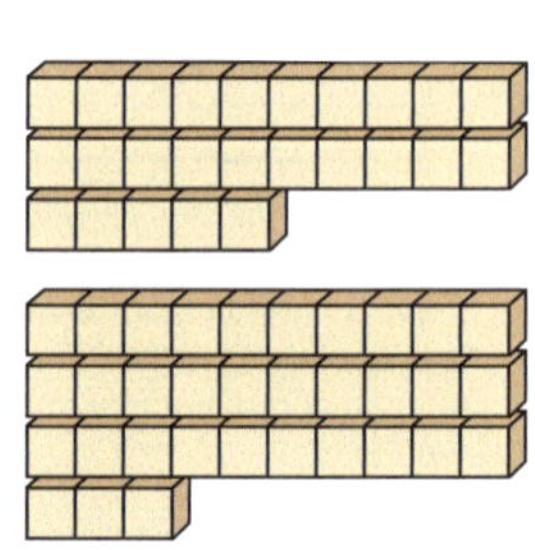

25 + 33 = ____

1 Zeichne verschiedene Quadrate.

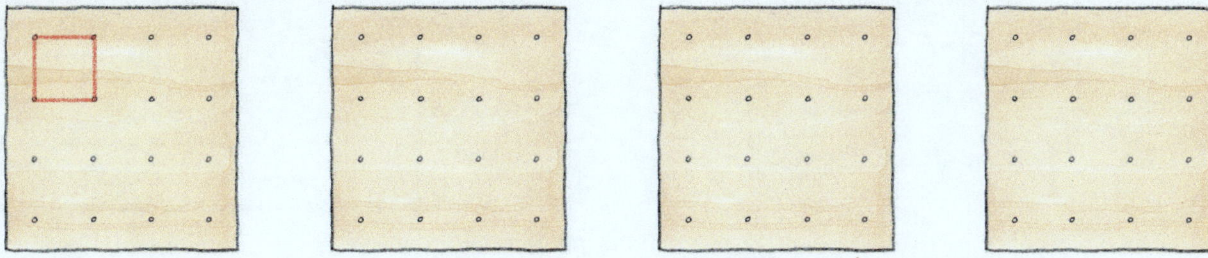

2 Zeichne verschiedene Rechtecke.

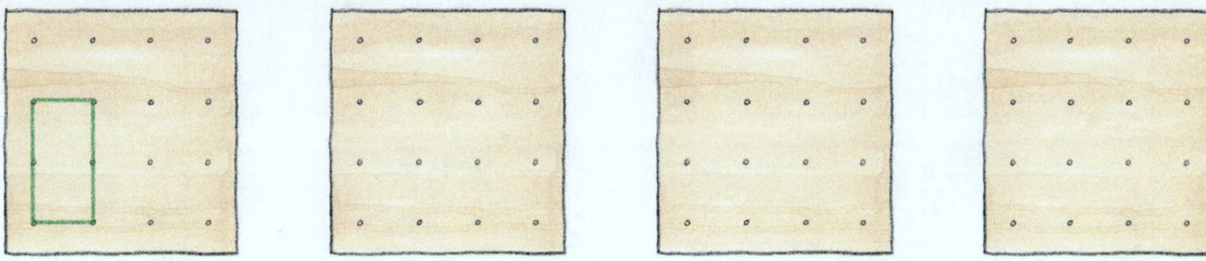

3 Zeichne verschiedene Dreiecke.

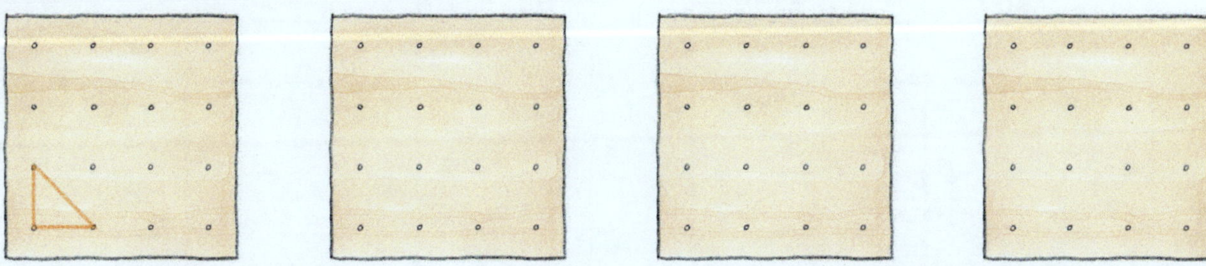

4 Zeichne die Figuren ab.

A

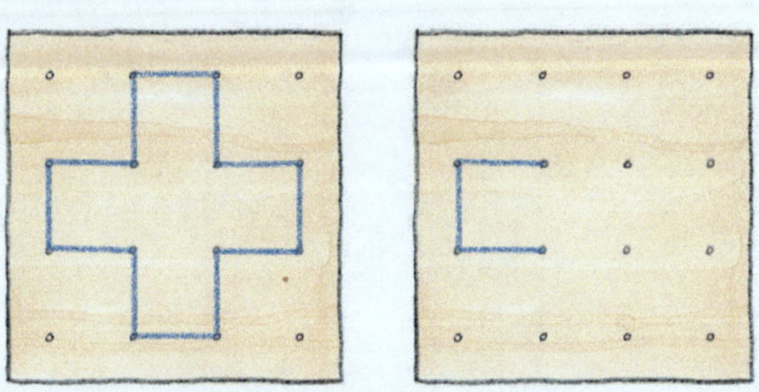

B

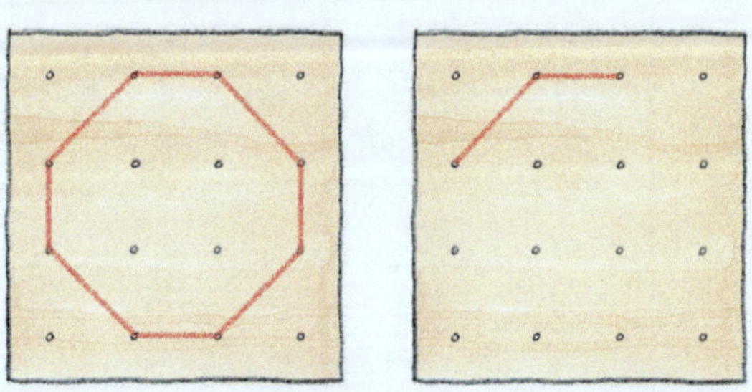

C

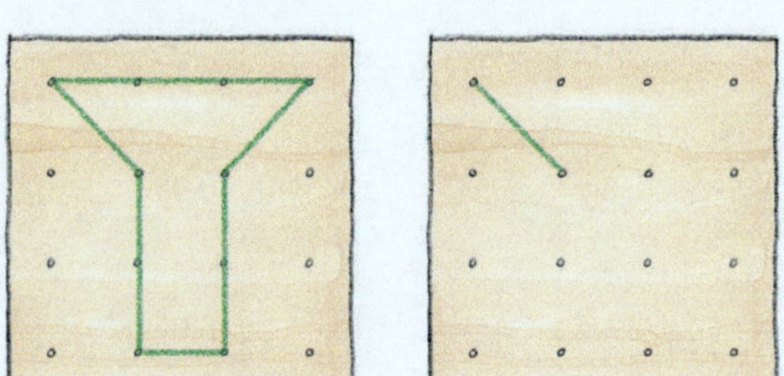

D

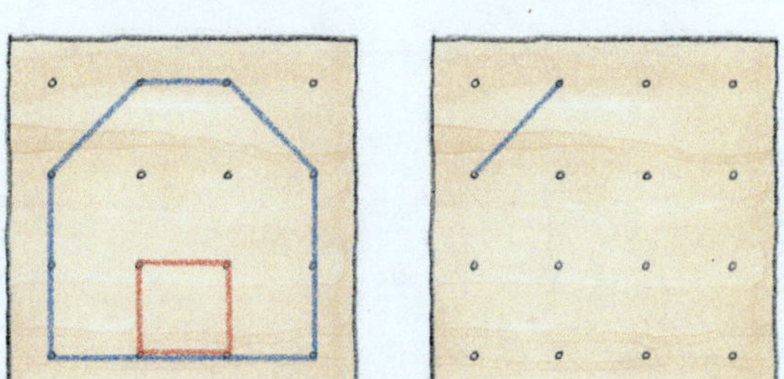

is 4 Freihand zeichnen.

Spiegelbilde
Geobret

1

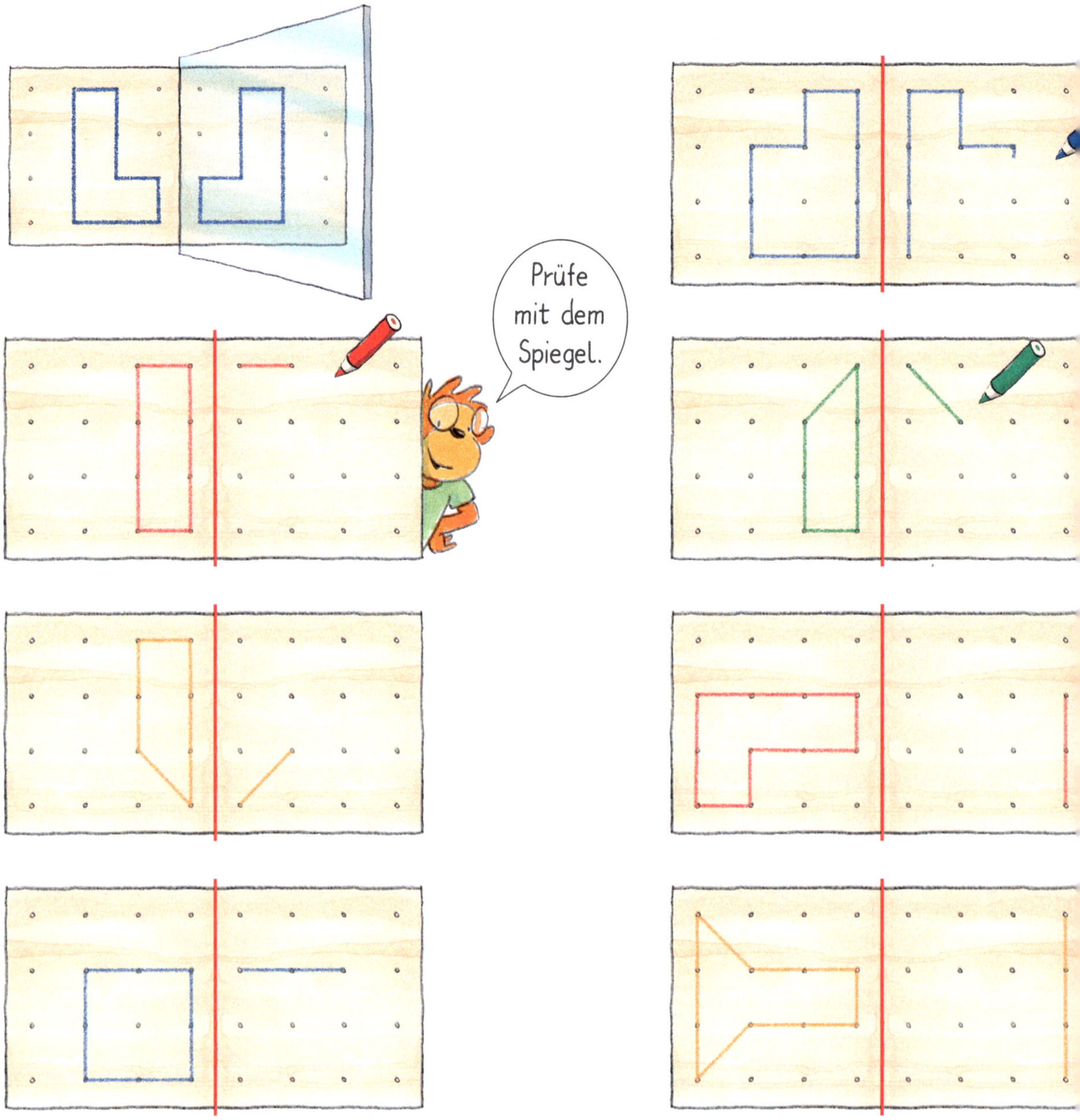

2

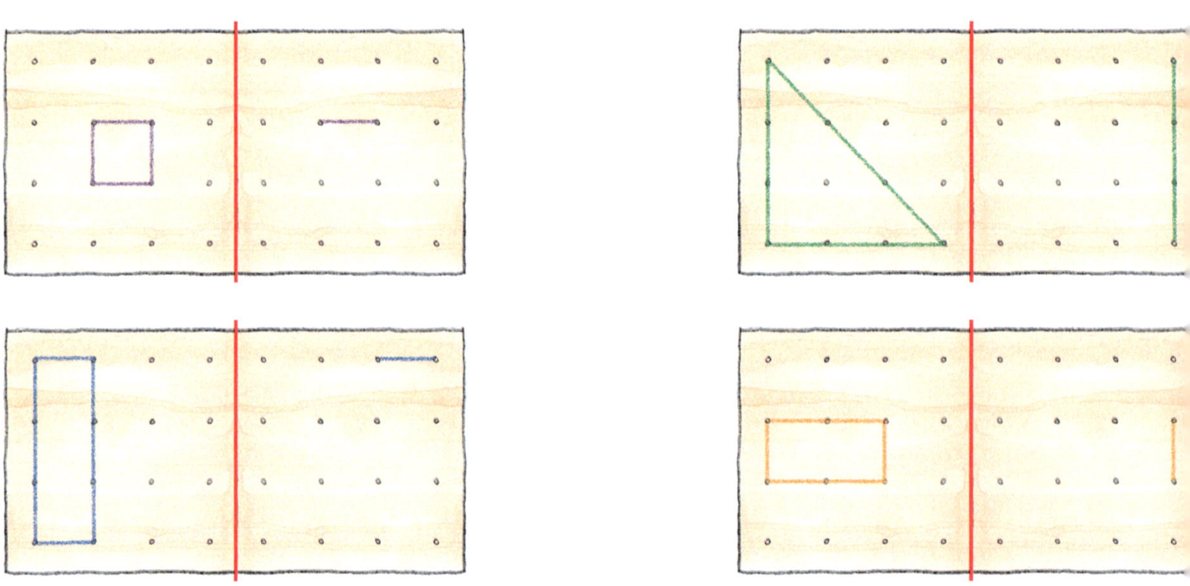

Figuren nachspannen. Spiegelbild freihand zeichne

1 a)

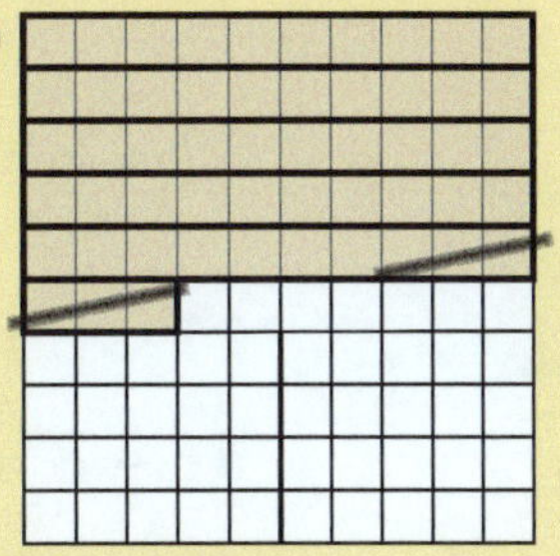

53 – 6 = ____

b)

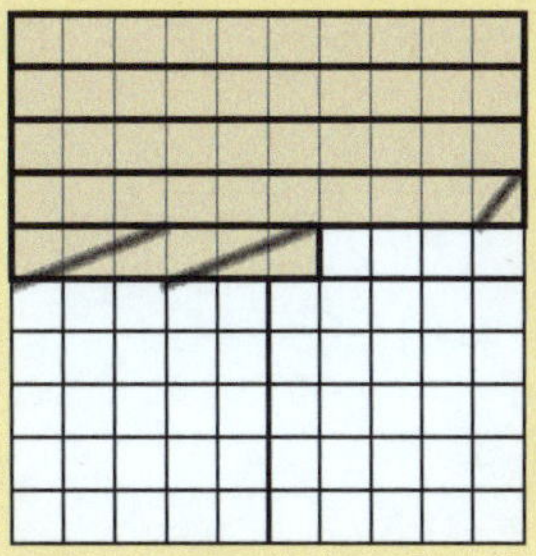

46 – 7 = ____

c)

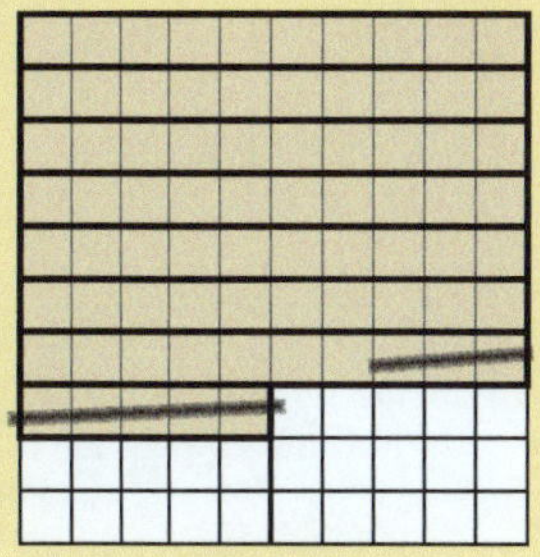

75 – 8 = ____

2 a)

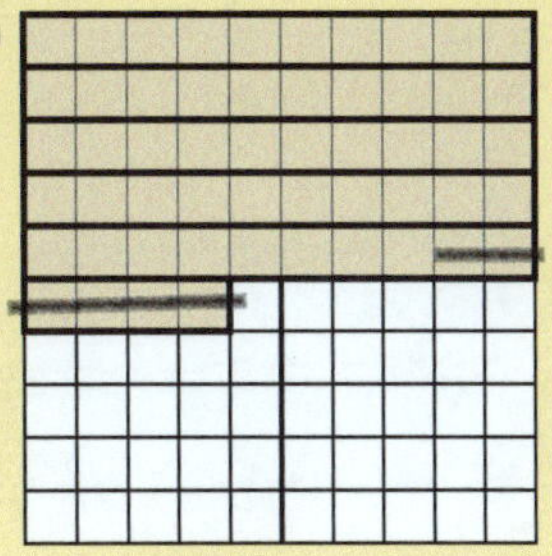

54 – 6 = ____
54 – 7 = ____
54 – 8 = ____

b)

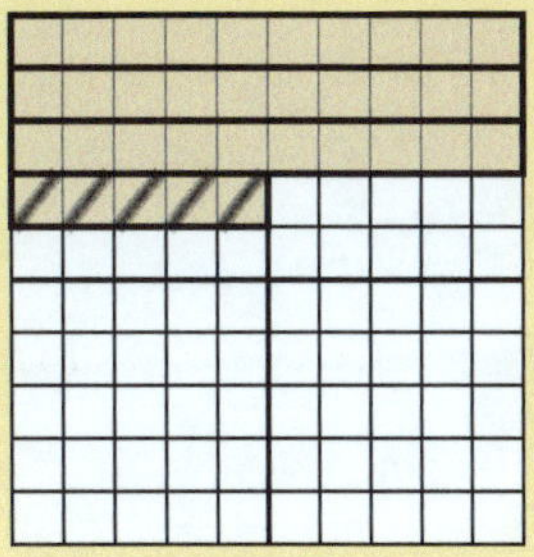

35 – 5 = ____
35 – 6 = ____
35 – 9 = ____

c)

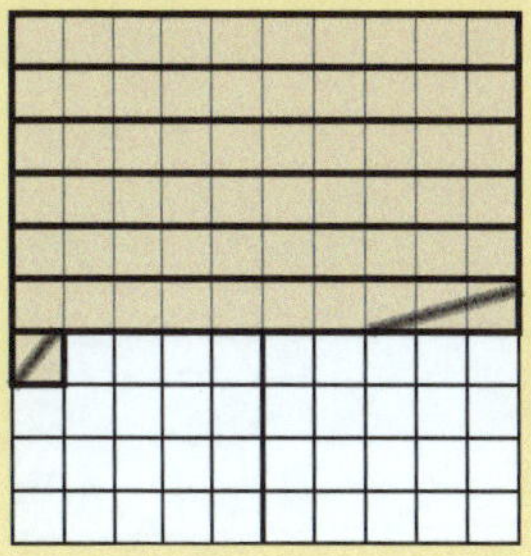

61 – 4 = ____
61 – 5 = ____
61 – 7 = ____

d)

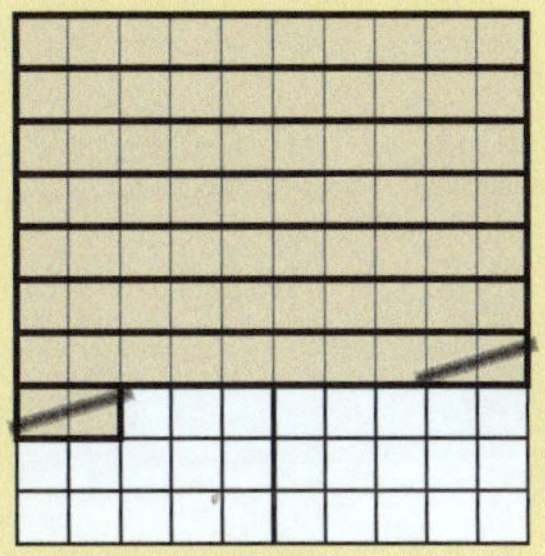

72 – 4 = ____
72 – 5 = ____
72 – 8 = ____

e)

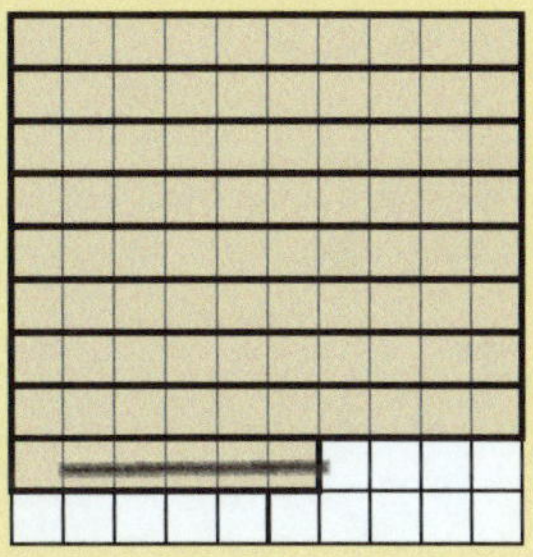

86 – 5 = ____
86 – 6 = ____
86 – 9 = ____

f)

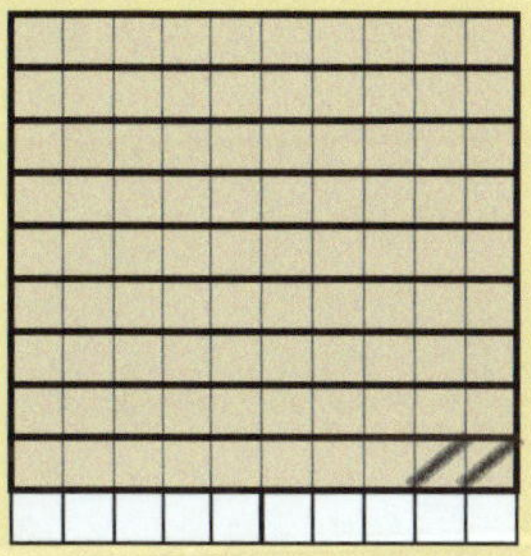

90 – 2 = ____
90 – 4 = ____
90 – 7 = ____

g)

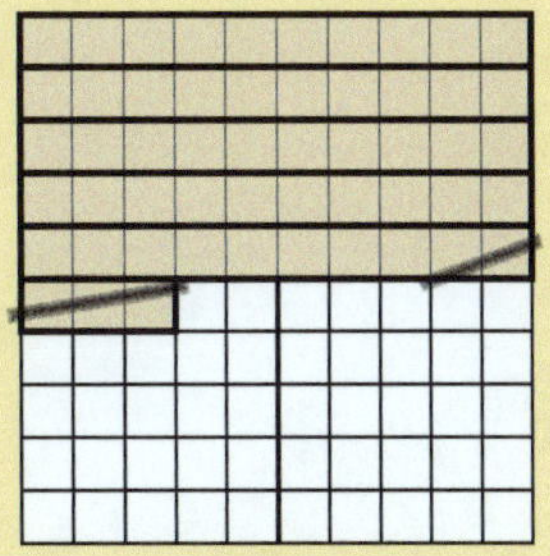

53 – 5 = ____
53 – 6 = ____
53 – 9 = ____

h)

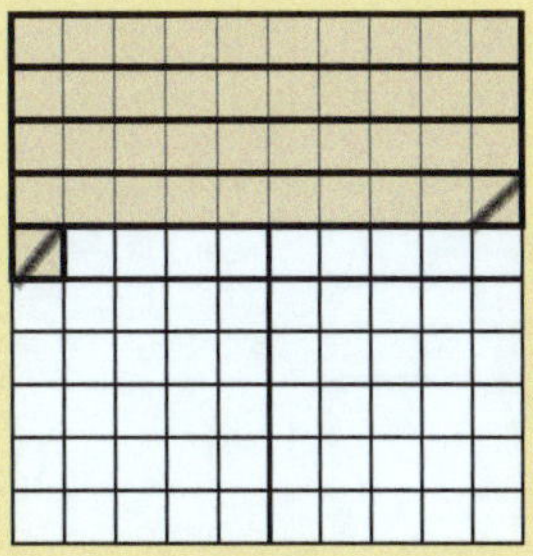

41 – 2 = ____
41 – 3 = ____
41 – 9 = ____

i)

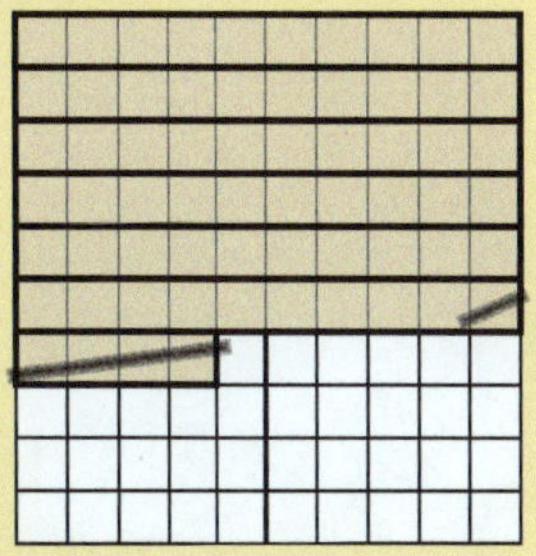

64 – 5 = ____
64 – 6 = ____
64 – 8 = ____

1 a) 9 − 4 = 5 b) 12 − 3 = ___ c) 14 − 7 = ___ d) 12 − 8 = ___

19 − 4 = ___ 22 − 3 = ___ 24 − 7 = ___ 32 − 8 = ___

6 − 4 = ___ 11 − 3 = ___ 13 − 7 = ___ 11 − 8 = ___

16 − 4 = ___ 21 − 3 = ___ 23 − 7 = ___ 51 − 8 = ___

2 3 4 ~~5~~ 6 7 8 9 12 15 16 17 18 19 24 43

2 a) 42 − 2 = ___ b) 53 − 5 = ___ c) 44 − 5 = ___ d) 55 − 5 = ___

42 − 4 = ___ 53 − 6 = ___ 44 − 6 = ___ 55 − 6 = ___

42 − 10 = ___ 53 − 10 = ___ 44 − 10 = ___ 55 − 10 = ___

42 − 9 = ___ 53 − 9 = ___ 44 − 9 = ___ 55 − 9 = ___

42 − 7 = ___ 53 − 4 = ___ 44 − 4 = ___ 55 − 7 = ___

32 33 34 35 35 38 38 39 40 40 43 44 45 46 47 48 48 49 49 50

3 a) 21 − 2 = ___ b) 32 − 4 = ___ c) 30 − 6 = ___ d) 33 − 8 = ___

51 − 2 = ___ 62 − 4 = ___ 32 − 6 = ___ 43 − 8 = ___

41 − 3 = ___ 22 − 5 = ___ 53 − 7 = ___ 30 − 9 = ___

21 − 3 = ___ 72 − 5 = ___ 54 − 7 = ___ 31 − 9 = ___

71 − 4 = ___ 82 − 6 = ___ 66 − 9 = ___ 54 − 7 = ___

17 18 19 21 22 24 25 26 28 35 38 46 47 47 49 57 58 67 67 76

4 a)
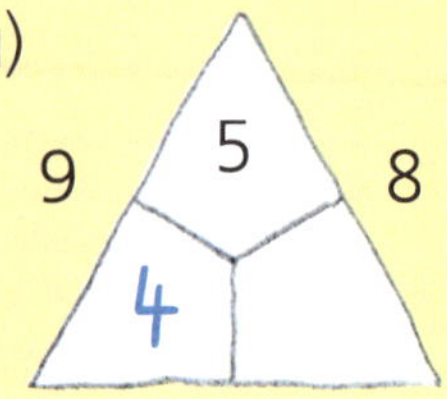

___

b)
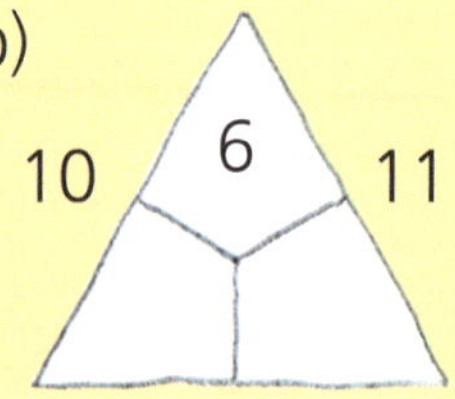

___

c)
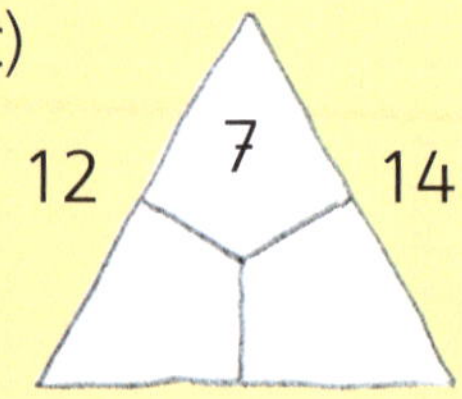

___

d)
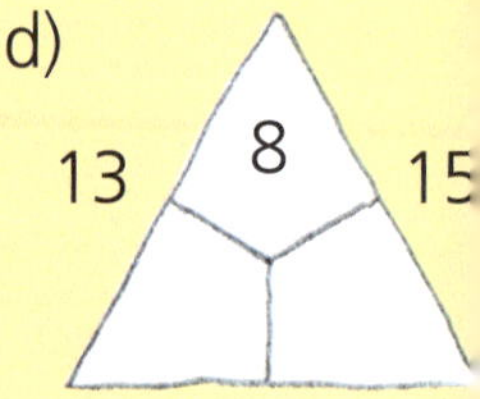

___

e)
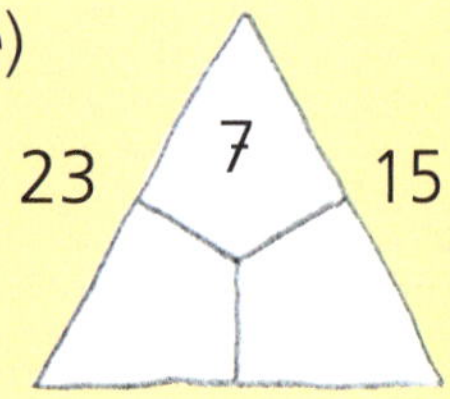

___

f)
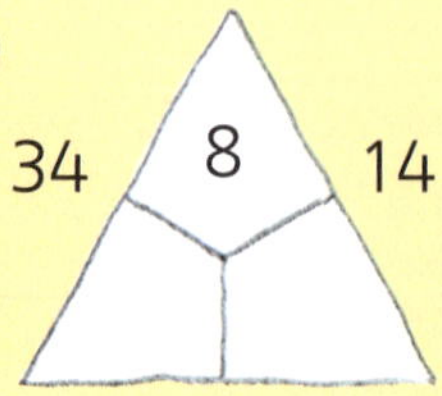

___

g)
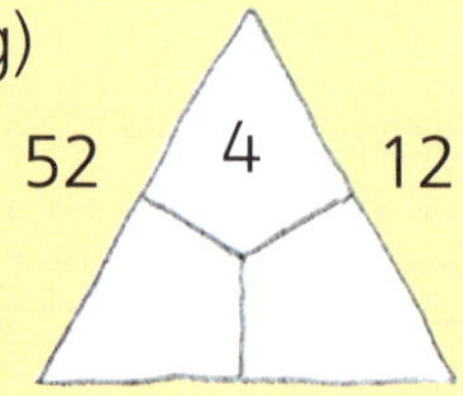

___

h)
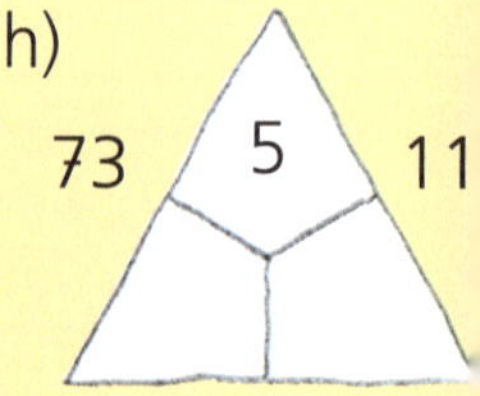

___

1 bis **3** Evtl. Material lege
4 Ergänzen oder subtrahiere

1 a) 

26 – 13 = ____

b) 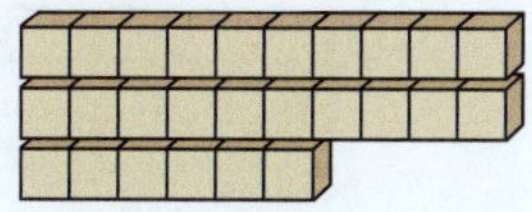

26 – 15 = ____

c) 

26 – 12 = ____

d) 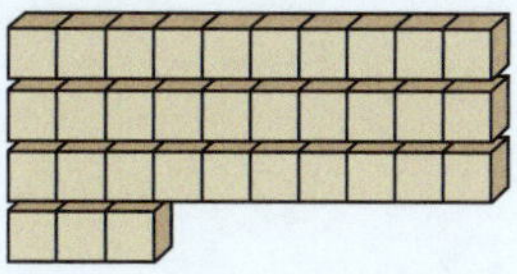

33 – 11 = ____

e) 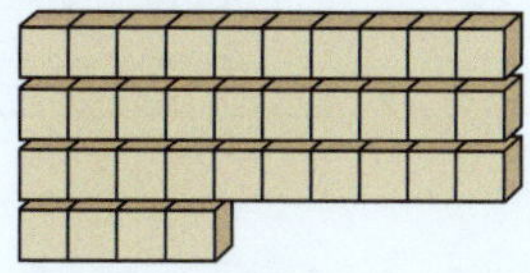

34 – 12 = ____

f) 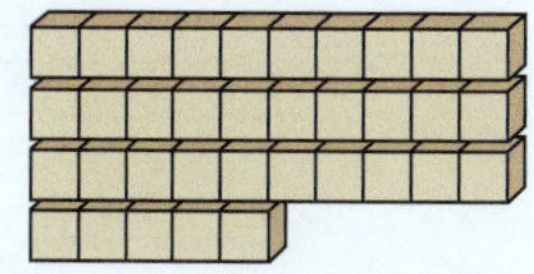

35 – 14 = ____

2 a) 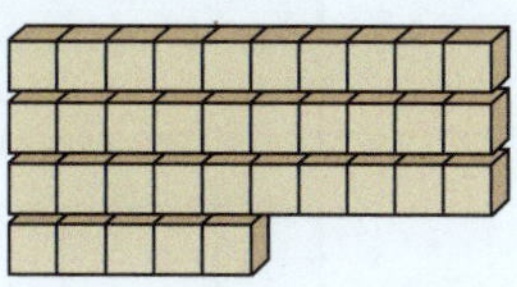

35 – 20 = ____

b) 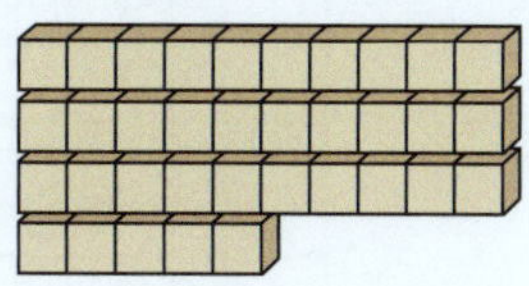

35 – 25 = ____

c) 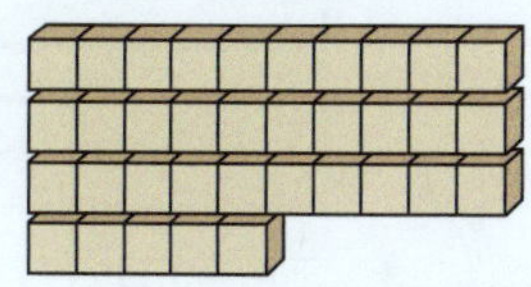

35 – 23 = ____

d) 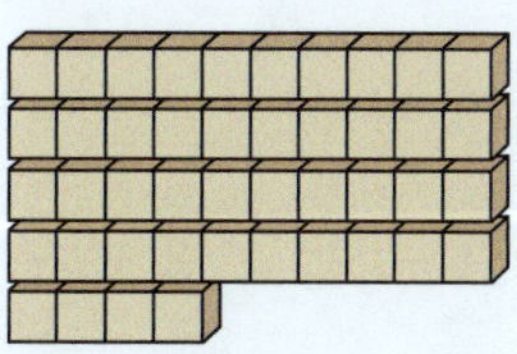

44 – 22 = ____

e) 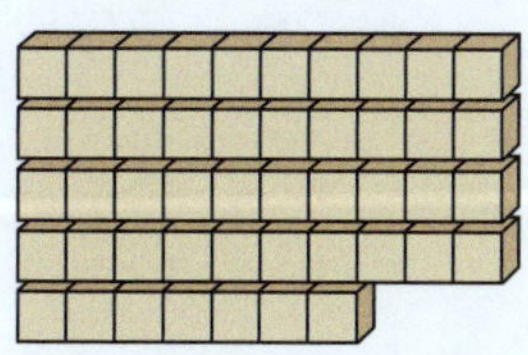

47 – 32 = ____

f) 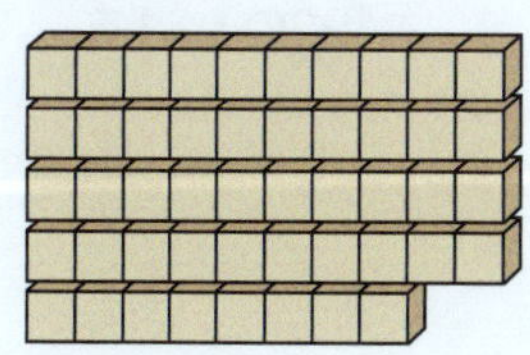

48 – 34 = ____

3 a) 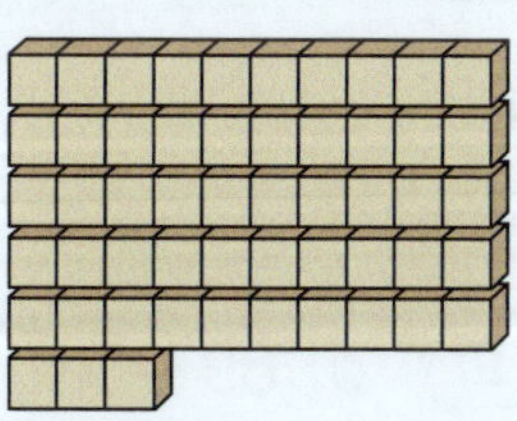

53 – 32 = ____

b) 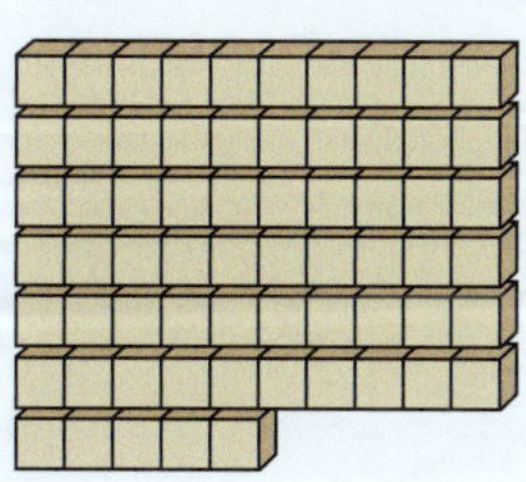

65 – 22 = ____

c) 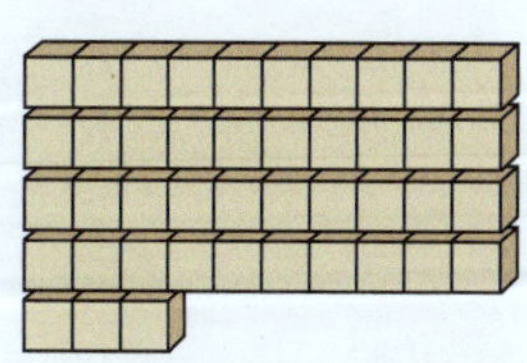

43 – 11 = ____

d) 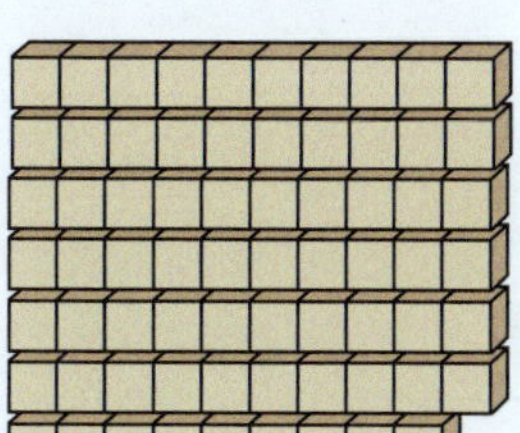

69 – 17 = ____

e) 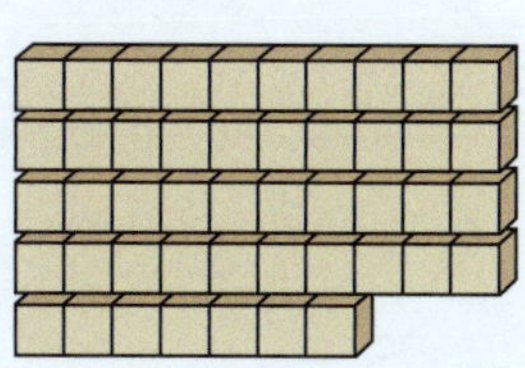

47 – 23 = ____

f) 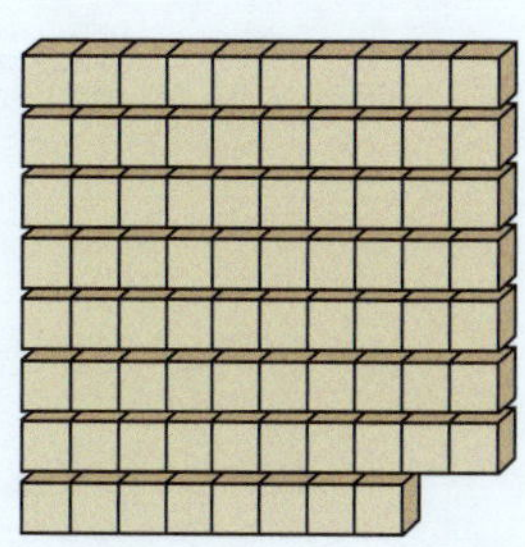

78 – 37 = ____

rchstreichen und rechnen.

1 a) 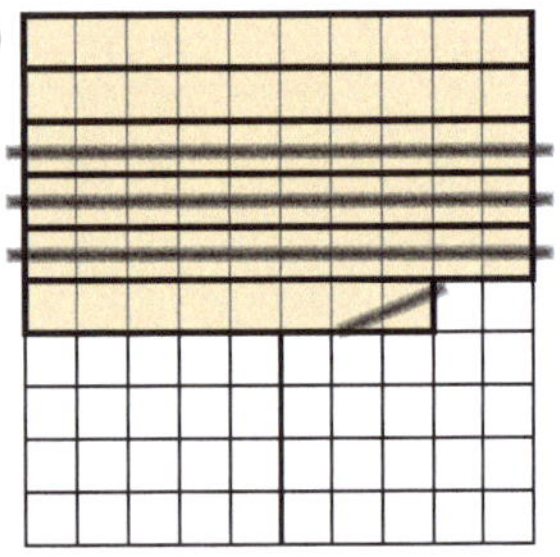

58 – 32 = ____

b) 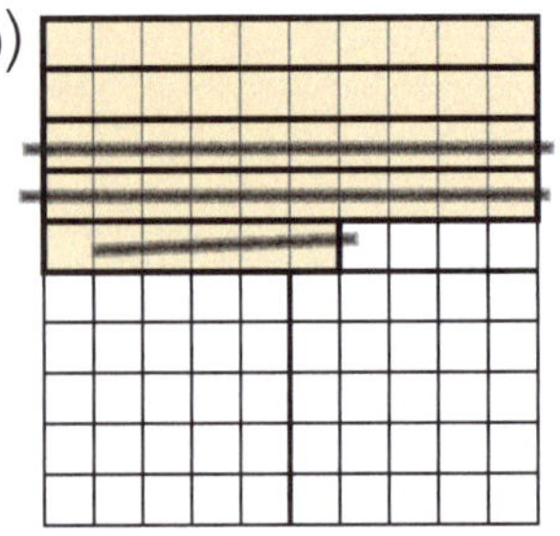

46 – 25 = ____

c) 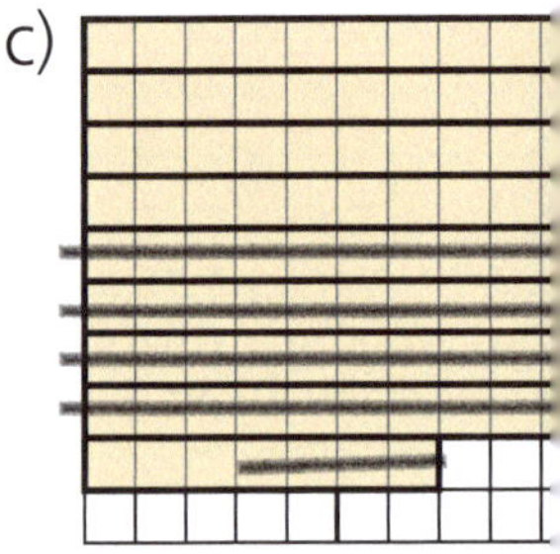

87 – 44 = ____

2 a) 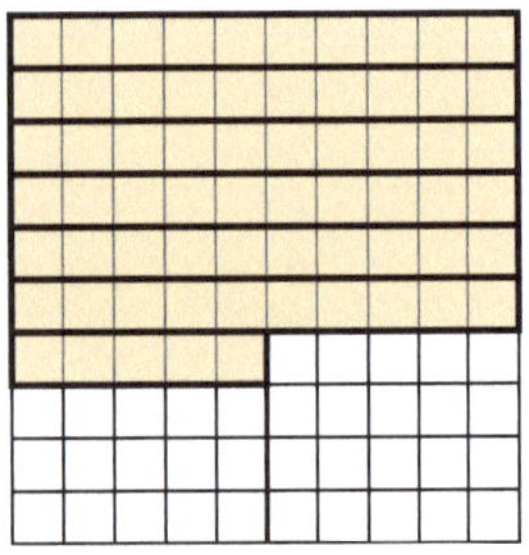

65 – 14 = ____
65 – 15 = ____
65 – 17 = ____

b) 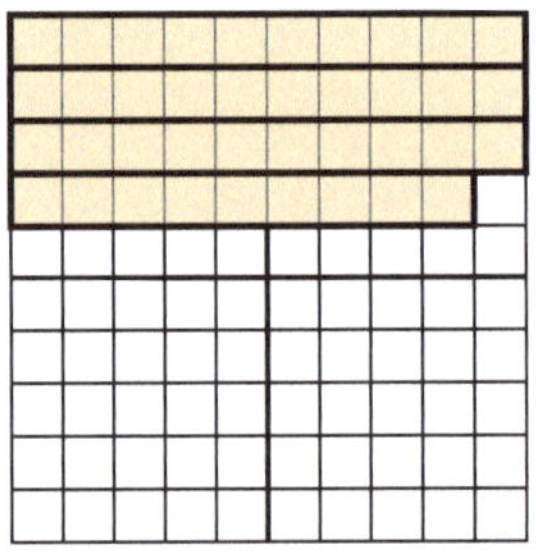

39 – 25 = ____
39 – 26 = ____
39 – 28 = ____

c) 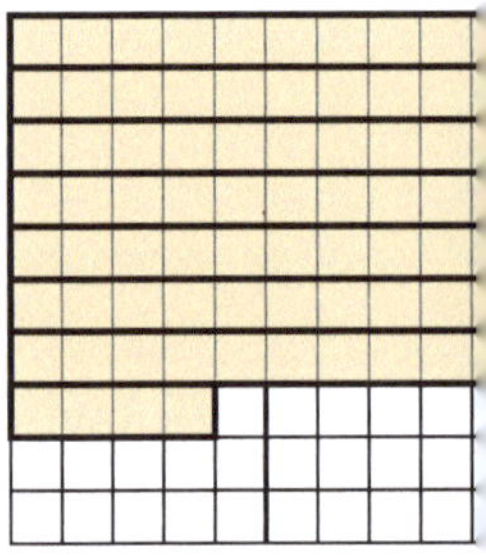

74 – 31 = ____
74 – 33 = ____
74 – 34 = ____

3

a)	b)	c)	d)
57 – 20 = 37	39 – 10 = ____	59 – 30 = ____	35 – 20 = ____
56 – 21 = ____	38 – 14 = ____	58 – 32 = ____	36 – 25 = ____
53 – 21 = ____	35 – 14 = ____	55 – 32 = ____	38 – 25 = ____

4

a)	b)	c)	d)
75 – 30 = ____	69 – 20 = ____	58 – 30 = ____	69 – 40 = ____
76 – 32 = ____	67 – 21 = ____	57 – 32 = ____	67 – 41 = ____
77 – 34 = ____	65 – 24 = ____	56 – 33 = ____	68 – 44 = ____

5

a)	b)	c)	d)
47 – 27 = ____	75 – 65 = ____	88 – 58 = ____	67 – 27 = ____
47 – 25 = ____	75 – 62 = ____	88 – 54 = ____	66 – 25 = ____
46 – 22 = ____	76 – 62 = ____	89 – 54 = ____	64 – 13 = ____

1

Klasse	Hund	Katze	Hamster	Gesamt
2 a	~~IIII~~ I	IIII	I	
2 b	III	~~IIII~~ II	II	
Gesamt	9			

a) Ergänze die Tabelle.

b) Welche Frage kannst du beantworten? Kreuze an.

	Kann ich beantworten.	Kann ich nicht beantworten.	Ergebnis
A Wie viele Kinder der 2 a haben einen Hund?	◯	◯	______
B Welches Tier hat Elif?	◯	◯	______
C Wie viele Kinder haben einen Hamster?	◯	◯	______
D Wie viele Kinder haben ein Kaninchen?	◯	◯	______
E Wie viele Kinder haben eine Katze?	◯	◯	______

2 Jedes Kind der Klasse 2 a wählte aus vier Farben seine Lieblingsfarbe.

2 a:

rot: ~~IIII~~ II blau: ~~IIII~~ IIII grün: IIII pink: III

a) Trage in die Tabelle ein.

	rot	blau	grün	pink	Gesamt
2 a					

b) Welche Farbe wählten die meisten Kinder? ____________________

c) Welche Farbe wählten die wenigsten Kinder? ____________________

d) Wie viele Kinder sind in der Klasse 2 a? ____________________

Ankreuzen, ob die Fragen mit den Angaben beantwortet werden können. Rechnen.

1

	Kann ich beantworten.	Kann ich nicht beantworten.	Ergebni
A Kauft die Frau zwei T-Shirts für sich?		X	
B Will die Frau ein oder zwei T-Shirts?			
C Wie viel kostet ein T-Shirt?			

2

	Kann ich beantworten.	Kann ich nicht beantworten.	Ergebni
A Wie viel kostet ein Pullover?			
B Wie viele Hosen darf sie aussuchen?			
C Wie viele Pullover darf die aussuchen?			

3

	Kann ich beantworten.	Kann ich nicht beantworten.	Ergebni
A Wie viele Paar Socken möchte das Mädchen haben?			
B Wie viel kostet ein Paar Socken?			
C Wie viel kosten zwei Paar Schuhe?			
D Wie viel kosten drei Paar Socken?			

Ankreuzen, ob die Fragen mit den Angaben beantwortet werden können. Rechr

1

a)  07:00 Uhr

b)  ______ Uhr

c)  ______ Uhr

d)  ______ Uhr

e)  ______ Uhr

f)  ______ Uhr

g)  ______ Uhr

h)  ______ Uhr

2

a)  09:30 Uhr

b)  ______ Uhr

c)  ______ Uhr

d) 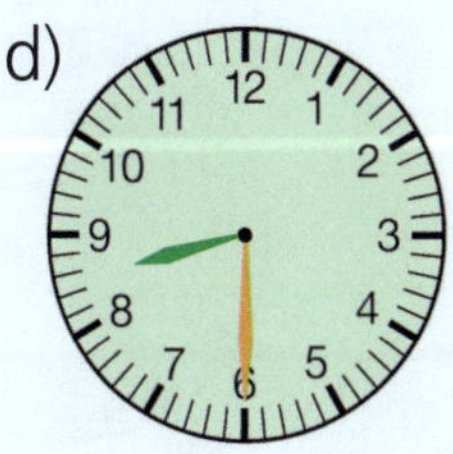 ______ Uhr

e)  ______ Uhr

f)  ______ Uhr

g)  ______ Uhr

h)  ______ Uhr

i)  ______ Uhr

j)  ______ Uhr

k)  ______ Uhr

l)  ______ Uhr

jeder Uhrzeit sind zwei Lösungen möglich.
/olle Stunden bestimmen. **2** Halbe Stunden bestimmen.

1

a) 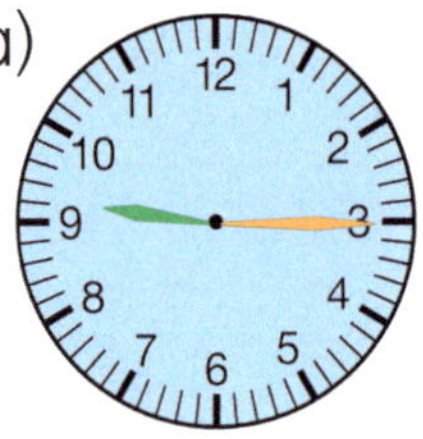

09:15 Uhr

b) 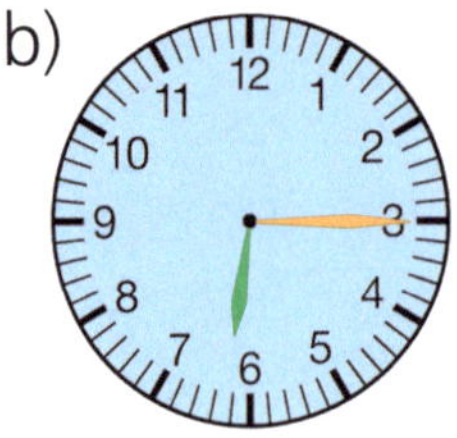

_______ Uhr

c) 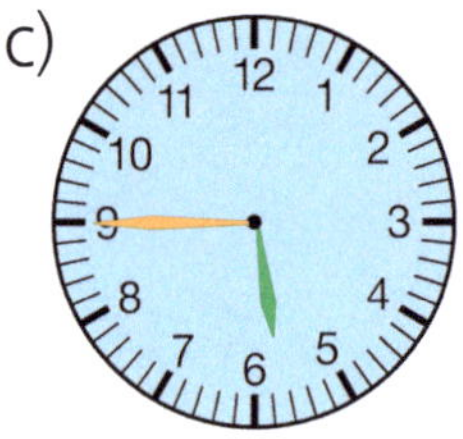

_______ Uhr

d) 

_______ U

e) 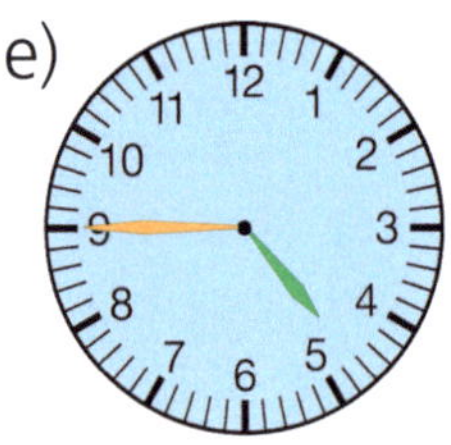

_______ Uhr

f) 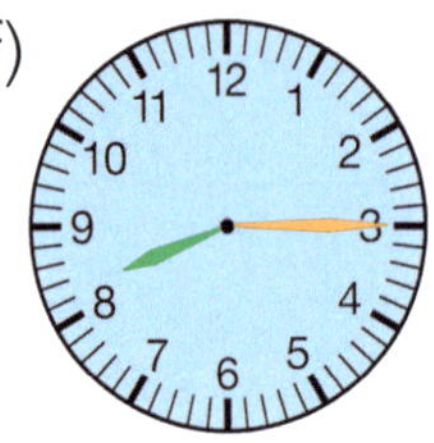

_______ Uhr

g) 

_______ Uhr

h) 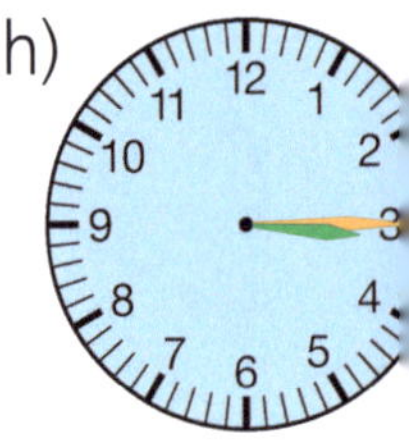

_______ U

2

a) 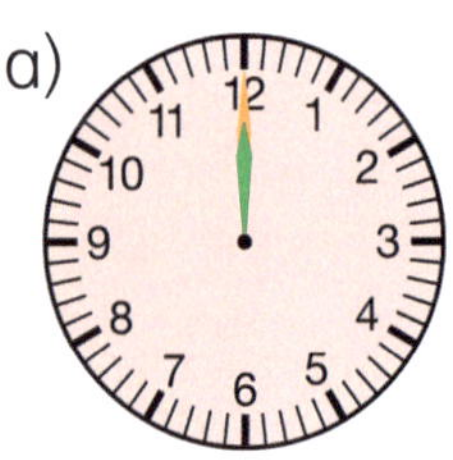

_______ Uhr

b) 

_______ Uhr

c) 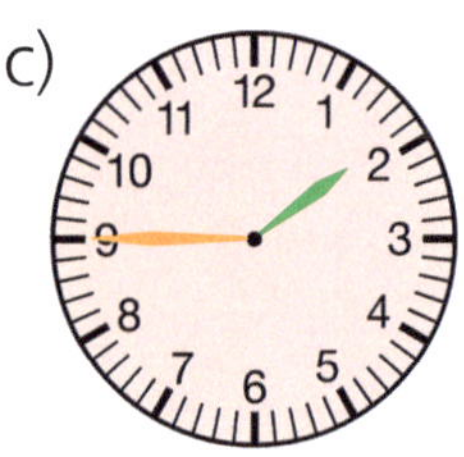

_______ Uhr

d) 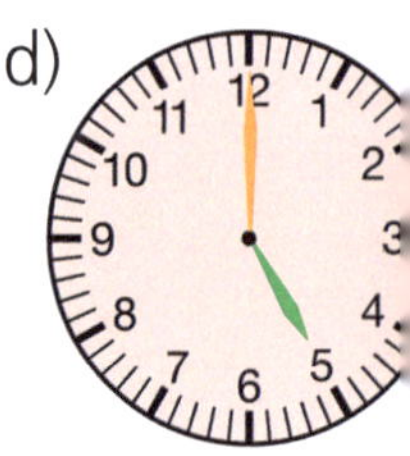

_______ U

e) 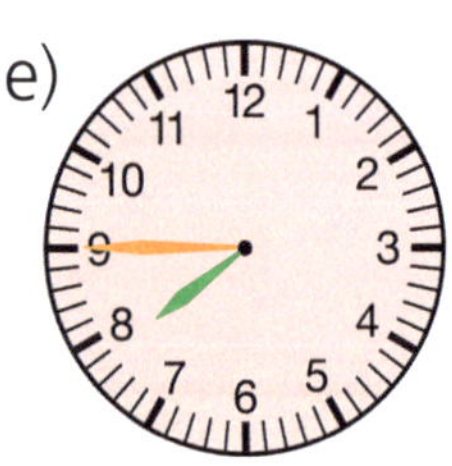

_______ Uhr

f) 

_______ Uhr

g) 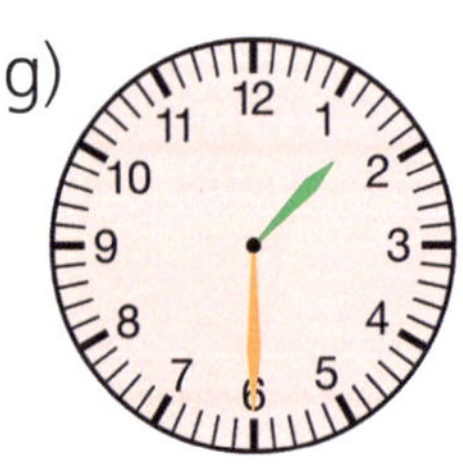

_______ Uhr

h) 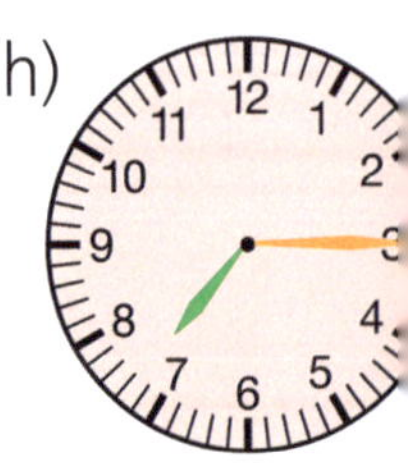

_______ U

i) 

_______ Uhr

j) 

_______ Uhr

k) 

_______ Uhr

l) 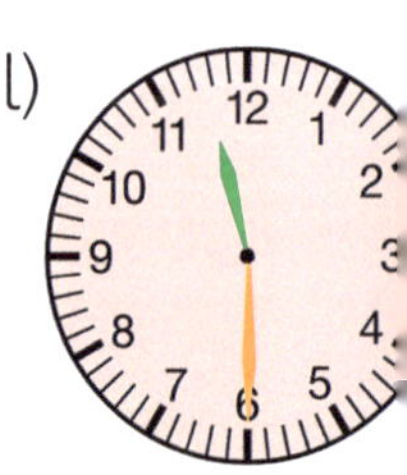

_______ U

Bei jeder Uhrzeit sind zwei Lösungen mögli

1 Viertel Stunden bestimmen. 2 Halbe, viertel und volle Stunden bestimme

1 

Paul hat ein gelbes und ein rotes T-Shirt.
Seine Hose ist blau.
Welche Kombinationen sind möglich?
Male an.

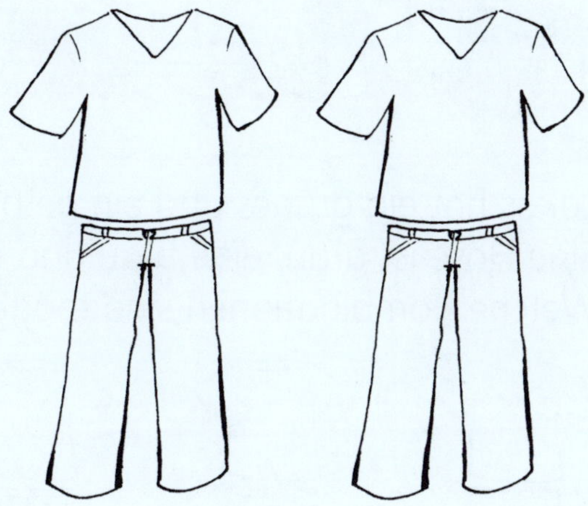

Es sind ____ Kombinationen möglich.

2 Paul hat ein gelbes und rotes T-Shirt. Eine Hose ist blau, eine ist schwarz.
Welche Kombinationen sind möglich? Male an.

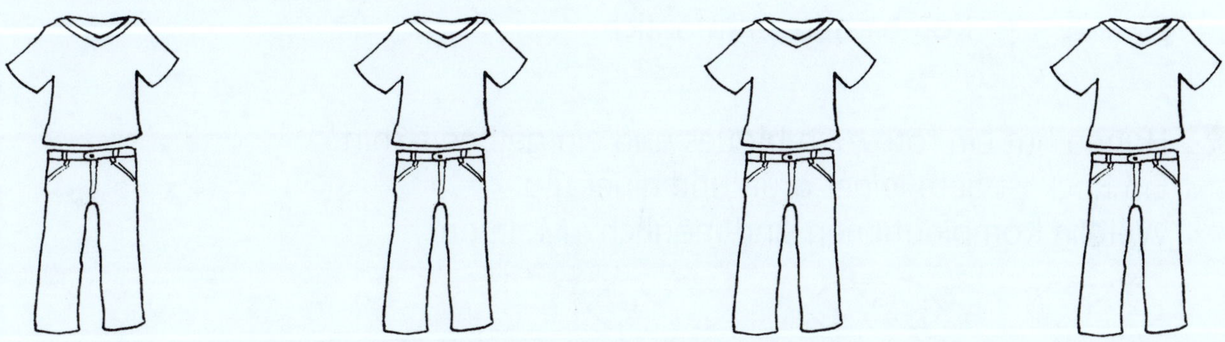

Es sind ____ Kombinationen möglich.

3 Leni hat ein rotes und ein gelbes T-Shirt.
Ein Rock ist blau, ein Rock ist grün.
Welche Kombinationen sind möglich? Male an.

Es sind ____ Kombinationen möglich.

Eine überzählige Kombination.

1 Lukas hat ein grünes und ein gelbes T-Shirt.
Eine Hose ist grau, eine blau und eine schwarz.
Welche Kombinationen sind möglich? Male an.

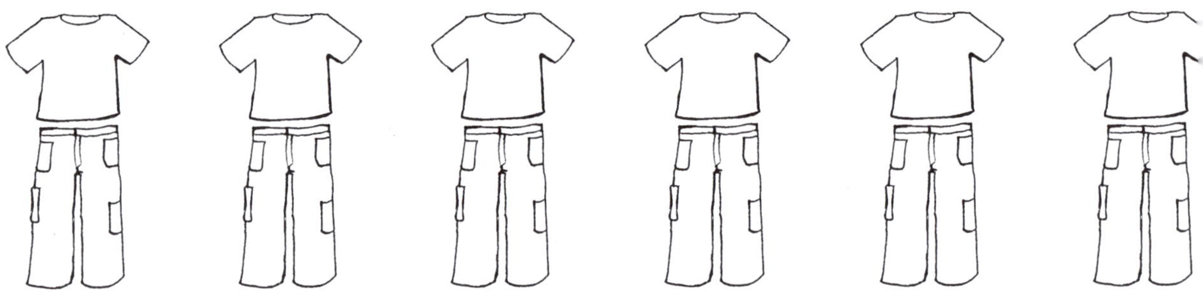

Es sind ____ Kombinationen möglich.

2 Hanna hat ein rotes, ein blaues und ein gelbes T-Shirt.
Ein Rock ist gelb, einer grün und einer lila.
Welche Kombinationen sind möglich? Male an.

Es sind ____ Kombinationen möglich